経営戦略概論

戦略理論の潮流と体系

波頭 亮 *Hatoh Ryo*

まえがき

経営戦略とは何か、そして有効な経営戦略はどのようにすれば策定することができるのか、という経営戦略に関する理論や学説は多数存在する。

例えば、経営戦略とは「成長に向けて資源配分の最適化を図ること」という説（エディス・ペンローズ）がある。また経営戦略とは「市場の中で有利な位置取りをして差別化された事業展開を行うこと」とする説（マイケル・ポーター）もあるし、「自社独自の経営資源に基づいて競合には真似のできない事業展開をすること」という説（ジェイ・バーニー）もある。「戦略の施策よりも変革を推進するリーダーの存在が最も重要である」という主張（ジョン・コッター）もあれば、「そもそも有効な経営戦略は事前に計画することはできない」という主張（ヘンリー・ミンツバーグ）まである。

これらの説はそれぞれが実証の裏づけを持った研究成果として提唱され、多くの人に支持され、有効な戦略理論として承認された学説である。このように、経営戦略をめぐる学説や理論はいかにも多様である。しかもただ単に多様なだけではなく、ある理論と別の理論が真っ向から対立する主張を持っていることも珍しくない。一つ一つの戦略理論は明快で、実証の裏づけがあり、実感として納得することができても、さまざまな理論を包括して構成されている経営戦略論の全体像を理解しようとすると、こうした理論の多様性と各理論の相反性のために明確に捉え切るのが難しいのである。

本書の目的は、経営戦略論の全体像を明確に描き出すことである。多様で複雑に見える経営戦略論の全体像を明確に描き出すためには、まず有力な戦略理論の一つ一つについて正確に紹介・解説した上で、各理論がどのような関係にあるのか（同類か相反か）の検討・整理を行い、経営戦略論全体のパースペクティブ（全体の見通し図）を明らかにすることが有効であると考えて本書を構成した。

こうした意図に基づいて本書は二部構成とした。

まず第Ⅰ部において、約一〇〇年前に経営学が誕生したいきさつに触れて経営学の基盤を説明することから始め、近代的経営戦略論が登場した五〇年前から今日までの有力な戦略理論と学説を一つ一つ紹介・解説する。数々の研究者によって提唱されてきた戦略理論はそれぞれ独自の主張と手法を提唱するものであり、それぞれに有効性を持つものであるが、そうした理論が生まれてきた背景としての事業環境や競争状況も併せて解説することによって、それぞれの理論が提起された必然性と有効性の根拠まで深く理解できることと思う。

第Ⅰ部では、時代を追って約五〇の主要な戦略理論や学説の紹介と解説を行っているが、簡潔かつ必要十分な経営学の学説史として読んで頂くことができる内容としてある。

第Ⅱ部では、第Ⅰ部において紹介・解説したさまざまな戦略理論によって構成される、経営戦略論のパースペクティブ（全体の見通し図）を示すことを主題としている。

時代の推移と共に企業の経営戦略における重要テーマはシフトしていくが、そうした経営テーマの変遷に対応して次々に新しい戦略理論が登場してくる。こうして次々に登場してくる戦略理論はそれぞれに異なった主張や手法を持っているものの、多くの理論に共通して読み取ることができる問題意識や共通の方法論が存在するのである。

第Ⅱ部の第1章では近年の経営戦略論研究の推移の中に読み取ることのできる〝三つの潮流〟を提示する。時代の推移に伴って次々に登場してくるさまざまな理論に共通する特徴は、まさに歴史的必然の潮流だと見なすことができるのであり、経営戦略論全体のパースペクティブを描くためのタテからのスコープとなるものである。

第Ⅱ部の第2章では、多様な主張を持った戦略理論の核心的な特徴によって分類・整理して、多彩な理論の体系化を行う。有効な経営戦略はどのようにすれば策定することができるのかという戦略策定の方法論に関する観点と、有効な経営戦略は何に立脚していれば実現できるのかという戦略の有効性に関する観点という二つの分類軸によって体系化のフレームワークを設定し、各戦略理論を分類・整理している。それぞれの理論の特徴を相対化して際立たせることのできる体系化は、経営戦略論のパースペクティブのヨコからのスコープとなり得るものである。

このようにさまざまな戦略理論に対してタテからのスコープとヨコからのスコープによってパースペクティブを描き出すことで、経営戦略論の全体像を構造的に理解することができるであろう。本書の目的は経営戦略論の全体像を明確に描き出すことであると述べたが、この第Ⅱ部の第1章と第2章はまさに本書のコアをなすパートだと位置づけられるものである。

第Ⅱ部の第3章では本書の総括のパートとして、経営戦略論と実際の企業経営との関係について論じてある。

さまざまな戦略理論は企業経営に対して、果たして実際に貢献し得るのかという問題意識がある。具体的には、戦略の研究が実証調査による検証を経て確かな理論として承認される頃には、新しい事業環境と競争条件に移っており、その戦略理論は既に有効期限が過ぎているのではないか。言い換えるなら、アカデミアで提起される戦略理論はクリエイティブな実際の経営者によって生み出された成功パターンの事後的記述に過ぎないのではないかという問題意識である。

この問題は、実学的社会科学である経営戦略論にとって存在意義に関わる重大なテーマである。この問題に対して実際の企業の経営戦略策定の場面を踏まえての検討を行うことは、経営戦略論の研究が本来的に果たすべき使命とそのための条件を明らかにすることになる。その意味でこの検討は、経営戦略論の意義と方法論的基本スタンスを確認するものであり、経営戦略論の全体像を理解する上での包括的視座を与えてくれるものとして位置づけられるものである。
以上、事業環境と経営課題の変遷に対応して登場してきた有力な戦略理論の紹介・解説と、それらの理論の総体として構成されている経営戦略論全体のパースペクティブを示した本書は、経営戦略論の概論であると同時に、経営戦略論の意義と方法論を示した原論でもある。本書が多くの方に読まれ、経営戦略論の理解と習得に貢献することができれば幸いである。

著者

『経営戦略概論』―戦略理論の潮流と体系― もくじ

【第6章】リーダーシップの時代〈二〇〇〇年代〉

【第7章】近年の経営戦略論のテーマ

【第2章】

戦略理論の体系

【第3章】戦略理論と企業経営

第Ⅰ部

経営戦略の変遷と戦略理論の発展

【第1章】

経営学の誕生

〈一九〇〇年代～一九五〇年代〉

経営学は合理的に企業経営を行うための手法や方法論を提示しようとする研究として、今から約一〇〇年前の一九〇〇年代の初頭に誕生した学問分野である。一九〇〇年というのは産業革命から一〇〇年余り経ったあたりで、大規模工業が本格的に発展してきた時期に当たる。経営学は同時期に誕生し発展した心理学と同じく約一〇〇年という歴史を持つのだが、二〇〇年以上の歴史を持つ経済学と比べれば幾分歴史が短い。その意味で、経営学はまだまだ発展途上の学問であるといえよう。

ところで、経営学を誕生させた〝経営学の父〟と呼ばれる人物は一人ではなく、複数の功労者がいる。その中で最初に名前が挙がるのが、「科学的管理法」で知られるフレデリック・テイラーと、経営管理の機能的な枠組みを示したアンリ・ファヨールの二人である。以下テイラーとファヨールの研究を順に紹介し、経営学の基礎が誕生するまでの流れを解説する。

1 テイラーの科学的管理法

米国フィラデルフィアに生まれたテイラーは、裕福な家庭に生まれながらも地元の鋳物工場に一介の技師として就職した。研究熱心で若いうちから鋳物に関する技術で特許を得るほど優秀だった彼は、鋳物の製造技術に続いて鋳物の生産プロセスについても研究し、それまで勘と経験で行われていた生産プロセスを、データを用いた科学的な管理手法に置き換えようとした。ちなみに彼の最初の研究成果の発表があったのは一九〇三年のことであるが、この研究が後に、工場内の作業工程とその作業に必要な動作を計数的に分析し、合理的に工場の生産管理を行うための方法論である「科学的管理法」に繋がることになる。

テイラーは具体的には、工程の中身と労働者の動き一つ一つを観察し、そのデータを記録して定量的な工程分析を行った。例えば工場内にはどのような生産工程があるのか、どの工程にどのくらいの原材料と作業時間が必要なのか、各工程はどのくらいの歩留まり率で次の工程に移っていくのか、労働者の動作や仕事への態度を左右するものは何か、等々の分析である。

つまりテイラーは、労働者と原材料という二つの主要な経営資源をどのように組み合わせれば生産性が高まるのかという、現在ではオペレーションズ リサーチ（ＯＲ）と呼ばれるような研究を行ったのである。それによって、対象となった工場によっては製品一個当たりのコストが一〇分の一以下にまで改善するという目覚ましい成果が上がったケースも報告されている。またこの研究によって、生産プロセス一つ一つの作業標準を確立し、それを工場内で共有することの重要性が産業界で広く認識されるようになった。

テイラーを経営学の父として紹介するにあたって、彼の人となりと研究の動機についても言及しておくべきであろう。そもそも経営学は、会社を合理的に経営するための手法や法則を研究・開発するための学問であり、その意味では経営者の方に顔を向けた学問だといえよう。しかし、労働者だったテイラーが一連の研究を行った背景には、「労働者の身分や生活を向上させたい」という強い思いがあったとされる。

テイラーは比較的裕福な家の出身で教育もあったが、鋳物工場に一介の労働者として入社していた。労働者の側から企業の現場を見てみると、当時の産業界としては当然の姿ではあるが、労働者がどんなに懸命に働いても、その成果のほとんどが資本家に持っていかれるという現実が目の前にあった。

今の時代からは想像もできないが、当時は子供も女性も老人も一日一五時間という長時間にわたって働かされていた時代であり、資本家と労働者の対立は今とは比べものにならないほど深刻なものであった。企業というシステムの中では、労働者は収奪の対象であり、懸命に働いても収益は労働者には還元されずに、そのほとんどが資本家の手に帰していたのである。

そこでテイラーはさまざまな工夫をし、無駄なく効率的な生産ができるようになれば労働者の待遇も良くなるはずだ、と考えて工場の作業工程の分析を始めたといわれている。テイラーの科学的な経営管理手法の背景には、労働者の待遇改善とモチベーションの向上という視点があったのである。

テイラーは生産プロセスの科学的管理法の他にも、労働者がより高い生産性を発揮するための方法論の研究も行っている。その研究の結果、三〇年も五〇年もかかって習得する親方の名人芸や秘技を皆で教え合い、共通の仕事のやり方（標準）として共有していく必要があると考えた。このテイラーの考え方が現在の教育訓練（ＯＪＴ）の基になったともいわれている。実際にテイラーが仕事に教育訓練を導入してから、工場の生産性が年率で三・五～四％向上していったという調査も残っている。こうした研究と貢献によって、テイラーは「経営学の父」と呼ばれるようになったのである。

テイラーの科学的管理法は労働者達に熱烈に受け入れられた一方で、当時の経営者達からは必ずしも称賛されたわけではなかった。なぜなら、この時代は経営者と労働者のどちらの味方なのかが問われていたためである。テイラーは学者でもなく、コンサルタントのような経営者のサポート役でもなく、労働者として現場で働く中から考案された工夫が彼の研究のベースにある。だからこそ、経営者達はその有効性を十分に分かっていながらも、本音の部分ではテイラーの研究に対して無条件の称賛を送らなかったのであろう。テイラーは後に登場する多くの経営学者と比べて、研究の動機や自らを置く立場がやや異なっていたというのも彼の特徴の一つといえよう。

・フォード　システム

テイラー流の科学的管理法を導入して目覚ましい成功を遂げた例として、フォード社のベルトコンベアシステムが挙げられる。フォード社はテイラーの科学的管理法を導入することで、ばらばらだった生産プロセスを、合理的で効率的なものへと改善しようと試みた。その結果フォード社はヘンリー・フォード社長の下、一九一三年に世界初のベルトコンベア方式による生産システムを開発することに成功した。テイラーによって「科学的管理法」が発表されてからちょうど一〇年後のことである。このフォード社の生産システムは「安定的かつ安価に大量の製品を生産できること」を目的として開発され、テイラー流の管理手法によって滞りなく円滑な生産が行えるようになった典型的事例である。

このフォード社のベルトコンベアシステムの生産ラインにおける管理・改善上のポイントとしては、以下の三点が掲げられる。

① 効率的に組立が行われるように機械と作業者を工程順に並べ、必要な部品が組立の作業中に最短距離を移動するようにする。

② 作業者が一つの作業を完成させたときに、作業者がいつも同じ場所にいるようにする。さらにもし可能であれば、機械を用いてそれが次の作業者の作業位置に運ばれるようにする。

③ ベルトコンベア方式の組立ラインを用いて、作業者が組み立てようとしている物が、作業に都合の良い位置に、滞りなく配送されるようにする。

このフォードの生産システムは、テイラーの科学的管理法を応用した一つの完成形であり、ここに挙げた三つのポイントは現在でもアセンブリー産業（組み立て型産業）の生産プロセスを設計する際のスタンダードとして踏襲されている。

2 ファヨールの経営管理論

テイラーが科学的管理法を提示したのとほぼ同時期（一九〇三年）、フランスでは鉱山技師のアンリ・ファヨールがもう一人の〝経営学の父〟として登場する。

ファヨールは当時の一流の教育を受けたエンジニアで、フランスの鉱山会社（コマントリー・フルシャンボール社）に入社し、最後は社長にまで昇り詰めた人物である。ファヨールが経営者として会社の経営を引き継いだ一八九〇年代の終わり頃、社内は組織的にも業務的にもバラバラの状態で統制がとれておらず、業績は悪化の一途を辿っていた。彼は経営の再建を行っていく中で、会社組織はどのような機能によって成り立っているのかを整理し、その機能を適切に設計すれば生産性が上がり、合理的に会社を運営することができるはずだと考えた。そしてこの考え方は鉱山会社であろうと、鉄鋼会社や繊維会社であろうと同じように当てはまるものであり、〝会社〟なるものをコントロールするには共通の方法論があるはずだという考えに発展した。経営者の立場から企業を俯瞰的に見渡して、〝経営（Management）の体系〟を明らかにしたのがファヨールである。

ファヨールによれば、企業の活動は大きく以下の六つに分類できるとしている。

①　技術に関すること：技術開発と生産・製造について。
②　商業に関すること：販売、購買、営業、即ち物の売り買いについて。
③　財務に関すること：資本の調達・投資の方法、及び資金の管理について。
④　保全に関すること：人や物、生産設備など経営資源の維持・管理について。
⑤　会計に関すること：企業の資金をどこに配分するかについて。具体的には人件費、原材料費、営業の費用など。
⑥　管理に関すること：組織をコントロールするためのルールと制度について。具体的には、事業計画、指揮命令系統、活動実態の測定・管理、部門間の調整など。

ちなみに①〜⑤は企業の現場のオペレーション活動の機能を指しているのに対して、⑥「管理」は計画や組織化、その実行など企業活動全般の統括管理機能を指している。

これら六つの機能が上手く組み合わされて初めて〝合理的な経営〟ができるとし、それを体系化したのがファヨールである。

ファヨールが活躍した一九〇〇年代初頭には、既に鉱山会社や鉄鋼会社などの巨大企業を経営していた財閥企業がいくつもあった。ところが巨大企業になると、テイラー流の工場の合理的な管理方法だけでは企業全体を管理することができなくなっていた。つまり現場における生産プロセスの効率化とは別に、巨大企業を合理的に運営するための経営の方法論が求められていたのである。鉱山会社の経営者という立場からファヨールが示した六つの機能を上手く設計して合理的な経営管理を行うという考え方は、まさに時宜を得たものであった。

テイラーは現場の生産プロセスを科学的に分析し、分業と協業の合理的な生産体制をつくるオペレーションズ・リサーチ的な科学的管理法を提示した。一方のファヨールは、組織体としての企業をどのように運営していくかという、まさに「経営（Management）学」そのものを体系化した。この二人の研究によって、テイラーが注目した〝現場〟の側面とファヨールの注目した〝経営〟の側面の両面で経営学の基礎が確立され、以降多くの人達によって経営に関する研究が進められていくのである。

3 ホーソン実験とメイヨーの人間関係論

テイラーの登場以降、多くの工場でテイラー的な生産管理の研究が行われるようになった。それまで、勘と経験に頼って行われていた生産プロセスを緻密に分析し、工程・資源・人員の面から生産の効率化が追求されたのである。

ただしテイラーの「科学的管理法」は確かに体系的で目覚ましい成果を上げたものの、当時工場で働く従業員（人員）は、取り替えの効く機械やロボットのようにしか考えられていなかった。ヘンリー・フォードが「労働者に手を貸せというと、給料を上げろだの、休ませろだのと文句ばかりいってくる」といったように、ネジを巻いたり、ボルトを締めたりといった、一つの動作を合理的に無駄なく行うのであればそれは人間でなくても構わない。むしろ不平不満をいわず長時間働ける機械のほうが優れているといわれた時代であった。

こうした時代背景と意識の中で、工場の作業工程の個々の機能を分析し効率化を追求していくための研究が数多く行われたのだが、一九三〇年前後に行われたある研究によって衝撃的な発見が飛び出し、「経営学」に一つの大きな視点が加わることになった。その研究とはエルトン・メイヨーによる「ホーソン実験」である。一九二七年から一九三二年までウェスタンエレクトリック社のホーソン工場で行われたメイヨーによる一連の研究は、人間の心理や生理といった特性を意識した経営管理こそが有効であるということを初めて示し、経営における〝人の発見〟として当時の経営学及び実際の企業経営に大きな衝撃を与えたのである。

ホーソン実験を率いたのはハーバード大学とマサチューセッツ工科大学（ＭＩＴ）の研究チームで、その中心人物だったのがメイヨーであった。ウェスタンエレクトリック社は工場の生産性を向上させるために、そこで働く〝人〟に焦点を当てた体系的な調査を彼らに依頼していたのである。中心舞台となったホーソン工場は二万九千人ほどの従業員が働いており、主にAT&T（アメリカン・テレフォン・アンド・テレグラフ）社向けの電話機や配電盤などの電気製品の組み立てを行う当時最大規模の工場であった。

最初のホーソン実験ではMITの環境衛生の教授であったクレア・ターナーによって、照明の明るさや休憩時間の長さといった労働条件が作業者の生産性にどのような影響を与えるのかについての調査が行われた。具体的には、当初は照明の明るさが生産性に与える影響を実験・分析したのだが、照明を明るくしても暗くしてもグループの生産性は変わらなかった。そのため照明を一定にして休憩時間の長短や窓の有無、室温の高低など生理学的なさまざまな条件について試してみた。しかし、これらの実験におけるどの条件でも生産性には変化がなかったため、労働環境や労働条件だけでは生産性をコントロールできないということが報告された。

次にハーバード大学の産業心理学研究の教授であったメイヨーとフリッツ・レスリスバーガーを招いて、主に監督者と従業員の態度についての分析が行われた。実験グループの観察から、彼らは休憩時間の長さを長くすると従業員間の交流が増して精神状態に好影響があるものの、休憩時間そのものは生産性に影響を与えないことを発見した。またここでは、集団心理的なアプローチも試された。例えば、仲の良い人間同士を組ませた方がいいのか、あるいは監督者がずっと居続けた方がいいのか。一〇人のチームがいいのか、三人・三人・三人に分けた方がいいのかといった条件設定である。集団心理的なアプローチの結果としては、小グループの方が生産性の向上が見込めるということが判明した。

そしてその後に行われた第三次の研究によって、この研究の決定打となる発見に到達したのである。ある時、六人のエース級の女工ばかりを集めて作業をさせたところ、休憩を全く与えなくてもペースが落ちることなくずっと働き続けたのである。そこで部屋の温度を大きく下げた場合と上げた場合の生産性を測定した。しかしどちらの場合も生産性が落ちなかった。それ以外の条件も順に悪化させていき、最後は文字も読めないほど部屋を暗くしてみた。月明かりの下で働くような状態にしてみたものの、それでも彼女たちは生産性を落とすことなく、製品を作り続けたのである。

この結果はそれまでに積み上げられてきた、テイラー型の合理的な生産管理の常識を根底から覆すような事実であった。

そこでメイヨーはなぜ生産性を低下させることなく働き続けることができたのかについて、六人の女工にインタビューを実施した。その結果、以下のような驚くべき証言が得られた。「自分達は工場長からこの栄誉ある実証研究のメンバーにエースとして選んで頂き、誇りに思いました。ですからホーソン工場の名を貶めることのないように必死に頑張りました」というものである。

要するにホーソン実験の結論は、従業員に意欲的に仕事に取り組んでもらうようにすることで、働く側のモチベーションが向上し、結果的に生産性も高まるということであった。ホーソン実験は、人間は〝機械〟などではなく、社会的・組織的な存在であるということを初めて科学的に実証したのである。

もちろんメイヨーはテイラーの研究を熟知していた。テイラーの科学的な研究の延長線上で、作業プロセスの設計に生理学的な要素を加えてホーソン実験を行っていたのであるが、実はそのようなファクターでは説明できない「人間らしい」部分が生産性に最も影響を与えるという点を証明したのである。つまり、個人のモチベーションや仕事への参画意識、仕事や会社への誇り、勤勉さといった点にスポットが当たるきっかけを作ったのが、このホーソン実験であった。

以上のホーソン実験の結論をメイヨーは、著作『産業文明における人間問題』の中で以下の三点にまとめている。

① 作業者の自由裁量が大きくなるほど仕事の満足度が向上する。

② 作業者同士のやり取りや協力の度合いが高いほど、グループの結束が強くなり、生産性も向上する。

③ 仕事の満足度や生産性を左右するのは、物理的な作業条件よりも作業者の意欲、作業者間の協力・貢献の意識という社会的・組織的条件である。

そして、人間が組織集団の中で仕事を行う場合には、これら三点を骨子とする人間関係の中での個人の誇りや貢献意識が物理的条件以上に重要である、という考え方がメイヨーの「人間関係論」である。

テイラーが生産プロセスの合理化を図り、ファヨールが経営の機能を体系化したことに加えて、メイヨーがホーソン実験によって組織で働く労働者の心理的側面の重要性を証明して経営における〝人の発見〟を遂げたことによって、近代的な経営学の土台が築かれたと理解することができるのである。

4 バーナードによる組織論

その後ホーソン実験の研究に影響を受けたチェスター・バーナードが、〝組織〟というものの性質について研究を行い、これが組織論研究の出発点となった。

バーナードはまず、ホーソン実験で示された〝人間集団としての組織〟に注目し、今まで議論されてこなかった組織そのものを具体的に定義した。バーナードによれば、組織とは「意識的に調整された二人以上の人間の諸活動及び諸力の体系」であるとされる。要するに、複数の人間がお互いに協力し、それによって一人ひとりの力を結集して何らかの目的を成し遂げるための集団が「組織」だと明快に定義したのである。

そしてこのような組織が有効に機能するためには、以下の三つの条件を満たさなければならないとも指摘している。

①　目標の共有：メンバー全員がその組織の目標を共有する必要がある。企業はそもそも何を達成するために存在するのかをメンバーが理解し、承認していなければならない。

②　コミュニケーションのシステム：組織の上下・左右で情報のやり取りと意思決定を行うためのルールが整えられており、メンバー間において情報と意思決定の内容が共有されなければならない。

③　インセンティブのシステム：組織のメンバーがその組織にとどまり、成果を上げるためには、メンバーの貢献以上に企業の提示する誘引が大きくなければならない。そのためには、モチベーションを維持するためのインセンティブシステムが設定されていなければならない。

この三つの要件が満たされて初めて、人間の集団は単なる烏合の衆ではなく生産性の高い組織になるということをバーナードは喝破したのである。

更にバーナードは、以上の組織が成立するための「三つの条件」は簡単には満たされないという点についても強調している。実際の企業を見てみると、共通の目標がなかなか共有できなかったり、コミュニケーションが上下・左右でうまく取れなかったり、従業員のモチベーションが低下してしまっていることがある。

そこでバーナードは、経営者の真の役割はこの三つの条件が常に成立するように組織を運営していくことであるとした。言い換えるなら、組織は自然発生的に存在しているものではなく、経営者による合理的な設計と日常の組織運営における努力によってのみ十全な形で成立するものだということである。このバーナードの業績が起点となって近代的組織論の研究がスタートし発展していったのである。

・組織論の発展

これまで説明してきたように、一九三〇年前後にメイヨーが率いたホーソン実験によって、組織で働く従業員の生理的・心理的側面に焦点が当てられ、一九三〇年代後半にはバーナードが組織というものを明快に定義することによって近代的組織論の研究がスタートした。

一九三〇年代といえば世界恐慌の時代である。世界中を不景気の嵐が襲い、企業が次々に倒産し、街は失業者であふれていた。即ち、経営資源を効率的に活用し、組織の能力を最大限に高めていかなければ、企業が生き残れない厳しい時代であった。そのため企業がいかにしてより合理的に経営を行い収益性を挙げていくのかという問題意識が高まり、経営学の研究が発展していったのである。

特にバーナードの研究以降、一九三〇年代から一九五〇年代にかけて組織論の分野で研究が盛んになった。ホーソン実験の成果を引き継いで従業員のモチベーションやリーダーシップについて研究したフリッツ・レスリスバーガーや、「組織の動機づけ―衛生要因」で知られるフレデリック・ハーズバーグ、「欲求の五段階説」で知られるエイブラハム・マズローなどが、人間の側面に注目した研究（ミクロ組織論）を発展させていった。

ここでハーズバーグとマズローの研究を簡単に紹介しておこう。

ハーズバーグは、人間の欲求には「衛生要因」と「動機づけ要因」という二つの要因があることを明らかにした。「衛生要因」とは賃金や福利厚生、作業条件、職場の人間関係の良好さといった労働を行う上での環境要因のことであり、これが満たされていなければ人間は不満を持つようになる。しかしこうした要因に関してはどれだけ不満の原因を改善したとしても、不満が小さくなるだけ

図表Ｉ－１　ハーズバーグの「組織の動機づけ・衛生要因」

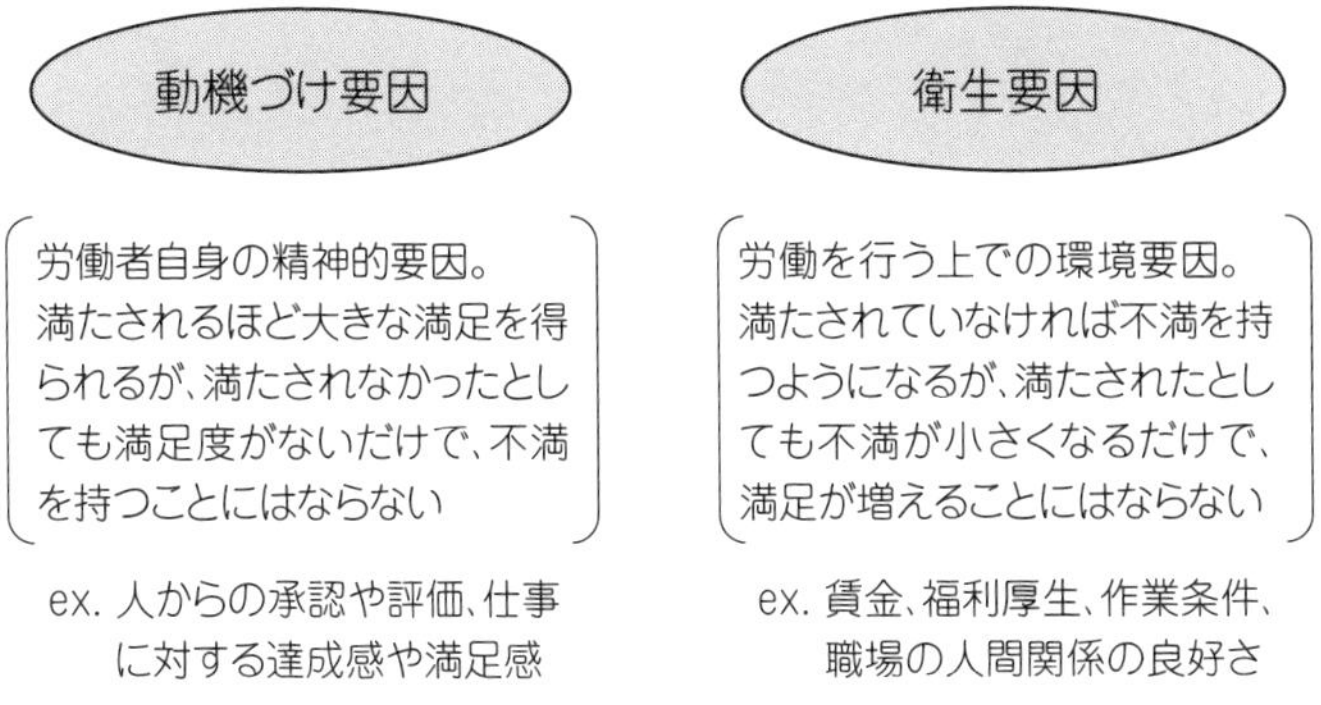
動機づけ要因
労働者自身の精神的要因。
満たされるほど大きな満足を得られるが、満たされなかったとしても満足度がないだけで、不満を持つことにはならない
ex. 人からの承認や評価、仕事に対する達成感や満足感
衛生要因
労働を行う上での環境要因。
満たされていなければ不満を持つようになるが、満たされたとしても不満が小さくなるだけで、満足が増えることにはならない
ex. 賃金、福利厚生、作業条件、職場の人間関係の良好さ

で、決して満足が増えるわけではない。それに対して「動機づけ要因」は、仕事を達成する、人に認められて高く評価される、仕事自体に満足するといった労働者自身の精神的要因のことである。人間はこれらの要因が満たされれば満たされるほど大きな満足を得られるが、仮にこれらの要因が満たされなかったとしても満足度がないだけで不満を持つことにはならないというものである。

以上のように、ハーズバーグは、人間の不満と満足の要因は別のものであるということを示したのである。（図表Ⅰ－1）

マズローも同様に人間の欲求について研究し、人間の欲求が五段階の階層構造になっていることを示した。それは下から順に、①生理的欲求、②安全欲求、③社会的欲求、④自尊欲求、⑤自己実現欲求とされる。そして、人間は①の「生理的欲求」が満たされるとより高次元の欲求（②～④）を求めるようになり、最終的には⑤の「自

図表Ⅰ－2　マズローの「欲求の５段階説」

己実現欲求」を求めようとする。そして⑤の「自己実現欲求」は、自分自身を承認できるような自分でありたいという欲求であり、その欲求には終わりがないことを明らかにした。（図表Ⅰ－2）

　こうしたミクロ組織論に次いで、組織論の研究は一九五〇年代にはハーバート・サイモンやジェームズ・マーチらによって、組織集団を一つのシステムとして分析しようとするマクロ組織論へと発展していった。サイモンやマーチについては後述するが、組織とはそもそもどのような構造で、どのような意思決定を行い、どのように動くのかという組織のメカニズムを体系的

図表Ⅰ－3　経営学の萌芽

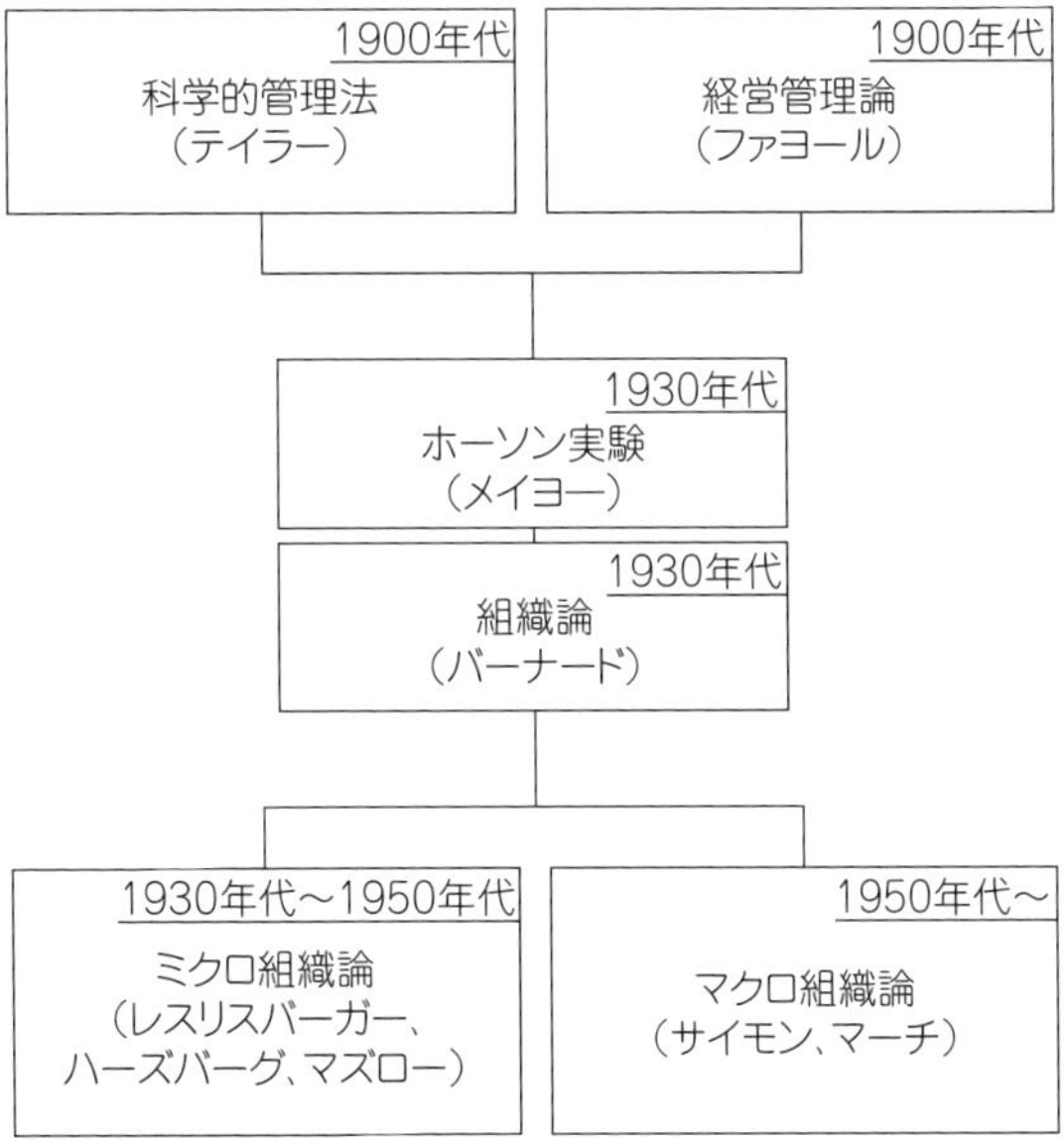

に示し、更に組織構造の形態に起因するメリット・デメリットなどについても指摘した。

一九五〇年代には、企業の内的側面を上手く管理・統制しようとする「組織論」が既に独自の体系を成し、専門の学会を持つ程に大きく発展していた。それに対して企業はどのような事業を行うべきか、またどのように他社と競争をしていくのかという視点を持つ、本格的な「戦略論」が誕生するのはこの後の一九六〇年代からである。（図表Ⅰ-3）

【第2章】

経営戦略論への発展

〈一九六〇年代～一九七〇年代〉

経営管理から経営戦略へ：経営の視線は内から外へ

一九五〇年代から一九七〇年代初頭にかけて、アメリカ経済は黄金時代（ゴールデン エイジ）と呼ばれる成長期を迎えた。というのも、ヨーロッパ諸国や日本は第二次世界大戦で国土が戦場となり、経済インフラも国民生活も荒廃してしまったのに対して、アメリカだけは国土のインフラも生産設備も破壊や消失を免れたためである。このためアメリカは世界中の戦後の復興需要に対応することができ、未曾有の好景気を享受することとなったのである。

こうした好景気を背景に市場に多くの資金が出回るようになり、さらに経済の成長と共に都市で働く労働者が増加していった。その結果、企業は以前よりも容易に資金や労働力といった経営資源を手に入れることができるようになり、それらを有効に活用して今までの事業から得られる以上の高い成長を求めるようになっていったのである。

そこで企業が更なる成長のために採った手法が新しい事業分野への進出、即ち垂直統合と多角化である。

例えば垂直統合を展開した石油企業は、大きな設備投資を行って探査から採掘、精製、流通・販売までの全ての事業分野を一貫して行うことで成長を追い求めた。また多角化の例としては自動車会社や製鉄会社が採った事業展開を挙げることができる。自動車会社は自動車事業だけではなく周辺分野の自動車ローンを売る事業を始めるようになり、製鉄会社は製鉄事業だけではなく橋や線路の建設まで行うようになった。他にも、メーカーが建設業から運輸業、小売業、金融業といった関連性のない事業を数百社も束ねてコングロマリットとなるケースもあった。

こうした流れの中で経営学の主たるスコープは、それまでは企業内の経営資源をいかに効率的に活用して事業運営を行うのかという〝企業内部〟のマターに向けられていたのに対して、どのような事業に進出すれば一層の成長を遂げることができるのかという〝企業外部〟のマターに向けられるようになった。つまり経営の主たるテーマが〝内〟から〝外〟へと転換したのである。

このように、経営のテーマが〝内から外へ〟と転換することに伴って、「経営戦略（Strategic Management）」という言葉と概念が生まれた。それまでの経営学（Management）が対象としていたのは、テイラーのプロセス管理にしてもファヨールの経営機能の体系化にしても企業の〝内〟なる経営課題であり、「経営管理（Managerial Control）」の性質を持つ。一方どの分野、どの市場に出て行くのかという経営課題に基づいて〝外〟に目を向けるようになると、新しい分野の競合といかに戦うべきなのかという戦略が重要なテーマとなる。

ちなみに〝戦略（strategy）〟という言葉は、ギリシャの戦争用語〝strategos（ストラテゴス）〟に由来する。そして戦略という言葉が初めて一般的に使われたのは、プロイセンの将軍カール・フォン・クラウゼヴィッツが著した『戦争論』（一八三二年）においてである。彼はこの著作の中で、戦略とは「戦争の全体計画、個別の活動方針、及びそれらに基づいた具体的な行動計画」であると述べている。これは言い換えれば、どのように敵と戦って勝つのかという全体的な計画を立て、それを幾つかの個別方針に展開し、具体的な行動、実行計画にまで落としこむということである。この意味合いが、いかにして敵と戦うのかという新しい時代の経営課題の核心にミートしていたので、「経営戦略（Stratregic Management）」という言葉が生まれたのである。

またこうした新しい分野への進出と相まって、もう一つ大きな経営テーマが生起した。今までは製鉄会社は製鉄事業の、自動車会社は自動車事業の、家電メーカーは家電事業の経営を行っていれば良かった。しかし、例えば自動車メーカーが自動車を作るだけでなく保険やローンなどの金融サービスを提供したり、製鉄会社が鉄を作るだけではなくその鉄を使って橋梁を作ったりするようになると、今までとは全く異なる事業の運営を同時並行で行うことになる。自動車会社のマネジメントと保険会社のマネジメントとでは、必要な人材や技術も、組織の形態も事業運営の勘所も全く異なっている。製鉄会社のマネジメントと橋架会社のマネジメントも同じく全く別物である。企業が新しい事業に進出するようになると、必然的に複数の事業のマネジメントを並行して行う必要が出てきたというのが、この時代のもう一つの重要な経営課題である。

一九〇〇年代に、テイラーが生産プロセスの科学的管理法を発明し、ファヨールが会社機能の整理を行って経営学が誕生し、一九三〇年代に入ってから人と組織に関するメイヨーの業績が付加されて、〝内〟なる経営管理（Managerial Control）の体系が整えられた。一九六〇年代になってこの経営管理の土台の上に〝外〟に向けての事業展開のスコープが追加され、またそれと並行して複数事業の統合的マネジメントの要素も加わって、近代的「経営戦略」の枠組みが完成したのである。

端的にいうならば、近代的経営戦略とは、〝内と外の経営マター（コントロールとストラテジー）〟の有機的統合によって構成されるものである。

このような流れの中、企業を取り巻く内外の環境変化に対して、積極的に適合し、企業全体の方向性を見定めることの重要性を指摘した研究者たちが登場する。企業の歴史的な発展段階を研究する中で「組織は戦略に従う」という有名な言葉を残したチャンドラーや、シナジーと多角化に関する概念を提示したアンゾフ、企業成長のプロセスにおいて経営資源の合理的活用こそが最も重要であると指摘したペンローズ、組織の意思決定のプロセスを一つのシステムとして捉えたサイモンらである。以下でこれら〝近代的経営戦略論の開祖〟とも呼ぶべき四人の研究者の業績と理論を紹介しよう。

1 チャンドラーの「組織は戦略に従う」

最初に名前が挙がるのが、「組織は戦略に従う」という言葉で有名な米国の経営学者アルフレッド・チャンドラーである。

現代では戦略という言葉／概念は至る所で使われているが、そもそも経営学に〝戦略〟という言葉と概念を最初に持ち込んだのがチャンドラーである。

チャンドラーは『Strategy and Structure（邦題：組織は戦略に従う）』（一九六二年）という著作の中で、デュポン、GM、ニュージャージー・スタンダード（現エクソン・モービル）、シアーズ・ローバックの四社の歴史を中心に、アメリカの大企業約七〇社の歴史を分析し、企業の戦略（特に多角化戦略）と組織形態との関連性を調査した。

例えばデュポンは、第一次大戦後に主力事業（ダイナマイトや火薬）の売上げの減少から多角化を進め、セルロース製品やパイラリン（プラスチック）、塗料及び染料と次々と事業を拡大していったために、中央集権組織では企業全体をコントロールすることができなくなっていた。そこで、中央集権型の機能別組織で会社運営を行うのではなく、個々の製品を軸として購買から生産、営業までの機能を個別事業単位で一括りにし、本社から事業部へと大幅な権限委譲を行う事業部制組織へと移行することによって合理的な会社経営ができるようになった。

またGMは、T型フォードで圧倒的な市場シェアを誇っていたフォード社に対抗するために高級車から低価格車までの幅広いラインナップを揃えようと幾つもの自動車会社を買収していったのだが、買収しただけでは複数の企業がバラバラに事業を行っているだけであり、それまでの機能別組織では全体を一つの方向にむけてコントロールすることができなかった。そこで、GMは買収した企業を一旦解体し、製品と国別に再編成した形で事業部制を導入することによって、統制の取れた経営が可能になった。

このように両社は、多数の事業の運営から生じる複雑性のために組織のコントロールができなくなり、事業部制を採用して組織再編を行うことによって企業経営の統制を実現したのである。

このような戦略と組織の関係に基づいてチャンドラーが到達した解答が「組織は戦略に従う(Structure follows Strategy)」という有名な命題である。

またチャンドラーは「組織は戦略に従う」べきであると提起したのと同時に、事業の多角化を行う場合には「事業部制」が有効であることも指摘した。

彼が多角化戦略を採用した企業を調査してみると、例えば家電企業では同じ工場の中で電球のラインと金属工具のラインが隣同士に並んでいたりした。電球の製造と金属工具の製造では、材料もリードタイムも生産サイクルも違えば、必要な技術も異なる。場合によっては働く人の賃金までも違うかもしれない。今なら電球事業部と金属工具事業部に分けて事業運営を行うのが当然のこととされるが、当時はモノを製造するのは工場の役割であり、でき上がった製品を販売するのは営業の役割であるという機能別組織の発想しかなかったのである。

ところが機能別組織による中央集権的な組織運営体制では、多角化の進展と共に組織をコントロールすることが難しくなり、業績を悪化させた企業が多かった。そこで多くの企業は製品を軸とした「事業部」という枠組みで工場も営業も一括りにしてマネジメントするようになっていったというのがチャンドラーの指摘である。

この事業部制という概念は、現在では当たり前のように思われている組織形態であるが、機能別組織こそが効率的な組織形態だと考えられていた当時では画期的なものであった。したがって事業部制は、多角化によって合理的かつ統制の取れた事業運営が困難になっていたＩＴＴやＡＴ＆Ｔなどの大企業の経営者ばかりでなく、これから多角化を行って成長を追求しようと考えていた中堅・中小企業の経営者からも大きな反響を呼んだのであった。

2　アンゾフの「シナジー」と「成長マトリクス」

この時代の最も重要な経営課題は、「企業は更なる成長のためにどのような新製品を開発するのが有利か、どの分野へ進出して新規事業を始めるべきなのか」というものであった。

　企業が新しい分野に進出しようとする場合、伸びている分野を見つけてやみくもにその分野に出て行けば良いというものではない。成長の機会を求めて既存の事業と全く無関係の分野に進出すると、技術も人員も流通チャネルも、ブランドも経験もゼロから構築し直さなければならなくなる。それでは昔からその分野で事業を営んできている競合に勝つのは難しい。したがって、これまでに培った自社の強みを生かせる分野に進出していくのが合理的であるという考えが生まれた。この〝既存の強みを活かせる〟ということが、「シナジー」という概念の意味合いである。

　この「シナジー」の概念を提唱したのが、米国の経営学者イゴール・アンゾフである。アンゾフは元々は物理学者、数学者であり、更にはロッキード社の副社長でもあった。彼はロッキード社の経営に携わった経験から、これからどの分野でどのような事業を行えば更に成長していくことができるのかというテーマが企業にとって最も重要な経営課題だと認識していた。

　当時のロッキード社は航空機の製造だけではなく、航空機のリース事業も行っていた。リース事業となると、ただ製品を製造して顧客へと納入するだけではなく、故障時のサービス網の整備やリース先が倒産した際などのリスクマネジメントに対応する必要があった。また競合に目を向けると、他の航空業界の経営者たちは規模追求のためにM&Aを行ったり、同様にさまざまな成長分野への多角化を目論んでいた。

ただし企業の経営資源は無限ではなく、無制限に多くの事業に手を出すことはできないというのはいうまでもない。そこで限られた経営資源の中で自社の強みを生かせる事業に進出していくのが合理的であるという考えに至り、自社の既存事業の強みを生かすことができるという「シナジー」の概念が考え出されたのである。

アンゾフはこの「シナジー」の発生する要件を以下の四つに分類した。

① 販売上のシナジー：共通の流通チャネルを用いたり、共通の販売管理組織、共通のブランドを用いたりする場合に発生するシナジー。

② 生産上のシナジー：共通の設備や人員を活用することで、間接費を配賦したり、共通の経験効果が得られる場合に発生するシナジー。

③ 投資上のシナジー：原材料の共同在庫や、従来からの研究開発の成果を新しい製品でも用いることができる場合に発生するシナジー。

④ 経営管理上のシナジー：現在とは異なる事業分野に進出しても、経営者が似たような経営上の問題を解決できる場合に発生するシナジー。

アンゾフはこのようにシナジーを分類することで、企業がどのシナジーを活用して事業戦略を策定しようとしているのかを認識することができ、今展開しようとしている事業戦略の合理性を確認することが可能になると述べている。

次にアンゾフはシナジーの概念を使って、新規分野で有利に事業展開をしていくための方針を整理した。これが多角化戦略の基本方針を示すための「成長マトリクス」と呼ばれる有名なフレームワークである。

この「成長マトリクス」によって、事業分野全体を市場（顧客）の軸と製品の軸で分けて考えたときに、企業は以下の四つの戦略パターンを採ることが可能であると述べている。

① 市場浸透：今いる事業分野（既存市場と既存製品）で更に多くの売上げを図る戦略のことである。例えば、広告宣伝を増やしたり、商品の取扱い店を増やすことが有効である。

② 市場開拓：同じ製品を新しい市場に展開する戦略のことである。この戦略では、生産上のシナジーや投資上のシナジーを活用することができる。例えば、女性向け化粧品を作っていた企業が男性向け化粧品に進出することが挙げられる。

③ 製品開発：同じ市場で新しい製品を売る戦略のことである。この戦略では販売上のシナジーや経営管理上のシナジーを活用することができる。例えば、新しい製品ブランドを投入したり、製品のバリエーションを増やすことである。

④ 多角化：新しい製品を開発して新しい市場で販売する戦略のことである。ただし、この分野はシナジーが効かないため、成功の確率が低いとされている。

アンゾフの「成長マトリクス」は、企業が多角化戦略を採用する際、どのような市場と製品の組み合わせを選択するのが合理的であるのかについて、シナジーの概念を使って明快に示してくれるフレームワークとして現在も多くの企業で広く活用されている。（図表Ⅰ－4）

ちなみに、アンゾフはこのように「シナジー」や「成長マトリクス」をはじめ、さまざまな経営戦略に関する概念・分析の枠組みを提示したことで、「経営戦略論の父」と呼ばれている。

3 ペンローズの「資源配分の最適化」

ここまでチャンドラーとアンゾフの研究を通して、一九六〇年代に近代的経営戦略論がどのように誕生してきたのかについて説明してきたが、経済学者として経営戦略論の発展に貢献した人物もいる。その代表的人物が、エディス・ペンローズである。彼女は経済学の「企業家」

図表Ⅰ－4　アンゾフの「成長マトリクス」

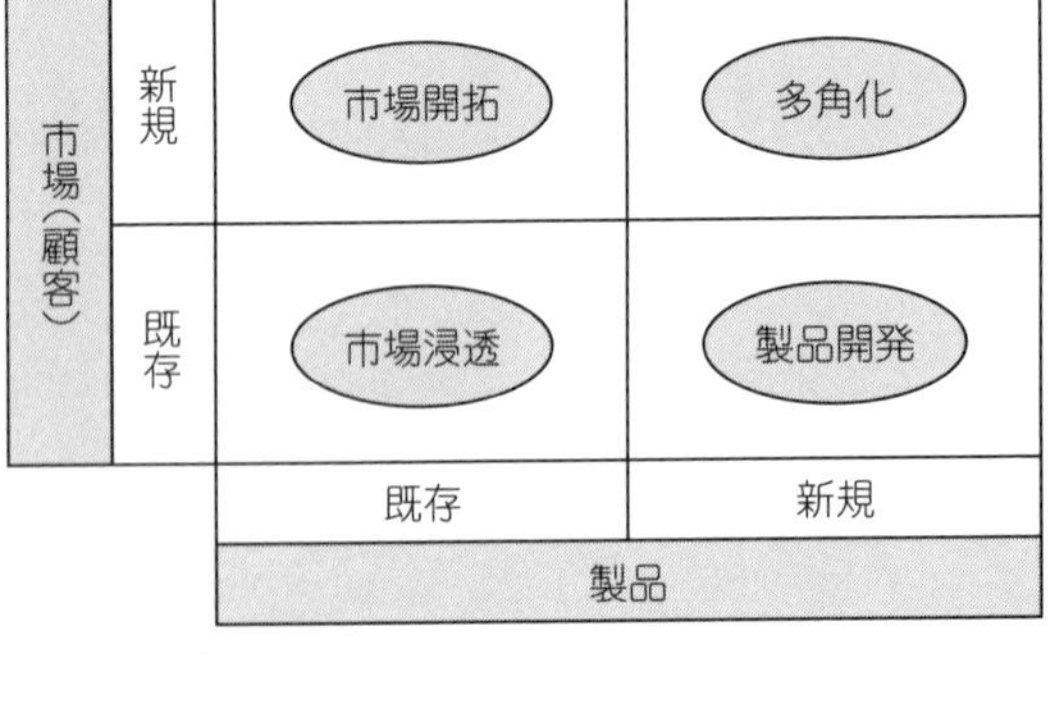

の理論と「資源配分の最適化」という考え方に基づいて、企業の経営資源に焦点を当てた経営戦略論を展開した。この成果は後述するＲＢＶ（リソース ベースド ビュー）の源流にもなるものである。

彼女は経済学の理論と現実の企業とを見比べながら、〝企業の成長〟とはどのようなファクターとメカニズムによるものなのかについて研究を行った。好調なアメリカ経済の下、個々の企業が成長していく中で、経済学は企業が成長していく仕組みと法則について十分に解明できていないと感じ、分析のスコープを企業活動に向けて研究を行ったのである。

ペンローズはまず、ミクロ経済学の前提のように企業の行動を市場均衡に収束するための生産関数として捉えるのではなく、「管理組織」として捉えるべきであると考えた。この考え方はバーナードの考え方を踏襲するものである。そして彼女は生産関数を用いた主要な経済理論である「規模の経済」の概念に着目した。規模の経済の概念によれば、企業は生産コストが低減し続ける限り成長することができる。しかし、ある一定の企業規模になると生産コストが逆に上昇するという「規模の不経済」が生じるため、企業は成長することができなくなると経済学ではいわれていた。

ところが彼女は、シュンペーターの「企業家」の理論を用いながら、現実の企業は単一の事業に縛られているのではなく、複数の事業に参入することによって、「規模の不経済」という概念が成立しない状況があることを証明してみせたのである。つまり、経済学者が考えているような企業の最適な規模という考え方は単一の市場の中では成り立つとしても、新しい市場を切り拓くことで複数の市場に参入することができる。つまり、更に成長しようと考える「企業家」精神に富む企業であれば、そのような〝成長の天井〟は成立しないと考えたのである。

企業が新しい市場へと進出していく上で、この「企業家」精神と対になって重要なのが「資源の最適配分」、即ち企業の持つ経営資源をどこに配分するのが最も合理的なのかということである。その中でも特に経営者をはじめとする人的資源をどのように配分し、どのように活用するのかが重要になってくるというのがペンローズの指摘である。

ペンローズによれば、企業を形作るさまざまな経営資源は常に完全に利用されるわけではなく、未利用な部分が残っているとされている。したがって彼女はその未利用な部分をもっと有効に配分・活用していこうと経営者が考えることによって、企業は新しい事業分野への進出を模索するようになり、結果的に更なる成長が可能になると考えたのである。ちなみにこの考え方は、経済資源の最大活用を目指す経済学の基本的な考え方（「パレート効率」）を経営学に適用したものである。

また彼女は数ある経営資源の中でも最も価値があり最も未利用なものは人的資源であると着眼した。なぜなら他の経営資源とは異なり、知識や経験が増加していくことで人は成長することができ、それによって人的資源の単位価値自体が増加するためである。人間は知識や経験が増えることで技術を高度化したり、今までとは異なるアイデアを出したりすることが可能になる。このことによって生産性が向上し、以前よりも一つの仕事をする時間が削減され、そうした余りの時間で新規事業の可能性を模索したり、新規事業を立ち上げるのに必要なノウハウを習得したりすることが可能になる。このように、人的資源の未利用な部分を活用することで新しい事業の開発が進み、企業成長のための道が開けるという考え方である。これがペンローズが提示した企業家精神と資源配分の最適化を基にした企業の成長メカニズムである。

チャンドラーの「事業部制」、アンゾフの「シナジー」や「成長マトリクス」は企業経営に直接的な示唆を与える経営戦略に関する具体的なコンセプトやフレームワークであるのに対して、ペンローズの「企業家精神と資源配分の最適化」の指摘は、経済学的なスコープからの企業経営に対する知見であるというのが特徴である。ペンローズは経済学者として、経営学とは一歩離れた立場から「ＲＢＶ（リソース　ベースド　ビュー）」の源流を先見的に築き上げたということができよう。

4　サイモンの「限定された合理性」

ペンローズに加えてもう一人、経済学者として経営学に大きな貢献をした人物がいる。それが

「組織の意思決定プロセスに関する研究」によってノーベル経済学賞を受賞した、ハーバート・サイモンである。

サイモンはアメリカのウィスコンシン州に生まれ、シカゴ大学で政治学と経済学を学んだ。その後カーネギー・メロン大学の教授となったサイモンは意思決定理論への理論的・実証的研究によって経済学、経営学、認知科学、コンピュータ科学の世界に影響を与え、一九七八年にノーベル経済学賞を受賞している。サイモンの研究はさまざまな人工物をシステムとして捉え、そのシステムのメカニズムと設計方法を明らかにするというのが主たるテーマであり、それがコンピュータや建築、経済学にも広く応用されている。

サイモンは経営学の分野においてはテイラーの科学的管理法やバーナードの組織論を基にして組織を人間の集団としてのシステムとして捉え、そのような人間の集団のシステムである組織のメカニズムとはどのようなものかを探求した。その結果、組織とは情報を集め、意思決定の選択肢を作り、具体的活動のあり方を選択するという一連の「意思決定のプロセス」こそが最も重要な組織的活動であると考えた。この意思決定プロセスへの着目は、後の戦略論、組織論の研究に大きな影響を与えることとなった。

サイモンのこのような考えはどこからきたかというと、組織における意思決定を研究していく中で、人間が行う意思決定のプロセスは実は完全に合理的なものではないという「限定された合理性」の理論に由来する。

サイモンは新古典派の経済学者が考えているような、「完全情報を持って合理的に行動する人間」という概念は成立しないと考えていた。なぜなら、実際の人間の情報処理能力には限界があり、また物事の認知に関しても限界があって、人間は完全に合理的な行動のための意思決定をすることができないためである。ただし〝完全に〟合理的には行動できないということは逆に、〝ある限定された範囲内〟であれば、客観的合理性を持って行動することが可能であるということでもあるというのがサイモンの発想の原点である。

そこでサイモンはこの考えに基づいて、さまざまな人が集まって意思決定をしていく中で、ある特定の範囲内に限定し、その限定された範囲の問題を有効に解決していくための仕組みが「組織」であると規定した。

その上で、組織における意思決定プロセスは、以下の四つのプロセスを経るものだと提示したのである。

① 情報活動：経営目標と現実のギャップを認識してそれを埋めるための情報を探索する。
② 設計活動：情報の探索結果から具体的にどのようにしたら良いのか、いくつか代替案を列挙する。
③ 選択活動：代替案を比較して特定の案を選択する。

④　検討活動：選択案によって経営目標が達成されるかどうかを確認する。

そして再び新しい情報を探索する、というのが組織の意思決定プロセスであるとサイモンは提唱している。

サイモンによれば、人間は意思決定が満足に行えるだけの情報が可能な範囲で手に入れば、完全な情報を持っていなくても意思決定を進めていくという「満足化原理」に基づいて行動する。そしてこの「満足化原理」で動く人間から成る組織だからこそ、限定された合理性の中で行われる情報活動→設計活動→選択活動→検討活動という一連のプロセスが、組織の意思決定の精度をステップバイステップで高めていくことができるということを提示したのである。

つまり、サイモンは人の意思決定行動の実態に焦点を当てることで、それまでの経済理論において前提とされていた完全情報に基づく合理的な意思決定（「経済人の意思決定」）よりも現実的な意思決定のプロセス（「経営人の意思決定」）を提示したのである。

サイモンは他にも、弟子のジェームズ・マーチと共著で記した『オーガニゼーションズ』の中で階層的な組織構造の是非について研究している。彼らは、階層化・分業化・専門化が進んだ階層的組織構造が、個々の人間が組織内でバラバラに行動する烏合の衆の集団よりも、明らかに合理的な組織運営を行うことが可能な体制であることを示した。

それは、

①　まず階層化・分業化・専門化によって、より小さな単位で物事を行うことで情報の取得と判断が効率的になり、またそのことによってより合理的な意思決定が可能になる。
②　そしてどのように意思決定を行っていくのかという手順とルールを決定することによって、複雑な作業であってもより効率的に行えるようになる。

という二つの階層化・分業化・専門化のメリットを理由として、階層的組織構造の合理性を説明したのである。

サイモンは「限定された合理性」の着想からスタートして、組織自体がどのような意思決定を行っているのかというメカニズムを示し、それを前提としてマーチと共に階層的組織構造の合理性についても解明したのである。以上のように、サイモンは一九三〇年代に生まれたバーナードの組織論を発展させ、組織設計や意思決定プロセスをシステムとして扱う近代的組織論の発展に大きく貢献し、企業の合理的組織体制のあり方や戦略策定に関する意思決定プロセスの仕組みについて重要な基盤を構築したのである。

5　経営戦略の主要なツール

ここまで、チャンドラーやアンゾフらによって近代的経営戦略論が拓かれたことについて説明してきた。そしてこの時期にはこれまでに紹介した理論や概念以外にも、さまざまな分析のフレームワークやコンセプトが多数開発された。それらの中には戦略策定を行う際に現在でも十分通用する有用なものが数多く存在する。以下、主要なものについて簡単に紹介しておこう。

❶ ＰＰＭ（プロダクト ポートフォリオ マネジメント）

この時代に開発された戦略策定のためのツールの中でも代表的なものが「ＰＰＭ（Product Portfolio Management）」である。

ＰＰＭは、米国でＧＥなどの巨大企業が事業の多角化と再編を進めるなか、注力すべき事業の選択と個々の事業への投資配分を決定するための指針を与える分析手法として、ボストン・コンサルティング・グループ（ＢＣＧ）が開発した。

ＰＰＭとは、多種類の製品を生産・販売していたり、複数の事業を展開している企業が、企業としての継続的発展と対競合を意識した戦略的観点から最も有効な経営資源の配分となる製品・事業の組み合わせ（ポートフォリオ）を判断し、各製品・事業の展開方針を決定するためのフレームワークである。

ＰＰＭは「市場の魅力度」を表す指標としてその市場の成長率を縦軸に取り、「自社の強さ」を表す指標として競合他社との相対的な市場シェアを横軸に取って四つの象限から成るマトリクスを作り、各象限を「スター（Star）」、「金のなる木（Cash cow）」、「問題児（Question mark）」、「負け犬（Dog）」の四つに分類する。そしてこの四つの象限毎に、そこに位置づけられた製品・事業が採るべき基本的な戦略方針が示唆される。したがって、このフレームワークの中に自社が持つ複数の製品・事業を「市場の魅力度」と「自社の強さ」によってプロットすれば、個別の事業戦略の方向性及び全社的事業の組み合わせを合理的に決定することが可能となる。また後述するプロダクト・ライフサイクルの概念と併せて分析すると、企業の中長期的な製品・事業のバランスや全社の収益性、成長性の予測にも活用することができる。

各々の象限における戦略方針を簡単に説明しておくと、以下のようになる。

i．**スター**（**Star**）：市場の成長性／自社の相対的市場シェアがともに高いレベルにある「スター」は、今後も自社の優位性を維持・拡大して将来の「金のなる木」として育てていくために、積極的な資源（資金）投入を行うべきである。

ii．**金のなる木**（**Cash cow**）：今後の市場の成長性は高くないものの、自社の市場シェアが高いレベルにある「金のなる木」は、大きな追加投資をするのではなく、投資を抑えて多くのキャッシュ・フローを生み出し、収益の極大化を図るべきである。

iii．**問題児**（**Question mark**）：市場の成長性は高いが自社の市場シェアが低い「問題児」は、「金のなる木」から得た収益を投入して「スター」に育てていくのか、あるいは育てていくことを諦めて早期に撤退するのかを選択すべきである。

iv．負け犬（Dog）：市場の成長性・自社の市場シェアがともに芳しくない「負け犬」は、事業を継続するメリットはないので、いかにロスなく撤退するのかを検討すべきである。（図表Ⅰ－5）

❷ プロダクト・ライフサイクル

マッキンゼーのアーク・パットンによって提唱された「プロダクト・ライフサイクル」のフレームワークとは、製品市場の発展段階を導入期、成長期、発展期、成熟期の四つの段階に分け、その各々のステージにおける一般的な競争のメカニズムとそのステージにおいて有効な戦略のパターンを整理したフレー

図表Ⅰ－5　プロダクト ポートフォリオ マネジメント

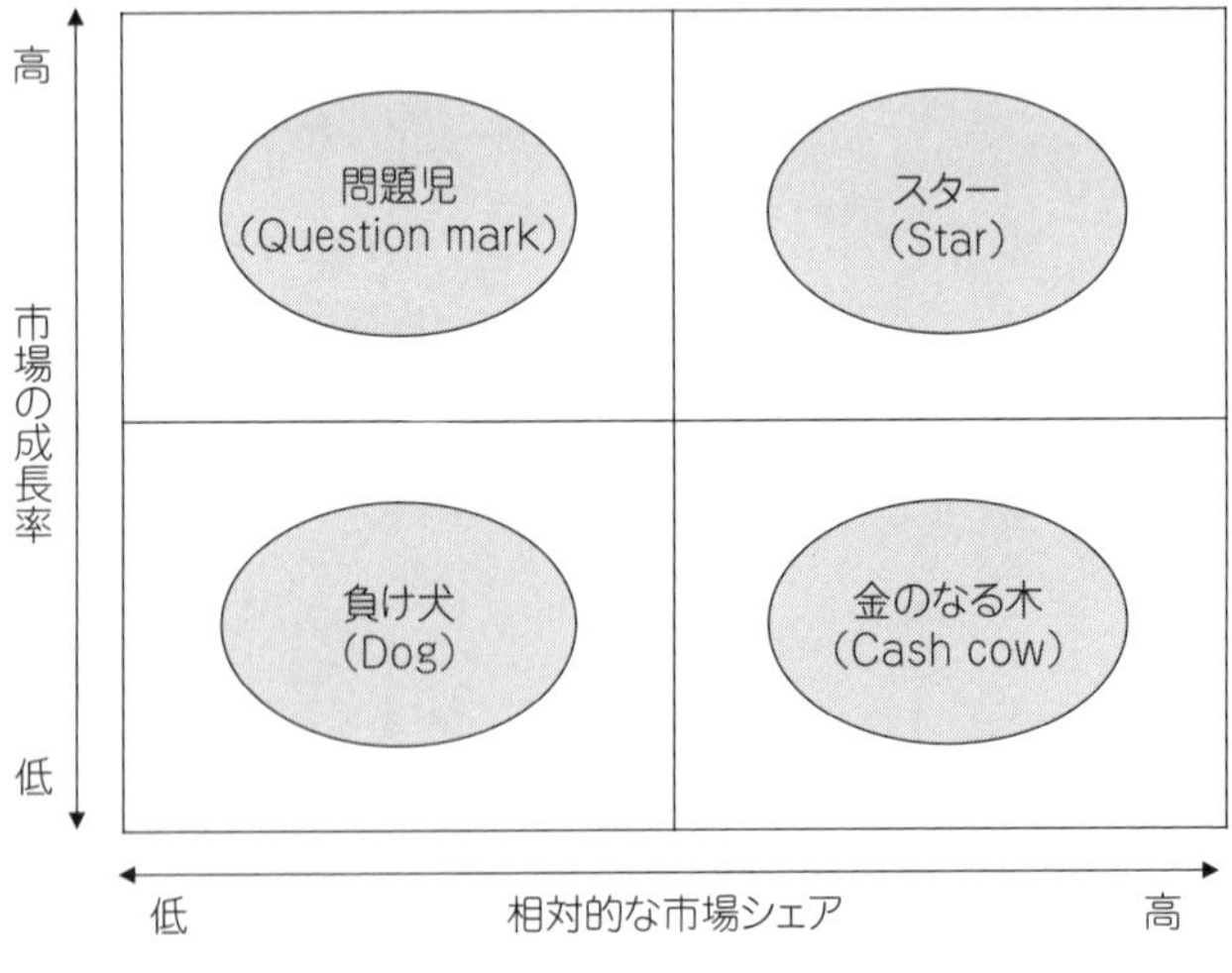

ムワークである。以下で各々の段階について説明をしよう。

ⅰ．**導入期**：導入期とは新しいタイプの製品の市場導入を図るフェーズであり、市場の特徴としては、製品を理解し、購入しようとする人がまだ少数であることが挙げられる。したがって導入期は、当該製品を世の中に広く認知させ、市場に定着させること、即ち「製品市場の確立」が戦略目標となる。そこで市場で評価される魅力的な「製品開発」を行うことが特に重要な戦略の鍵となる。そのポイントは基本性能（品質・機能）の完成度を高めることと、他社よりも先行して製品を市場投入するためのスピードの追求である。またこの時期は、製品自体がまだ顧客に十分知られていないため、製品認知のための「広告・広報」も重要である。

ⅱ．**成長期**：成長期とは導入期の次のフェーズであり、市場が急速に成長を始める時期である。したがってこの時期は、大幅に需要を喚起するための「市場の拡大」と、市場への参入企業が増えていく中で「自社ブランドの確立」を図っていくことが戦略目標となる。そこで市場拡大と自社の地位を確保するために有効な「コストダウン」と「販売チャネル網の整備・構築」が不可欠になる。特に成長期では一般顧客に対してあまねく製品がリーチするように販売網を整備・構築することが極めて重要である。ここで販売チャネルの整備が甘いと、大量に広告を投入しても販売チャネルを整えた他社製品ばかりが売れるという皮肉な結果を招きかねないことに留意しておかなければならない。

iii. 発展期：発展期とは、製品の高付加価値化が進むことで、より保守的な顧客を取り込みながら市場が穏やかな成長を続けていくフェーズである。この時期においてはここまで生き残ってきた他社も競争力のある製品を出しており、最も競争が激化するフェーズでもある。したがって、ここでは「シェアの確保」が最大の戦略目標となり、そのために「製品差別化」と「明確なセグメンテーション」が必要になる。製品差別化を進めていくには細分化した顧客セグメントに対応しての製品ラインナップの多様化、または圧倒的なコスト低減などが具体的な施策として考えられる。

iv. 成熟期：成熟期とは、ほとんどの顧客に製品が行き渡り市場の成長が頭打ちになる

図表Ⅰ－6　プロダクト・ライフサイクル

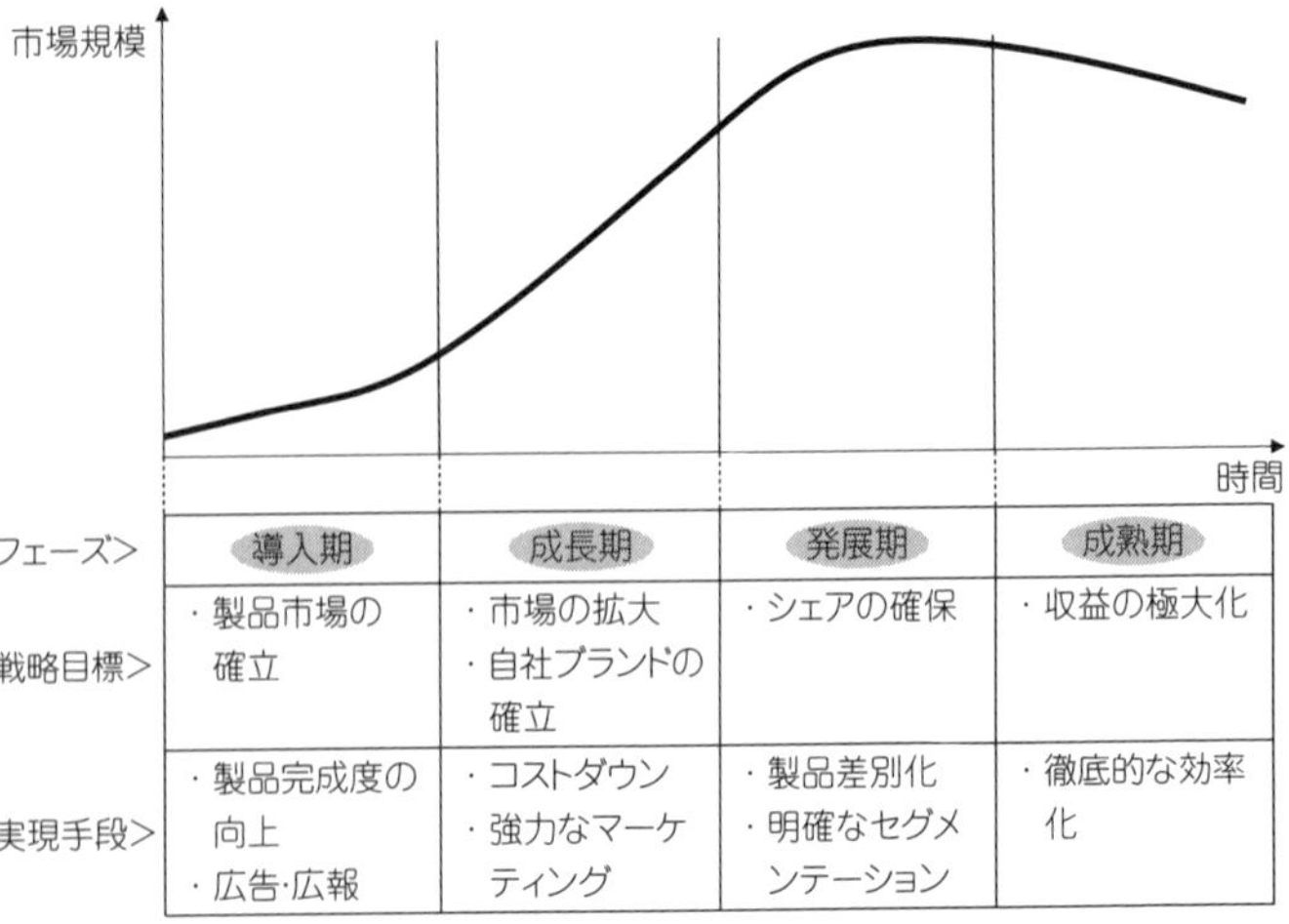

<フェーズ>	導入期	成長期	発展期	成熟期
<戦略目標>	・製品市場の確立	・市場の拡大 ・自社ブランドの確立	・シェアの確保	・収益の極大化
<実現手段>	・製品完成度の向上 ・広告･広報	・コストダウン ・強力なマーケティング	・製品差別化 ・明確なセグメンテーション	・徹底的な効率化

フェーズである。普及率の頭打ち以外にも、代替品の登場や顧客のライフスタイル・嗜好が変化するなど、市場の成長率が低下していく要因は数多くある。このような状況下では、「収益の極大化」を目指すことが最大の目標となる。収益の極大化を実現するための手段は、「徹底的な効率化」である。製品の生産、流通、販売、販売促進、広告といった全てのビジネスシステムにわたって徹底的に無駄を排除していくことでコストダウンを図り、収益率を向上させることが必要となる。

以上のようにプロダクト・ライフサイクルは、製品の各成長段階ごとの市場の普遍的な特徴を踏まえた上で企業が採用すべき戦略方針を提示するものであり、具体的な戦略施策の立案に際して有用なフレームワークである。（図表Ⅰ－6）

❸ Sカーブ

プロダクト・ライフサイクル理論と同様の視点からのコンセプトとして、「技術のSカーブ」がある。技術のSカーブとは、ある技術の進歩を経時的に見てみると、新技術の種が開発された当初からしばらくの間はなだらかに技術の進歩が進むが、一定の時点で急激に進歩が早まるようになる。そしてまたしばらくすると、天井に近づくように進歩が鈍化していくという経験則を示したものである。縦軸に技術の進歩、横軸に技術開発に費やした時間を取り、この一連のパターンを図に描くとS字型になるため「技術のSカーブ」と呼ばれている。

技術進歩がSカーブになる理由は以下のように考えられている。新しい技術が誕生した初期の段階では、技術の基礎が確立されていないため、そもそもどのような知識を活用して技術の開発を行うべきかの試行錯誤が続き、明確な成果に結びつかないことが多い。結果として開発に投入した時間や資源の割に進歩は遅々としている。その後技術の基礎が確立すると、どの要素が技術の進歩に影響するのかという知識が蓄積され、技術開発が効率的になり、進歩のスピードが加速する。しかし、やがて基盤になる技術自体が自然法則や物理的制約条件に起因する限界に近づくことで、進歩が鈍化することになるのである。

技術のSカーブはその形状だけが〝常識〟として理解されていることが多いが、実はこのフレームワークから示される知見は極めて重要である。例えばSカーブのフレームワークを拡張した、「Sカーブの非連続性」という概念がある。ある一つの技術が限界に近づいているときには、その周辺で旧技術を代替するような新しい技術が開発されていることが多い。Sカーブの非連続性とは、この旧技術と新技術との間に技術的な繋がりがない状態のことを指している。（図表Ⅰ－7）

歴史を振り返ればこのような事例は数多くある。帆船は蒸気船に取って代わられたし、プロペラエンジンがターボジェットになった。技術進歩が速いといわれる半導体産業では、真空管がトランジスタに、トランジスタがＩＣ・ＬＳＩに取って代わられた。また技術進歩が比較的遅いといわれている繊維産業でも、レーヨンがナイロンに、ナイロンがポリエステルに主役の座を奪われていった。

その結果、例えば真空管でトップ企業だった米国のＲＣＡ（ラジオ・コーポレーション・アメリカ）社は次世代のトランジスタの技術開発に乗り遅れ、トランジスタ市場では上位五社の地位にすら入ることができなかった。同様にトランジスタ市場でトップだった米国のヒューズ社は次世代の半導体の市場では九位の市場地位にまで後退してしまった。

このようにＳカーブを複数重ね合わせることで、ある時期まではＳカーブに沿って技術が連続的に進歩するが、旧技術の進歩が成熟

図表Ｉ－７　Ｓカーブの非連続性

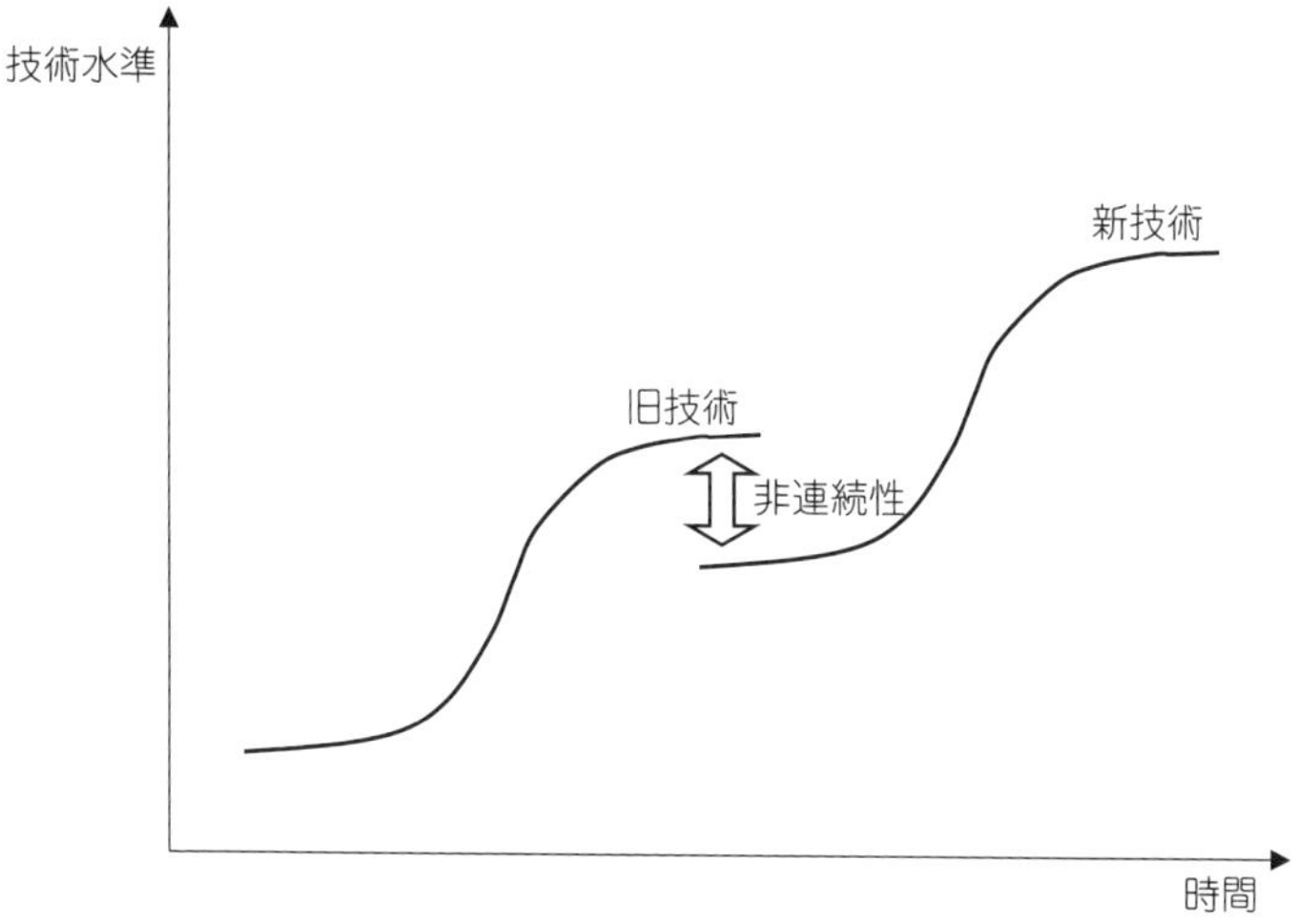

する頃になると新技術への非連続な変化が起きるということが分かる。このタイミングで、新しい技術を導入することができた企業が新しい市場におけるリーダーとなり、今までの技術におけるリーダー企業は旧技術から新技術への乗り換えに遅れをとってしまい、市場地位を失ってしまうことが多いのである。

❹ SWOT分析

ハーバード・ビジネススクール教授のケネス・アンドリュースが提唱した「ＳＷＯＴ」分析とは、自社のStrengths（強み）／Weaknesses（弱み）と外部環境のOpportunities（機会）／Threats（脅威）の頭文字を取ったもので、事業運営に関係する重要なファクターをこれら四つに整理した、企業が戦略展開を検討するのに際して自社が置かれている状況を整理するためのフレームワークである。

具体的には、強み（Strengths）／弱み（Weaknesses）については、自社の有形・無形の経営資源（例えば商品力、生産力、販売力、技術力、資金力、人材、意思決定力など）が競合他社と比較して優れているか、劣っているかで評価・整理する。また、機会（Opportunities）／脅威（Threats）については、外部環境、即ち企業が経営目標を追求する上で影響を受ける可能性のあるマクロ要因（政治・経済、社会情勢、技術革新、法的規制など）とミクロ要因（市場トレンド、顧客の価値観、価格傾向、競合他社の動向など）を調査・検討し、戦略目標の達成を促進する要因と阻害する要因とに分けて整理する。

ＳＷＯＴ分析は、企業の経営戦略分析に関するさまざまなファクターを体系的に整理することができるため、現代でもよく使われている基本的フレームワークの一つである。ただしＳＷＯＴ分析を用いる際は、

① 恣意的な要素の列挙になってしまいがちで、客観的かつ定量的に整理するのが難しい。

② あくまで課題整理のためのフレームワークであり、ＳＷＯＴ分析を行ったことで戦略ができ上がるわけではない。

という二点に留意しておく必要がある。（図表Ｉ－８）

❺ マーケティングの４Ｐ

「マーケティングの４Ｐ」はミシガン州立大学教授の

図表Ｉ－８　ＳＷＯＴ分析

	プラス面	マイナス面
内部要因	Strengths（強み）	Weaknesses（弱み）
外部要因	Opportunities（機会）	Threats（脅威）

ジェローム・マッカーシーが開発した、マーケティングに関係する多様なファクターを整理するためのフレームワークである。

4Ｐとは、総合的なマーケティング施策を構成するファクターを大きく四つに分けて整理したものであり、それはProduct（製品）、Price（価格）、Place（場所）、Promotion（プロモーション）の四項目である。

i．Product（製品）：製品とは商品・サービス自体のことであり、商品そのものに加えて、商品の容器や包装などのパッケージやネーミングも含む。ちなみに、化粧品などの消費財商品における容器や包装は非常に戦略的重要度が高いため、パッケージ（Package）として独立して扱い、先に示した四つのＰに加えて全体を5Ｐとするまとめ方もある。

ii．Price（価格）：価格とは文字通り商品の価格のことであり、価格をいくらに設定するのかによって競合商品との価格優位性を訴求したり、ブランド・ステイタスを形成したりするために重要である。

図表Ⅰ－9　マーケティングの４Ｐ

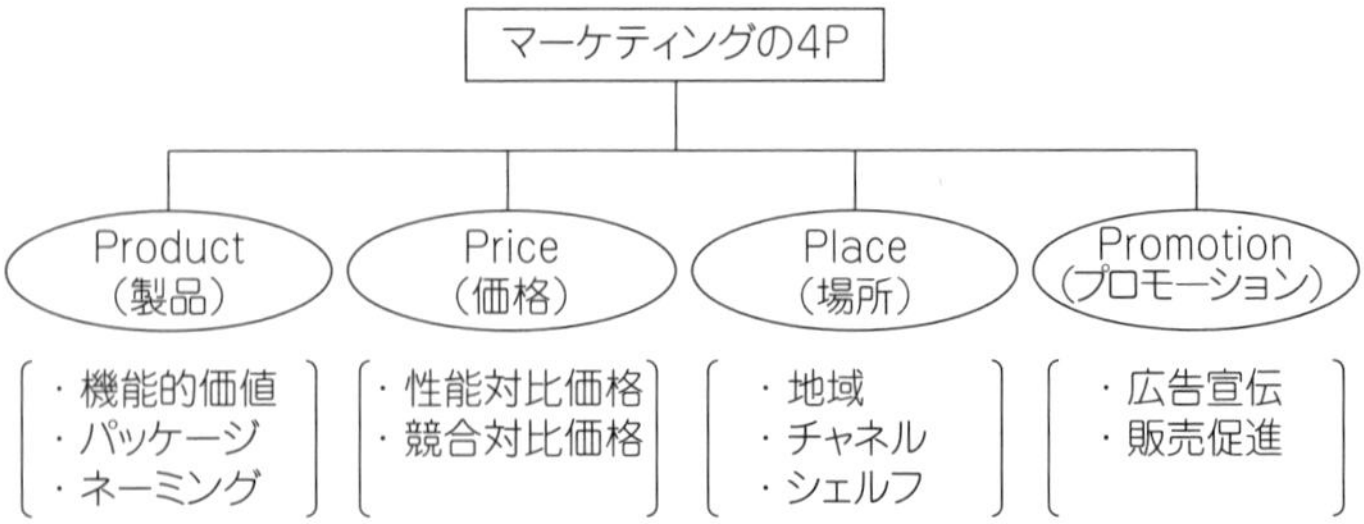

iii. **Place（場所）**：場所とは商品・サービスの特徴を生かすためにどこでどう売るかということに関するファクターであり、大きく分けて地域、チャネル（販売網）、シェルフ（棚・陳列）の三つに分類される。

iv. **Promotion（プロモーション）**：プロモーションとは顧客に対して製品・サービスの存在を知らせ、需要を喚起させる活動のことで、メディアを使った広告宣伝と店頭などでの販売促進活動の二つに分けられる。

4Pはマーケティングに関係する多様なファクターを抜け漏れなく整理しており、現代でもマーケティング施策を検討する際に必ず使われる有用なフレームワークである。（図表I－9）

6 科学的戦略法則を求めた研究調査

一九六〇年代は、それまで企業の〝内〟側に向けられていた経営学のスコープが〝外〟側に向けられ、また現代でも活用されている数々の戦略策定のフレームワークや分析の手法が開発されて、近代的経営戦略論が登場したという意味で非常にエポック・メイキングな時代である。そしてこの時代は経営戦略論の科学的洗練と発展を目指して、幾つかの大規模な実証研究が行われた。ここでは、特に有名な二つの実証研究について紹介しておこう。

❶ PIMS調査

この時代の経営戦略論の研究を象徴する最も大がかりで有名な調査は、「PIMS」と呼ばれるものである。

PIMS（Profit Impact of Market Strategy）とは、企業がどのような経営戦略を採れば効率的に収益を上げられるのかについて、大量の実証データに基づいて分析を行い、戦略施策とそのパフォーマンスに関する法則性を探求した調査研究である。この調査はもともとGEとハーバード大学の協力で始まったものであるが、その後約六〇〇社もの企業がデータを提供して一五年以上にわたって継続された、当時の米国経営学界最大の調査研究である。

PIMSでは、企業の収益に影響を及ぼす可能性のある何百項目にもわたる経営決定事項について膨大なデータを集めて統計的分析を行い、どういう戦略施策をとった企業が成長率や収益率が高まったのかという相関性や法則性を実証的に明らかにしようとしたのである。検証された経営決定事項とは例えば、どういう事業分野からどういう新規事業分野に進出するのが成功しやすいのか、工場の生産規模はどれくらいが最適なのか、組織構成をどうすべきか、粗利のうち何％を給料で支払って何％を内部留保にするのが最適なのか、等々の企業経営全般にわたる事項である。

このＰＩＭＳから得られた大きな成果としては、市場シェアとＲＯＩ（投資収益率）との間の正の相関をある程度定量的に実証したことが挙げられる。具体的には、市場シェアに一〇％の差があると、税引き前のＲＯＩには平均で五％での差が生じることが実証データから示されたのである。これは言い換えれば、企業は経営戦略として一〇％市場シェアを高めることができればＲＯＩを五％向上させることができるということであり、ＲＯＩ五％分の範囲での投資によって市場シェアを一〇％高められるのであれば、その投資は正当化できるという判断の根拠になり得るという発見である。

この研究と発見によって、それまで「強み・弱み」とか、「シナジー」といった定性的な概念を基に行っていた戦略立案において、定量的なデータを使って「市場シェアを一〇％向上させてＲＯＩを五％上げる」という具体的な戦略を立てるために活用できる、定量的な判断材料を手にすることができるようになったのである。

このように、ＰＩＭＳ調査は実際の企業を巻き込みながら多くの理論の実証的根拠を提供し、チャンドラーやアンゾフらの示した戦略論の概念を実証的に補強する研究となった。この一連の研究は当時の経営学の発展に大きく貢献し、またアメリカの経営学の厚い基盤を形成した意義のあるものと見なされている。

❷ ルメルトの多角化戦略調査

もう一つ、PIMSと並んでこの時代に行われた企業の経営戦略に関する実証研究として有名なものを紹介しておこう。この時代を代表するもう一つの有名な実証研究は、ハーバード大学のリチャード・ルメルトが著した『戦略、組織構造、経済パフォーマンス』（一九七四年）である。この研究でルメルトは、「最も収益性が高い多角化とはシナジーの利く多角化である」ということを、アメリカの二四六社の財務データから定量的に示した。

具体的には、多角化戦略を既存事業との関連の度合い（関連多角化か非関連多角化）によって九つに分類し、どのような場合に多角化による利益が最大化するのかについて定量的に分析した。ここでいう関連多角化とは、既存事業のノウハウや技術を共有することで、既存事業のシナジーの利く事業に進出する戦略である。関連多角化は、事業規模の拡大による生産効率の向上や、研究開発・生産技術を共有することで有効活用できるという利点がある。これに対して非関連多角化とは、既存事業とは関連性が低い事業に進出する戦略であり、複数の事業を持つことによるリスク分散の利点がある。

彼はこうした観点から企業の多角化戦略を、

i．単一事業（多角化しない）

ii. 垂直型
iii. 本業集約型
iv. 本業拡散型
v. 本業非関連型
vi. 関連集約型
vii. 関連格散型
viii. 非関連受動型
ix. コングロマリット

という九つに分類し、戦略ごとの収益率の違いを定量的に検証した。その結果、シナジーを活かして本業に関連した多角化を行う戦略（iii.の本業集約型とvi.の関連集約型）の収益率が高く、シナジーを活用せず本業とは非関連の多角化を行う戦略（v.の本業非関連型とviii.の非関連受動型）の収益率が低くなることを発見した。ルメルトの研究は大規模なデータによって戦略理論を実証的に法則化しようとした研究の一つであり、戦略理論の初期の定量的実証研究の中で最も優れた研究として評価されている。

以上、一九六〇年代から一九七〇年代の戦略理論の研究を見てきたが、この時代はまだ学者とコンサルタント（例えばＢＣＧやマッキンゼー）は未分化の状態であった。即ち、学者もコンサルタントのように企業の現場に入っていき、コンサルタントも学者のように新しい理論の構築を試みていたのである。その背景としては、学者も企業に対してコンサルタント的な仕事をするからこそ企業の内部の情報を深く知ることができ、コンサルタントも新しい理論の構築を目指す中で実際のコンサルティングに役立つ分析手法を開発することができたということがある。

このように実践と研究が表裏一体だったというのがこの時代の経営戦略に関する研究の一つの特徴であった。そもそも経営学は技術論的研究であって、実践における有効性がなければ意味がないというのはいうまでもない。したがってロジカルに整理されている学説やフレームワークを打ち立てたとしても、実際の企業経営の現場で有効性を発揮できなければ、その理論は価値を持たないのである。当時の学者は自ら企業のコンサルティングを行い、経営の意思決定やオペレーションの現場の生々しい実態に触れることによって、実際に有効な分析手法やフレームワークを開発しようとしていた。つまり組織で働く従業員の日常やトップマネジメントの思考や行動パターンの現実の姿を知ることが経営学の研究において不可欠な要素と見なされていた。

一九八〇年代頃から経営学が細分化され複雑になるにつれて、アカデミズムと経営の現場の乖離が見られるようになるが、それまでは学者とコンサルタント、研究と臨床は双方向性を持っており、そうした特徴によってこの時代の経営学／経営戦略論は確かなリアリティーを持つことができたのだといえよう。

本格的に経営戦略の研究が始まったこの時代の研究成果について簡単にまとめておこう。（図表Ⅰ－10）

図表Ⅰ－10　経営戦略論を拓いた主要な研究者

研究者	主要な戦略理論
チャンドラー	「組織は戦略に従う」／事業部制
アンゾフ	シナジー、成長マトリクス
ペンローズ	資源配分の最適化／企業家精神への注目
サイモン	意思決定システムとしての組織／限定された合理性

〈有力なフレームワーク〉

フレームワーク	開発者
ＰＰＭ	ＢＣＧ
プロダクト・ライフサイクル	アーク・パットン
技術のＳカーブ	－
ＳＷＯＴ分析	ケネス・アンドリュース
４Ｐ	ジェローム・マッカーシー

〈実証研究調査〉

研究調査	研究者	研究内容
ＰＩＭＳ	ハーバード大学・GE他	企業のさまざまな戦略施策が収益性に及ぼす効果の実証
多角化の成功パターン研究	リチャード・ルメルト	多角化におけるシナジータイプ別の成功パターン分析

コラム　ドラッカーの慧眼：マネジメントの本質と社会の未来を見通した巨星

一九六〇年代に登場してきた近代的経営戦略論の主要な研究者としてチャンドラーやアンゾフらを紹介してきたが、彼らのようなアカデミアでの研究者と少し距離を置いたところに、日本でも人気の高いピーター・ドラッカーがいる。

ドラッカーは「戦略」という言葉を前面に打ち出して経営論を展開したわけではなく、戦略の策定も〝マネジメント〟の機能の一つとして考えていた。ドラッカーの〝マネジメント〟は一般的用法のマネジメントとは多少意味合いが異なっているのだが、そこが彼の理論の大きな特徴でもある。

一般的な用法でのマネジメントは経営に関係する管理的側面（Managerial Control：経営管理）の意味合いが色濃く含まれており、戦略／戦略策定とは別の性質を持つとして、マネジメントと戦略とを明確に区別して使っていた。これに対してドラッカーは、戦略策定も経営に関する重要な一つの要素という位置づけで扱い、〝マネジメント〟は戦略をも包括した経営全体の最適化を目指す一段階上位の概念として定義したのである。

ちなみにドラッカーは、実務家向けの書籍や論稿・論文は数多く著したが、その文章や資料の扱いはアカデミアでのフォームとルールに則ったものではなかった。例えば、引用や参考文献のリストを正確に明記していなかったり、理論や主張を裏付ける実証的データを提供していなかったりという点である。そのため、アカデミアの人達からは「ドラッカーは学者とは呼べない」と評されたりするのも事実である。しかし彼が展開したマネジメントの体系と企業経営に関する洞察力は、同時代のどの学者よりも射程の長いものであり、しかも的確に各時代の経営の本質を射抜いていた。

例えば、ドラッカーは一九五四年の『現代の経営』において、企業が持続的発展を遂げていくための経営の本質は「顧客の創造である」と指摘し、そのためにはマーケティングとイノベーションを積極的に行うことが企業経営にとって最も重要であると喝破している。他にも、一九六〇年代には既にネットワーク型社会の到来や知識労働の主流化も明確に予想していたし、一九九〇年にはNPOなどの非営利法人の活動が社会における組織活動の一つの主流になるとして、『非営利組織のマネジメント』を著していた。ドラッカーは常に二〇年以上も先の世界を、誰よりも早く見通していたということになる。ドラッカーが経営学者というよりも「経営思想家」と呼ばれることが多いのはそのためである。

経営学が一九八〇年代以降、戦略論、組織論、マーケティング、リーダーシップ論等々と多くの専門分野に分かれ、ミクロなスコープで深化していったのに対し、ドラッカーはそうした全てのテーマを〝マネジメント〟として一括して扱いながら、社会学や文明論まで包摂して「企業」「労働と価値」「社会的責任（CSR）」「イノベーション」「社会の構造的変化」といった原論的なテーマを追求し続けた。このようにどの経営学者よりも大きなテーマを扱いながらも各テーマについて的確に本質を射抜き、更には将来の社会構造や経済の動きを正しく予見した理論を発信し続けたドラッカーが、近代的経営学の枠を超えるほどの巨星であることは間違いないであろう。

【第3章】

競争戦略の時代

〈一九八〇年代〉

競争戦略の必要性と必然性

一九五〇年代にアメリカ経済とそれを牽引する大企業は第二次大戦後の復興経済による好況を享受し、六〇年代になると更なる成長をどうやって達成するかが大きな経営テーマになった。ところが七〇年代の後半になると、世界的に高度経済成長が止まって低成長時代に突入していった。きっかけは、七三年と七九年に起きた二度のオイルショックである。それによって日米欧の先進国がスタグフレーションに見舞われ、七〇年代終盤には不景気からなかなか浮上できない状況になってしまった。

市場全体の成長が止まった際に個々の企業が成長しようとするならば、競争相手からシェアを奪うしかない。全体のパイが大きくならない時代には、企業間のシェア争いが激化するのは必然なのである。そこで、いかにして競争相手に打ち勝つのかという「競争のための戦略」がそれまで以上に重要な経営テーマとしてクローズアップされるようになったのである。

こうした状況を背景に、戦略のバイブルと呼ばれるポーターの『競争の戦略』と、マーケティングのバイブルと呼ばれるコトラーの『マーケティング原理』が登場したのが、奇しくも同じ一九八〇年のことである。まさに時宜を得た出版で、八〇年代の「競争戦略の時代」はこの二冊によって幕を開けたといって良い。

1 ポーターの競争戦略

企業の戦略を体系的に提示し、競争戦略のスタンダードとなったのがハーバード・ビジネススクール教授のマイケル・ポーターである。

ポーターはもともと経済学者であり、ミクロ経済学の産業組織論の代表的なフレームワークである「業界構造分析（Structure-Conduct-Performance Model：ＳＣＰモデル）」を企業による競争市場に応用することで、合理的に競争優位を確立するための戦略理論を提示した。業界構造分析とは、業界構造（Structure）が企業の行動（Conduct）を決定し、それによって企業の業績（Performance）が決まるという考え方に基づいた分析のフレームワークである。

つまり産業構造論では、業界ごとに競争環境と競合状況の実態をデータで把握し、そのデータに基づいた科学的な分析を行うことで、必然的にその業界の収益性の水準が決定されるとする。ここまでなら経済学のモデルになるが、ポーターはこれを企業レベルの分析に応用して、企業が新しい事業分野に参入した場合にどのくらいの収益を上げられるかは、

i．どの事業分野に参入するのか

ii．参入した事業分野の中でどのような競争上のポジションを占めることができるのか

という二つの条件によって決定されるというモデルを構築したのである。

つまり、データに基づいてきちんと競争条件を分析すれば、ある業界でどのくらいの収益を期待することができるのかは事前に把握することができるということである。そのため、正確に市場の分析、競合状況の分析を行って儲かりそうな分野に進出することが企業にとって最も合理的な戦略である、というのがポーターの主張である。

❶ 5フォース分析

ポーターの競争戦略論では、市場における自社の位置取り（ポジショニング）こそ、有効な戦略を策定するための根拠になるとされている。その戦略の有効性を決定づける自社の位置取りについて、ポーターは二段階でのポジショニングを提示している。第一段階のポジショニングとは、どの分野で事業展開を行うのかという分野選択のポジショニング、そして第二段階のポジショニングは、第一段階で選択した分野の中で競合に対してどのような戦略タイプを採るのかというポジショニングである。

この分野選択のポジショニングと戦略タイプのポジショニングを客観的、合理的に決定するための判断材料を示してくれるのが、競争の度合いや取引上の力関係（プレッシャー）を把握するための分析フレームワーク、「5フォース分析（Five Forces Analysis）」である。

このフレームワークは、企業が事業展開を行っていく上で、それぞれの競争市場の中で五種類のプレッシャーを受けているということを示している。五つのプレッシャーを具体的に挙げると以下の通りである。

i．**既存の企業間の競争**：ある業界における既存の企業間の競争の度合いが高いのか低いのかに関するプレッシャーの度合い。

ii．**顧客の交渉力**：顧客は自らの利益を最大化するために行動するものである。こうした行動をとる際に、自分に有利な状況を生み出すための駆け引きを行う力を〝交渉力〟と呼ぶ。その顧客の当該企業に対する交渉力の度合いが高いのか低いのか、即ち顧客が当該企業に価格の値下げや品質・サービスの向上を要求する交渉力がどの程度強いのか弱いのかに関するプレッシャーの度合い。

iii．**供給業者の交渉力**：供給業者は、納入する製品の量・質・価格をコントロールする手段を通じて、納入先に対して交渉力を発揮することができる。この取引関係において供給業者の納入先に対する交渉力がどの程度強いのか弱いのかに関するプレッシャーの度合い。

iv．**新規参入の脅威**：新規参入者が業界に参入すると、競争のレベルが上昇し、既存企業のパフォーマンスは低下していく。そうした新規参入の機会を狙っている企業からの脅威がどの程度高いのか低いのかに関するプレッシャーの度合い。

v．**代替品の脅威**：代替品や代替サービスが現れると、価格の維持が困難になり、当該産業の収益性が低下する脅威がある。そうした代替品が登場する可能性がどの程度高いのか低いのかに関するプレッシャーの度合い。

以上のように、自社が受ける競争上のプレッシャーを五つのタイプに整理・構造化したのが「5フォース分析」であり、五つの競争要因のプレッシャーを合わせた圧力がその産業分野の収益性を決定することになる。そのためポーターは、戦略策定の際は五つの要因をそれぞれ、図表Ｉ－11のチェックリストに沿って丹念に検討する必要があるとしている。このチェックリストによって五つの競争要因の各項目を一つずつ検討していくと、産業内の競争の度合いと収益性レベルを決定する要因を具体的に把握することができるのである。

以上のようにポーターの5フォース分析を活用すれば、企業が新しく進出しようとする事業分野の競争の厳しさも収益性の水準も客観的に評価することができる。したがって、新規分野に参入しようとする際は、対象業界の競争構造を分析し、第一のポジショニングとして最も有利な業界を選び、その中で次項で説明する第二のポジショニングとして自社に最も有利な戦略上のポジションと戦略パターンを選び取ることが、有効な戦略策定の方法論である、というのがポーターの戦略論である。

図表Ⅰ－11　５フォース分析とチェックリスト

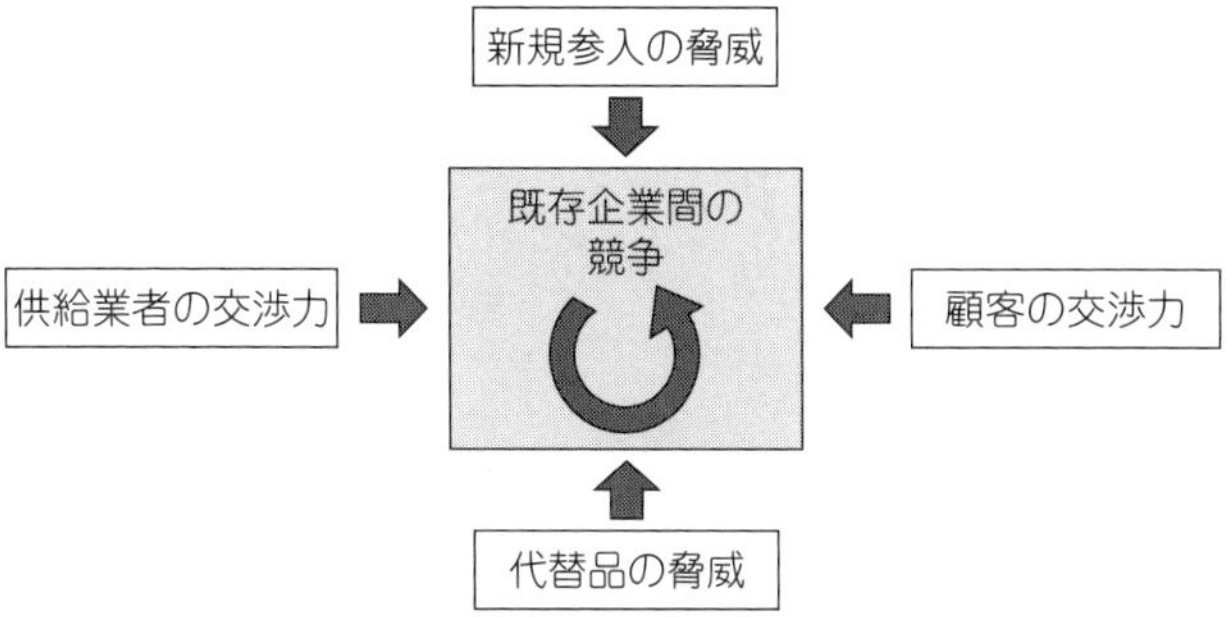

既存企業間の競争	・競争企業の数 ・業界の成長力 ・一時的な業界の過剰生産力 ・撤退障壁 ・競争企業の多様性	・情報の複雑性及び非対称性 ・ブランドエクイティ ・付加価値あたりの固定費用 ・広報費用
顧客の交渉力	・買い手の集中比率 ・交渉手段 ・買い手のボリューム ・買い手の相対的な切替コスト ・買い手の情報力	・後方統合能力 ・既存代替品の有効性 ・買い手の価格感応度 ・総合購買価格
供給業者の交渉力	・供給企業の相対的な切替コスト ・供給品の差別化の程度 ・代替供給品の存在 ・供給企業の集中比率	・供給企業の前方統合の相対的脅威 ・販売価格に対する供給価格 ・供給企業におけるボリュームの重要性
新規参入の脅威	・参入障壁の存在 ・製品差別化の価値 ・ブランドエクイティ ・切替コスト ・必要資本（サンクコスト）	・流通経路 ・絶対的コスト優位性 ・学習の優位性 ・既存業者からの報復 ・行政の方針
代替品の脅威	・代替品への買い手の性向 ・買い手の切替コスト	・代替品の相対的プライス/パフォーマンス ・製品の差別化への認知度

❷ 三つの基本戦略

ここまで5フォース分析について見てきたが、ポーターは経済理論を経営分野に当てはめ、第一のポジショニングによって企業が有利な収益を期待できる業界選択の判断根拠を示しただけでなく、「競争環境の中で自社の力量を客観的に把握すれば、採るべき戦略は『三つの基本戦略』に集約される」ことも提起した。この三つの基本戦略のうちどれを選択するのかというのが第二のポジショニングであり、ポーターはこの第二のポジショニングのフレームワークと「三つの基本戦略」を提示したことによって、経営戦略論の第一人者としての地位を確立したのである。

ここでいう「三つの基本戦略」とは、具体的には以下の戦略パターンを指す。

i．コストリーダーシップ：一つは、業界ナンバーワン企業が採るべき戦略、「コストリーダーシップ」戦略である。これは最大シェアを持つトップ企業であれば、競合がどのような戦略を採ってきた場合でもトップ企業であることによるスケールメリットを利かせ、競合と同等のものをより安いコストで提供することによって競合の戦略を封じ込めることができるという戦略パターンである。同じモノを同じ価格で販売した場合、トップ企業の方が固定費の比率が小さくて済むとか、流通に対する支配力が大きいなどの有利な点が多く、販売量も多い上にコストが低いため利益は多くなる。その超過利益分で自社のポジションを更に強化することができると考えられる。

ii．差別化：ナンバーワン企業がコストリーダーシップ戦略を採ることによって、それ以外の企業は市場で生き残ることはできないのかというと、ポーターは第二のパターンの戦略タイプとして「差別化」戦略を提示している。トップではない二番手、三番手の企業がトップ企業と同じ戦略を採用しても、基本的にはトップ企業に打ち勝つことはできない。したがって二番手、三番手の企業は、トップ企業が真似できないような〝差別化〟を図ることが有効な戦略パターンとなる。トップ企業は現状維持が基本スタンスであるため、製品のタイプや販売手法に関する思い切った変化を伴う戦略パターンは採りにくいという側面がある。それに対して二番手、三番手の地位にある企業は、その業界における〝標準〟とは明確に異なった訴求ポイントを持つ（即ち差別化が利いた）斬新な製品開発を行ったり、全く新しいプロモーションをしかけたりといった攻めの姿勢を採ることがトップ企業よりも容易であり、また有効でもあるという考え方の戦略パターンである。

iii．集中化：三つ目の戦略パターンは、より狭い地域や特定の顧客層、特定の製品分野にターゲットを絞り込んで、そこに自社の経営資源を集中的に投入し、そこでの競争優位の確立を確実に狙うという「集中化」戦略である。先に述べたコストリーダーシップ戦略と差別化戦略は、市場全体にわたってそれぞれの戦略の強みを追求することを狙いとしているが、集中化戦略は特定のターゲット市場だけに絞り込むこと自体を戦略の核心とするものである。事業分野全体にわたる包括的な戦略では、市場全体に対して同じような製品を同じような売り方で対応をすることになるため、ある特定の顧客セグメントや個別のエリアに対しては有効に訴求できない隙間（ニッチ）が発生する可能性がある。そこでその隙間を突いた、狭いターゲットに対して経営資源を集中し、より訴求力の高い製品やプロモーションをしかけるという戦略が成立するのである。トップ企業をはじめ大手企業が狙わないような隙間（ニッチ）に特化して、そこで突出した強みを築こうとする戦略であるため、この戦略パターンは「ニッチ戦略」とも呼ばれる。例を挙げるなら、高級品に特化するという戦略が典型的な集中戦略である。もし安い方に特化しようとすると、マス・マーケット分野ではスケールメリットがものをいうので、シェア上位の企業が価格勝負に出てきた場合に太刀打ちできない。したがって高級品やマニア向けの製品に集中するというのが「集中化戦略」「ニッチ戦略」の典型的な戦略パターンとなるのである。自動車でいえばフェラーリやロールスロイス、時計でいえばパテック・フィリップやオーデマ・ピゲなどがこれに当たる。

ポーターは市場で生き残っている企業を隈なく分析した結果、全ての企業の戦略がこの三つのパターンのどれかに当てはまるという結論を導き出した。そしてポーターの主張が画期的だったのは、この三つのパターンの必然性を前提にしてデータを緻密に分析することで、企業が採るべき戦略を合理的かつ明快に提示し得る、と鮮やかに示した所にある。

それまでの経営戦略論は、定性的な方法論や概念的なメッセージの提示に留まっており、個別企業に対して具体的な戦略や事業展開施策までは示唆してこなかった。例えばＰＰＭを使って将来の多角化事業を整理するといっても、「金のなる木」の事業を早々に売却してキャッシュにすべきか、あるいは一年でも長く収益が続くようにオペレーションを継続すべきか。あるいは「問題児」をスター化するための具体的に有効な戦略施策は何か、またどれくらいの資源投入が合理的なのか、という点について立案したり計算したりする手法は明示的に示し得ていなかった。

それに対してポーターは、「三つの基本戦略」によって、企業が採るべき戦略パターンをあたかも

図表Ⅰ－12　３つの基本戦略

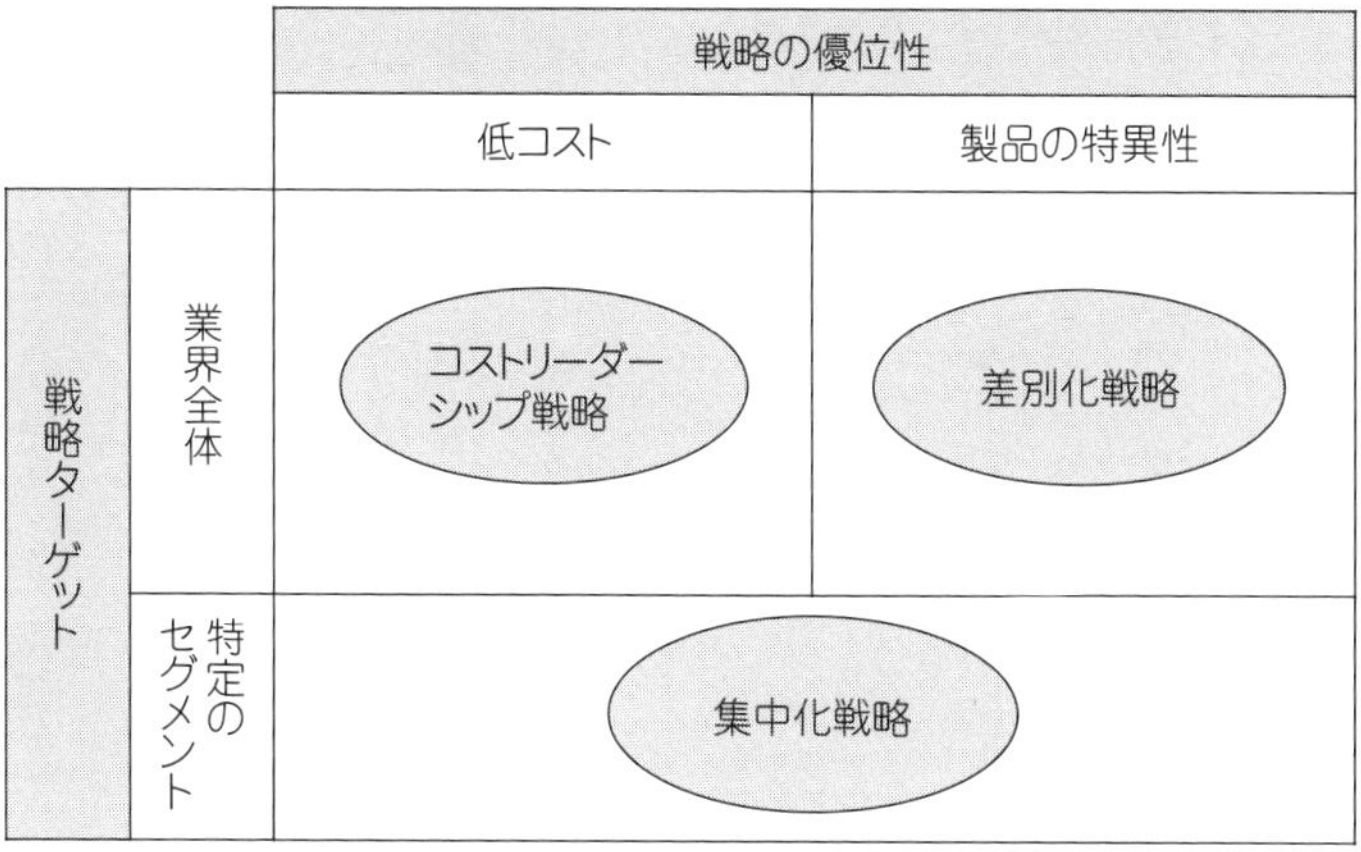

〝方程式にデータを入れれば答えが出る〟かのように明快に提示してみせたのである。（図表Ⅰ－12）

❸ クラスター分析

ポーターというと「5フォース分析」と「三つの基本戦略」がつとに有名であるが、ポーターは自社のポジショニングを決める上でその決め手となる極めて重要な分析コンセプトの提示も行っている。それは、自社が競争市場の中でどの〝クラスター（企業群）〟に属するかという設定を行う「クラスター分析」である。

例えば、ソフトバンクにとっての競合はＮＴＴドコモなのか、グーグルなのか。ソフトバンクがどちらのクラスターに属していて、どちらを自社の競合と見なすかによって、市場における自社の競争ポジションも、採るべき有効な戦略パターンも、まるで異なったものになるのである。

また他にも以下のようなケースも考えられよう。例えば、味の素や武田薬品であれば国内市場ではシェア・ナンバーワン企業だということでコストリーダーシップ戦略を採用することができるが、グローバル市場では一転して中位グループに入ってしまうので、グローバルのトップグループ企業との競争では大胆な差別化戦略にしか躍進の可能性がない、ということも十分あり得るのである。

つまり、自社がどのような企業群で構成されるクラスター（グループ）に属していると見なすのかによって、市場における自社の競争地位（ポジショニング）は異なったものになり、それに伴ってマークすべき競合も、自社が採るべき戦略パターンも、更には経営資源の重点配分の対象も異なってくるのである。

自社をどのクラスターに分類するかという判断は、企業が勝負する〝土俵の設定〟そのものであり、この土俵の設定の仕方によって第一のポジショニングである「5フォース分析」も、第二のポジショニングである「三つの基本戦略」の選択も大きく影響を受けるのだ。そのため、ポーターの『競争の戦略』の最も核心を成すポジショニングは、実はこのクラスター分析によって決定されるといっても過言ではない。実際筆者が行ったこれまでのコンサルティングの中で目覚ましい成果に繋がった戦略は、〝クラスターのシフト〟に基づいて策定されたものが多い。ポーター流の戦略策定の手法を使いこなす上で、この〝クラスター分析＝土俵の設定〟は最も重要な勘所となるのである。

以上のようにポーターは、最も有効な戦略パターンは競争市場の中で自社が占めるポジションによって決まるということを示して、あたかも方程式で答えが出せるかのように採るべき戦略を提示してみせたのである。そしてポーターの戦略理論が急速に広く受け入れられたのは、その明快さと使いやすさ故であった。

2 コトラーの四つの市場地位別戦略

「競争戦略の時代」のもう一人の立役者であるフィリップ・コトラーも、マーケティングをベースにしたスタンスから、ポーターと同様の考え方に基づいて企業が採るべき戦略パターンの類型化を行った。

ちなみに、マーケティングという概念が事業戦略を策定する上で重要視されるようになってきたのは一九七〇年代以降である。それ以前の企業経営では、経営資源を有効に活用していかに効率的に製品を生産するのかということが主たる経営テーマであり、いわゆる〝プロダクトアウト〟のスタンスで事業が運営されていた。どのような作業工程とオペレーション管理で製品を作り出すのが効率的なのか、という生産プロセスの効率性に基づいて事業運営のあり方を決めていく〝プロダクトアウト〟がそれまでの経営の基本スタイルであった。

こうしたプロダクトアウトに対して、マーケティングとは市場／顧客のニーズやマーケットの状況を起点として適切な事業展開の施策を決定すべきである、という考え方である。例えば顧客ニーズや顧客行動を分析し、それに基づいて、開発する洗濯機の機能をどのようにするべきなのか、どのようなチャネルでその洗濯機を販売するべきなのか、どのような支払い方法を提供するのか、洗濯機が故障したときのアフターサービスはどうするのか等々、事業展開の方針とオペレーションの具体策をマーケット／顧客の立場に立って決めていくというスタンスである。こうしたマーケティングのスタンスに基づいて製品を開発したり、事業を展開したりすべきであるという〝マーケットイン〟の発想が出てきたのがこの時代である。

以上のようなマーケティングの視点に立ち、ポーターが業界における自社のポジションによって戦略のパターンを三つに分類したように、コトラーはマーケット上の自社のポジションによって採るべき戦略のパターンを四つに分類した。その四つのポジションとは、「マーケットリーダー」「マーケットチャレンジャー」「マーケットフォロワー」「マーケットニッチャー」であり、これらのポジションに応じて最も適切な戦略タイプが自動的に決定されるというのがコトラーの主張である。

「マーケットリーダー」とは、当該市場において最大かつ圧倒的なマーケットシェアを持つナンバーワン企業を指す。「マーケットチャレンジャー」とは、リーダーに次ぐ規模で、リーダーとの市場シェア争いを行って積極的に市場シェアの拡大を図る企業を指す。ちなみに、マーケットリーダーに次ぐシェアを有していたとしても、リーダーに対抗してナンバーワン企業を目指す意思やポテンシャルのない企業は、正確にはチャレンジャー企業と見なすことは適切ではない。「マーケットフォロワー」とは、強い独自性を持たない中堅～中小の企業で、リスクをとって市場シェアの拡大を狙うのではなく、現シェアの維持と業界内での生き残りに主眼をおいた企業である。「マーケットニッチャー」とは、何らかの独自性を有し、事業ターゲットを小さな市場に絞り込んで、その小さな市場での高シェアの獲得に集中する企業である。

これら四つのタイプ毎にコトラーが提示した効果的な戦略タイプを説明していく。

i．マーケットリーダー：市場での地位が一番手の「マーケットリーダー」が採るべき戦略は、ポーターのコストリーダーシップ戦略とかなり類似している。シェアナンバーワンの企業が採るべき戦略は、競合が何かをしかけてきたら、その都度プラグ（栓：同じことをしてフタをすること）をするというものである。リーダーは総合的な経営資源の優位性を利用して、プラグによって全方位的に市場を支配し続けるという戦略（同質化戦略とも呼ぶ）が有効になる。これを言い換えれば、マーケットリーダーは自らが積極的、攻撃的に他社に仕掛けるよりもむしろ、戦略的に受け身の対応をすることの方が原則的に有利だということを示唆している。

コカ・コーラを例にマーケットリーダーの戦略を具体的に見てみよう。コカ・コーラは、大塚製薬の「ポカリスエット」に対抗して「アクエリアス」、上島珈琲の「UCCコーヒー」に対抗して「ジョージア」、伊藤園の「おーいお茶」に対抗して「爽健美茶」、キリンビバレッジの「午後の紅茶」に対抗して「紅茶花伝」等々と、チャレンジャー企業が差別化を図って投入してきた製品に対して類似の製品を市場に投入し、圧倒的なチャネル数を活用して販売量を稼ぎ、業界内でのトップシェアとマーケットリーダーの地位を確保し続けている。このようなコカ・コーラの戦略パターンがまさにマーケットリーダーの採るべき〝プラグ戦略〟の典型である。

ⅱ．マーケットチャレンジャー：市場の二番手の「マーケットチャレンジャー」が採るべき戦略はポーターの差別化戦略とほぼ同じ戦略パターンで、リーダーが真似できないような際立った差別化を目指すものであり、それによってチャレンジャー企業は市場シェアの拡大を狙うことが可能となる。つまり、リーダーとは明らかに違う特徴を訴求し、チャレンジャーが提示したタイプの製品・サービスが世の中の主流になればトップと自社の地位が逆転するのを狙うという戦略である。

典型は少々古い事例になるが、大量生産方式で全米ナンバーワン自動車メーカーだったフォードをGMが引っくり返したケースが挙げられよう。

自動車が世の中に登場した初期の段階では、誰もが性能が良くて安い自動車を欲しがっていた。仮にスポーツカータイプが欲しいと思っても、価格が普通の自動車の五倍も一〇倍も高ければ、庶民はなかなか購入できない。まして、価格が二〇倍以上もする高級車はほとんどのユーザーにとって最初から選択肢に入らない。自動車があまり世の中に行き渡っていない時期には、安くて壊れにくい車が一番売れる。したがって、効率的なベルトコンベア方式でより良い車をより安く大量に、という方針に基づいてＴ型フォードモデルだけで事業展開を行ったフォードが一九一〇年代〜一九三〇年代まではトップの地位に就いていたのである。

ところが戦後、世の中がだんだん豊かになってくると、お金に余裕が生まれてスポーツカーが欲しい人や、豪華な高級車に乗りたい人も徐々に増えてくる。より安く作るためにT型フォードの改良と大量生産にこだわり続けたフォードに対して、GMは個性的な車を生産している複数の会社を買収し、顧客の好みに合わせてスポーツカータイプ、高級車タイプ、安くてコストパフォーマンスがいいタイプなど、それぞれ際立った特長を持った五系列のラインナップを揃えて差別化を図った。その結果、GMに軍配が上がったのだが、この結果は時代背景の変化がもたらした必然だったのである。

GMの事例のように、世の中の社会構造が変化してモノを買う基準がシフトするという社会潮流にチャレンジャーの訴求ポイントが合致すると、市場の一位と二位のポジションが入れ替わることも十分あり得る。これが、二番目のマーケットチャレンジャーが採るべき「差別化戦略」の狙いである。

他にも、パソコン市場では一九八〇年代までリーダーとして君臨していたIBMが、チャレンジャーであるデルやコンパックなどの専業メーカーに主導権を奪われ、二〇〇四年にはパソコン事業をレノボに売却し撤退したという事例がある。また日本企業では、キリンビールに圧倒的なシェアの差をつけられていたアサヒビールが一九八七年に「スーパードライ」を発売し、五〇％近く離れていたシェアを引っくり返してリーダーとなったという事例もある。

iii．マーケットフォロワー：三番目は「マーケットフォロワー」の戦略で、これはポーターの三つの基本戦略にはなかった戦略パターンである。特に目立った強みがないにも関わらず、潰れないで生き残っている企業が実際には多く存在している。二位グループの企業がトップ企業との争いに敗れて退場したりしているのに対して、性能的には可もなく不可もなく、ブランド力が強いわけでもなく、チャネルや営業力が強いわけでもない企業が市場でしぶとく生き残っているという事実に着目して、コトラーが発見した戦略パターンがこのマーケットフォロワーの戦略である。

フォロワーの戦略とは、開発コストとリスクを徹底的に回避し、効率的なオペレーションに徹することが基本方針である。そのため、多額の開発費がかかる製品開発は極力抑えて、強力なブランドを築くためのマーケティング投資も控える。模倣できる部分はリーダーやチャレンジャー企業を意図的に後追いして、ムダなコストを徹底的に削って効率的なオペレーションに特化することが戦略の核心である。マーケットフォロワーにとっては、とりたてて強い独自性もないが目立った欠点も見当たらないという事業運営を行って、トップ企業とほぼ同等の製品をより安い価格で提供するという戦略が合理的なのである。自動車のグローバル市場でいうと、韓国のヒュンダイのようなポジションがこれに当たるであろう。

このように説明すると、フォロワー型の戦略は際立った戦略性がないかのように感じられるかもしれないが、実はそうともいえないことに留意しておきたい。一九九〇年代以降はフォロワー型の戦略を追求することで目覚ましい成功を遂げている企業も登場している。例えば、エイサーなどの台湾のパソコンメーカーは当初、競合が最新鋭のパソコンを市場に投入するとそれをリバースエンジニアリングして技術とノウハウを習得し、大きなブランド投資を行わずにとにかく安く生産し安く販売することに徹して、着実に売上げを拡大していった。そのうちこの戦略パターンがグローバル化と水平分業化の波に乗り、最近では台湾のパソコンメーカーは世界的な有力メーカーの地位にまで昇りつめている。他にも、同様の戦略パターンをエレクトロニクス部品や電子機器の組立て事業の分野で行って、世界的大メーカーとして成功している鴻海精密工業（ホンハイ）のようなＥＭＳ（Electronics Manufacturing Service：電子機器受託製造）企業の例も見られる。

こうして見ると、このフォロワー型戦略も徹底的に追求することによって極めて〝戦略的〟な戦略パターンであると見なすことができるのである。

iv．マーケットニッチャー：四番目の「マーケットニッチャー」の採るべき戦略は、ポーターの集中化戦略とほぼ同じで、ニーズが特殊で、あるいは市場規模が小さいために、上位企業が手を出したがらないニッチ分野に特化して独自の強みを発揮するという戦略パターンである。

ニッチャーは大手と直接競合することを避け、ニッチな市場でのリーダーの地位を目指すことになる。例えば自動車でいえばフェラーリやロールスロイスなどの戦略パターンがこれに当たる。他にも、ビールテイスト飲料のホッピーのように「東京の市場に特化する」とか、ミキハウスのように「幼児～児童向けのブランド服に特化する」といった特定の地域や顧客層に焦点を絞ることもニッチャーの戦略となる。

以上コトラーの提示した四つの競争地位とそれぞれの戦略について説明してきた。マーケティング上の四つの競争ポジションから必然性を以て導かれる四つの戦略パターンを提起したことがコトラーの大きな業績である。コトラーの四つの戦略類型は現実的な適用性が高く、現在でも多くの企業が戦略策定を行う上で参考にする有力な戦略発想のフレームワークとなっている。

ここまで見てきたように、この時代はポーターとコトラーが牽引して一九八〇年に幕を開け、あたかも方程式を解くように明快に戦略の答えが得られる戦略策定の手法として多くの経営者が傾

図表Ⅰ－13　コトラーの４つの市場地位別戦略

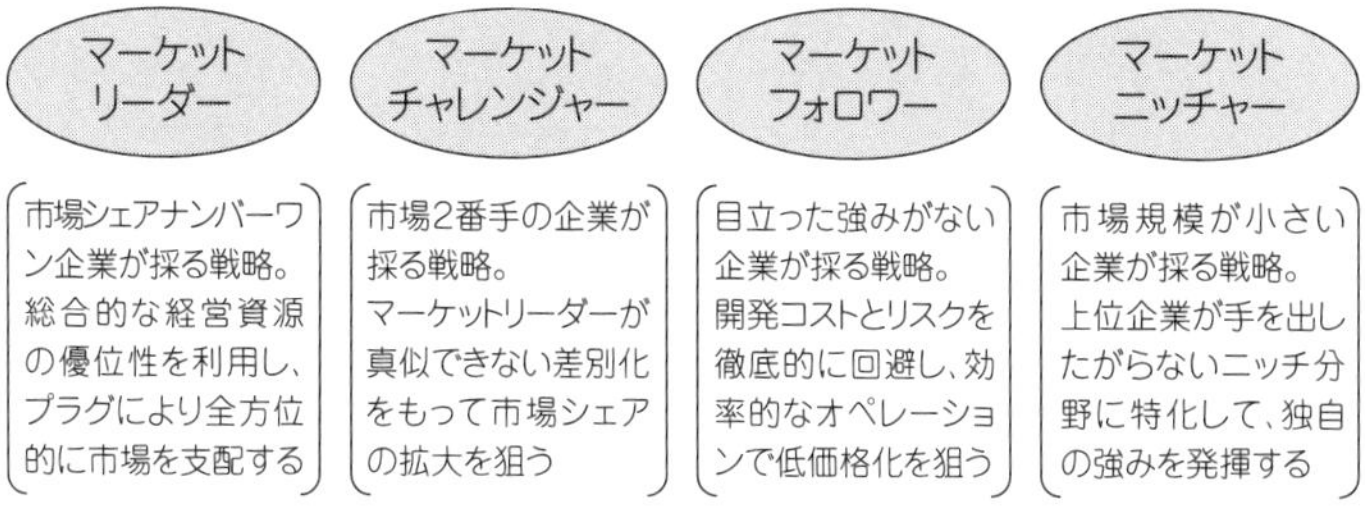

マーケットリーダー	マーケットチャレンジャー	マーケットフォロワー	マーケットニッチャー
市場シェアナンバーワン企業が採る戦略。総合的な経営資源の優位性を利用し、プラグにより全方位的に市場を支配する	市場2番手の企業が採る戦略。マーケットリーダーが真似できない差別化をもって市場シェアの拡大を狙う	目立った強みがない企業が採る戦略。開発コストとリスクを徹底的に回避し、効率的なオペレーションで低価格化を狙う	市場規模が小さい企業が採る戦略。上位企業が手を出したがらないニッチ分野に特化して、独自の強みを発揮する

倒し、企業経営の世界に戦略というものが広く展開・浸透した華やかな「競争戦略の時代」であった。（図表Ⅰ－13）

3 戦略は合理的に策定され得るのか

ポーターやコトラーの戦略論は、マーケット内で自社が占める競争上のポジションに基づいて最も有効な戦略パターンが決定されるという主張であった。そして、あたかも方程式を解くかのような明快でシンプルな戦略策定の手法を提示し得たからこそ、幅広い企業に受け入れられ、急速に普及していったのである。

ところが、現実の戦略とはそのように単純に策定できるものではないと主張する人物も存在した。かつて、テイラーとファヨールによって打ち立てられた科学的な経営管理に欠けていた人間の心理的な要素を、メイヨーがホーソン実験によって発見・提唱したように、マギル大学の経営学者ヘンリー・ミンツバーグは方程式で戦略を策定するかのようなポーターやコトラーの戦略論に対して異論を唱えた。

❶ ミンツバーグの異論：「創発型（エマージェンス型）」戦略策定

ミンツバーグは七〇年代、八〇年代を通して「データを集めて分析して設計主義的に事業展開方針を決定するという戦略論は、現実的に通用するはずがない」と主張し続けた。ミンツバーグがこう主張したのは、現実の企業経営は自動車などの機械の設計とは異なって不確実性が高いため、データと方程式だけで設計・策定できるものではないという確信を持っていたためである。つまり、実際の事業はやってみなければ分からないことに満ちているので、あらかじめ綿密な戦略を立ててもその通りに上手くいくことはあり得ないという考えである。ミンツバーグは、経営戦略とは極めて複雑かつ非定型なものであり、曖昧な情報や経験や勘という部分に大きく依存していると述べている。したがって戦略策定は定型的パターンに落とし込めるようなものではなく、むしろ個人の経験や価値観や偶然に大きく左右されるものだと指摘したのである。

ミンツバーグが考える現実的に有効な事業展開とは、まず大まかな方針だけを決めて、実際に事業の展開・運営をやってみて、そのプロセスで直面する課題や困難に対しては現場のマネジャーが現場で蓄積した経験に基づいて判断し対処して乗り越えて行くべきである。そして、一定の目標に達した時点でそれまでのプロセスにおけるさまざまな施策を事後的、総括的にまとめたものが〝戦略〟と呼べるものであるというのが、ミンツバーグの主張である。

ミンツバーグのこうした戦略策定のスタイルを「創発型（エマージェンス型）」と呼ぶ。

ミンツバーグの「創発型」戦略策定は、ポーターらの設計主義的な戦略策定に対して方法論的なアンチテーゼにはなっているものの、ポーターが5フォース分析や3つの基本戦略といった具体的なフレームワークや分析手法を提示していたのに対して、ミンツバーグ流ともいえる具体的な戦略策定の手法やパターンを提示していなかった。そのため七〇年代、八〇年代の間は、アカデミズムの分野でも企業経営の現場でもそれほど注目されるには至らなかった。ミンツバーグの「創発型」戦略の考え方が注目を集めるようになったのは、〝データと方程式で導き出した合理的な戦略〟よりも〝企業の実行力〟が戦略の成否を決定づけるコアファクターであるという考え方が主流化した九〇年代中盤以降のことである。

❷ ホンダの米国進出戦略の真実

「事業展開の大まかな方針だけを決めて実際にやってみて、課題や困難に直面したら現場のマネジャーの経験に基づいた工夫や判断を積み重ねながら事業を進めていくべきである。そしてそうしたプロセスを事後的に総括したものが戦略と呼ぶべきものである。」というミンツバーグの「創発型（エマージェンス型）」戦略策定の考え方を具体的に示したエピソードがある。ホンダの米国進出にまつわるエピソードである。このエピソードは、ミンツバーグをはじめとする創発型戦略の有効性を主張する研究者達によって自分達の主張の論拠としてしばしば用いられた事例であり、経営学の分野では有名なものである。このエピソードによって、創発型戦略とは実際にはどういうものかについてリアリティーをもって理解することができよう。

一九五九年のアメリカン・ホンダ・モーター創業以来、米国の二輪市場で大成功を収めたホンダの戦略とはどのようなものであったのか。同じ二輪車メーカーのトライアンフを抱える英国政府は、ホンダの米国市場開拓戦略の分析をボストン・コンサルティング・グループ（ＢＣＧ）に依頼したところからこの有名なエピソードは始まる。ＢＣＧといえば、「プロダクト ポートフォリオ マネジメント（ＰＰＭ）」や「エクスペリエンス カーブ（経験曲線）」の開発によって一世を風靡し、実業界だけでなくアカデミアの世界でも高い評価を得ていたコンサルティング業界の雄である。

ＢＣＧは、ホンダの成功はホンダが米国進出を決定するのに際して周到に米国の市場調査を行った結果、以下のように上手く棲み分けの戦略が展開できたからだと結論づけた。それまでの米国の二輪車市場はハーレー ダビッドソンをはじめ英国のトライアンフなど、大型のオートバイが中心であった。大型のオートバイというものは何もないハイウェイを疾走するには最適だが故障が多い。そこにホンダはタウンユース用の小型二輪車で参入の可能性を見出した。小型二輪車はそもそも部品数が少ないため壊れにくいし、少しメカに通じた人なら自分でメンテナンスをすることもできる。しかも価格も大型オートバイと比べて格段に安いため、それまでオートバイとは縁がなかった層にも受け入れられるであろうという狙いを持って米国市場進出を図った。こうしてホンダはオートバイの新市場の開拓に成功したという分析である。

実際にホンダのスーパーカブ（タウンユース用の小型二輪）は、長距離の移動に使うためのものでも走行を楽しむためのものでもなく、日常の買物用であったり通勤や通学用の新しい乗り物として、最初の一〇年間で一〇〇万台を売上げ爆発的なヒット製品となった（一九五九年当時のオートバイの年間需要は約五万台）。それまでのオートバイをカウボーイの馬だと例えるなら、スーパーカブは日常使いの下駄代わりのようなものとしてアメリカ人の生活に浸透したのである。ホンダは周到な市場分析に基づいて、こうした差別化と新しいセグメントの掘り起こしを企図して、新しいライフスタイルを提案したことによって新しい小型二輪車市場の創造に成功したのだとBCGはレポートをまとめたのである。だから、「入念な市場分析と差別化戦略の立案は、プロである我々に任せて下さい」と繋がっていくのだが、これが誤った分析だということがその後に判明することになる。

なぜそれが誤った分析だと判明したのかというと、ホンダの米国市場開拓チームに徹底的なインタビューを行った学者がいたのである。その学者とは、日本企業の戦略についての研究に取り組んでいたスタンフォード ビジネススクールのリチャード・パスカルである。

パスカルはホンダの事例を紹介するために、「BCGによるとホンダは周到な計画に基づいてマーケットを開拓し、大胆な投資を行って、一気に新しい市場を築き上げたということだが、それは本当か？」と当時の関係者にインタビューをして回った。そして彼らから返ってきた答えはすべからく「自分達はそんな考えは全く知らなかった」というもので、BCGのレポートのような意見は一つも出なかった。この返答にはインタビューしたパスカル本人も大層驚いたと著書で述べている。パスカルの調査によると、BCGの分析レポートはフィクションであり、ホンダの北米進出の真実とは以下のようなものであった。

ホンダの北米進出は一大プロジェクトのように見えるが、日本からロサンゼルスに赴任した最初のメンバーはわずか二人。そもそもカリフォルニアを選んだのも、日本人が多く住んでおり同じ日本人には優しくしてくれるだろうという程度の思惑からでしかなかった。彼らは乏しい資金の中、小さな写真館跡を買い取り、現地で採用した従業員六人を加えた八人で雑魚寝をしながら、ホンダのオートバイを売って歩いていた。彼らは「米国市場に進出しなければホンダの成長はない」といきなりアメリカに放り込まれたのだから、そもそも市場調査や周到な準備をしているような状況ではなかったのである。

ところが〝明日のホンダ〟を賭けて現地のオートバイ屋を回ってみたものの、ホンダのバイクは全く相手にされず、なんとか頼み込んで置いてもらった店舗でも結果は惨憺たるものだった。

というのも当初はスーパーカブではなく、ホンダなりに技術を結集して作り上げたハーレーのような大型バイクを売ろうとしていたのだった。そして残念ながらホンダの大型オートバイはハーレーやトライアンフと比べてすぐに壊れてしまう代物であった。なぜかというと、日本の道路は舗装されているので、米国の荒野を走り廻るための設計も組み立てもできていなかったためである。直ぐに壊れてしまい、性能も悪く、スピードも遅いということでアメリカ市場では全く評価されなかったのだ。

そんな折、チームに転機が訪れた。資金も底をつきかけて途方に暮れていたところ、大手小売のシアーズがホンダの社員が大型バイクの営業用に使っていたスーパーカブを見て「大型バイクではなく、このオートバイなら売れるかもしれない」と声をかけてきたのである。

オートバイ専門店では「それはオートバイというよりも自転車だ」と相手にされず、なかなか取り扱ってもらえなかったのだが、シアーズに置いてみたら乗りやすさと手頃さが好評で思いのほか売れた。そこで「スーパーカブの宣伝を思い切って打とう」ということに決まったのだが、この時点では広告宣伝に回せるだけの資金的余裕はなかった。

それでどうしたのかというと、近くのＵＣＬＡに行って、「スーパーカブの印象的な広告コピーを考えてください」というポスターをキャンパス内に張り出し、学生のコピーコンテストをやってみたのだった。そして、この苦肉の策が功を奏することになる。このコピーコンテストをきっかけに、広大なキャンパス内の移動用に便利なスーパーカブが学生の間で口コミで広がり、そこから人気に火がついたのである。

月間販売台数が千台を超えた一九六一年頃から、ホンダはスーパーカブの本格的な広告展開に資金投入できるようになり、それがやがて有名な「YOU MEET THE NICEST PEOPLE ON A HONDA（素晴らしき人々、ホンダに乗る）」というキャンペーンに繋がっていく。外国企業として初めてアカデミー賞の授賞式のスポンサーにまでなったホンダは、最終的にはスーパーカブを従来のオートバイとは全く違う乗り物として全米に売り出すことに成功したのである。

実はパスカルが調べ上げたこのような生々しいエピソードこそ、ホンダの米国進出の真の姿である。「スーパーカブを、それまでのオートバイとは全く異なる訴求ポイントを持った差別化商品として、それまでの大型オートバイのユーザーとは全く別の顧客セグメントに売ることに成功した」という分析はあくまで後づけの結果論であって、ＢＣＧのいうような緻密な調査と明確な戦略がホンダに最初からあったわけではない。大ヒットしたスーパーカブは、アメリカ市場への進出を決めたときにはそもそも主力商品として位置づけられてすらなかったのである。

こうしてホンダの米国進出の実態が明るみに出ると、ＢＣＧの評判は当然のことながら凋落したのだが、このエピソードはミンツバーグにとっては自分の主張の正しさを示す良い根拠となった。どれだけ戦略を綿密に作り上げたとしても、それが実際に成功するかどうかは分からない。

またマーケットリサーチで市場や競争構造のデータを隈なく収集しようとしても、綿密にやろうとすれば時間がかかってしまい、結局実際に実行する頃には既に分析の前提条件が変わってしまっているということも考えられる。そのような経営の実態を踏まえると、まずは大きい全体方針だけを決定したら直ぐに行動し、その後に現場の動きや変化に合わせて工夫と判断を積み重ね、適切な修正を加えて対処していくのが、現実的に有効なのである。このような「創発型（エマージェンス型）」の戦略策定のスタイルは、現場の不確実性の中で、ああでもない、こうかもしれないと迷いと苦労を重ねながら日々事業の進め方を思案している経営者やマネジャーの実感と経験に対して的確にミートしたものとして広く共感を得たのである。

もちろん一方で、ポーターが提唱したような、データと分析に基づく合理的な戦略を計画して事業展開を図るという考え方も決して否定されるものではない。事前の調査や差別化の意図がないままで市場に出て行けば、一〇〇社中九九社は失敗するというのもまた厳然たる現実であるし、そもそもその場に合わせた場当たり的な対応だけで事業展開をするのは戦略とは呼び難い。ここで紹介したホンダのエピソードはたまたま場当たり的な対応で運良く上手くいったケースであるが、本来はそのような対応で成功することはむしろ稀であるという現実も認識しておかなければならない。

コラム

「日本企業には戦略がない」byポーター

5フォースや三つの基本戦略パターンを提示して、競争戦略の時代の〝ドン〟の地位に就いたポーターであったが、ポーター流の明快かつ合理的な戦略策定理論の限界を〝現実〟によって実証した事例として、ホンダの米国進出のケース以外にもう一つのエピソードを紹介しておこう。

こちらの事例も日本企業によってなされたものである。

ポーターは『競争の戦略』を発表した後、次なる研究として米国以外の企業の現地調査をいくつも行っていった。ポーターは一九八〇年代の初頭に日本を訪れ、さまざまな企業の聞き取り調査を行ったのだが、その結果として導き出された結論は、「日本企業には戦略がない」という衝撃的なものであった。

例えば当時の日本経済を代表する家電産業において、各メーカーはリーダーもチャレンジャーもニッチャーも、具体的にいうと松下（現・パナソニック）も日立も東芝も三菱も三洋（現・サンヨー）もシャープも、皆同じように冷蔵庫、洗濯機、掃除機、クーラー等々を生産していた。つまり、日本の家電メーカーは各社とも同じような製品を揃え、何の差別化もニッチ特化もしていない総花的な事業展開をしていたのである。

こうした総花的な事業展開では、経営資源が分散してしまう上に過当競争によって業界全体の収益率が下がってしまうというのは、ポーターの5フォース分析が示す通りである。競争戦略の核心とは〝選択と集中〟であるという認識のもと、欧米企業は〝戦略的に〟事業分野を注意深く選択し、明確な差別化を行っていた。それに対してポーターの目に映った日本企業は、大きな収益が得られないことが事前に分かっているにも関わらず、競合がマーケットに出している製品であれば何でも生産し、実際に利益がほとんど出ていなくても漫然と事業を継続していた。こうした日本企業の事業展開スタイルは、ポーターには明らかに〝戦略がなく〟見えたのであろう。

ところが七〇年代後半から八〇年代前半の世界不況からいち早く抜けだしたのは、実は〝戦略がない〟といわれた日本企業であった。特に自動車や家電産業、鉄鋼産業において低価格かつ高品質な製品を次々とマーケットに投入することで、日本企業は高価格・低品質な欧米製品を駆逐してしまったのである。そして八〇年代終盤のバブル景気の頃にもなると、世界中の目が日本／日本企業に注がれ、巷でも「日本企業に学べ」が合言葉になっていった。「ジャパンアズ ナンバーワン」の時代の到来である。皮肉にも、戦略の神様と呼ばれるポーターが「日本企業には戦略がない」とご託宣を下した直後に、ジャパンアズ ナンバーワンの時代が到来したのである。

ポーター流の合理的、設計主義的な戦略策定の手法に対して方法論的アンチテーゼを唱えたミンツバーグが自説の強力な論拠に用いたのがホンダの米国進出の事例であった。またそれに加えて、ポーターが〝戦略の神様〟とも呼ばれていた絶頂期に、ポーターのご託宣を現実によって覆したのも日本企業であった。明快・明晰で合理的なポーター流の戦略策定理論と日本企業の経営スタイルとは、どこか本質的に調和しない要素があるのかもしれない。

【第4章】

経営資源と組織の時代

〈一九九〇年代〉

戦略の黄昏を経て資源と組織へ

七〇年代のオイルショックを契機に高度経済成長が終焉を迎え、一九八〇年代になると市場全体のパイが広がらない中で企業は競合からシェアを奪わなければ成長できないという事業環境になった。こうした事業環境の中でポーターやコトラーによる競合に勝つことを主たるテーマにした競争戦略やマーケティング戦略が経営戦略論の主流となっていた。

八〇年代後半になると、日本がいち早くオイルショックの影響から立ち直り日本経済だけは空前の好景気を迎えるが、欧米先進国の景気が上向くのはまだしばらく先の話になる。そこでMITの研究者達がアメリカと日本の競争力の格差を包括的に調査し、その分析成果を一九八九年に『メイド イン アメリカ』というタイトルで発表した。その中では、米国企業が短期的な収益の追求ばかりに目を奪われてリストラや組織再編を繰り返しているため、持続的に製品改良を続けている日本企業に敗退していると結論づけられている。また、スタンフォード大学のウィリアム・オオウチが著した『セオリーZ』（一九八一年）や、リチャード・パスカルの著した『ジャパニーズ・マネジメント』（一九八一年）など日本企業の経営を評価した内容の著作も多くの人に読まれるようになり、八〇年代後半は世界中で日本企業の経営に脚光が当てられた時期であった。

ところで経営戦略論の分野に目を向けると、ポーターやコトラーの戦略理論が急速に企業に取り入れられたが故に、〝戦略のコモディティ化〟という問題が生じてきたのが八〇年代終盤から九〇年代初頭にかけてであった。

どの企業も緻密に市場リサーチを行い、ポーターやコトラーが示した手法に基づいてパターン化された戦略を立てるようになると、各社とも似たような差別化戦略、似たようなニッチ戦略に辿り着いてしまうという矛盾が発生してしまったのである。「戦略の本質は差別化である」と喝破したのはポーターであったが、彼の戦略論が普及すればするほど、どの企業も同じような戦略を採るようになってしまい差別化が利かなくなるというジレンマ状態が〝戦略のコモディティ化〟であり、こうした状況は〝戦略の黄昏（Strategic Decay）〟と呼ばれている。

ところが、こうした状況の中で複数の企業が同じような戦略を採用していたとしても、実際には競争に勝つ企業と競争に負けてしまう企業とに分かれていた。その原因を探っていったところ、戦略をいかに強力に実行することができるのかという実行力の問題に行き着いた。戦略のコモディティ化が起こり、同じような戦略を採用していても、結果として企業の実行力の格差が勝負を決するという競争状況になっていたのである。

そこで一九九〇年代は、企業の実行力をどう強化・構築するのかが重要な経営テーマとなった。具体的には、企業の競争力を決定づける実行力の源泉としてどのような経営資源が有効なのかという経営資源論と、どのような組織運営体制を構築するべきなのかという組織論の二点に焦点が当てられるようになった。

即ち経営学の中心的なテーマが戦略から経営資源及び組織へと大きくシフトしたのである。経営資源と組織というのは、どちらも企業内部のマネジメントに関係したものである。一九八〇年代の競争戦略の時代には〝外〟に向けられていた経営戦略のスコープが、九〇年代には再び〝内〟に向けられるようになったのである。

1 バーニーのリソース ベースド ビュー（RBV）

「リソース ベースド ビュー（Resource-Based View）」はこの時代に登場した企業の実行力に関する新しい経営戦略の考え方であり、オハイオ州立大学のジェイ・バーニーが代表的な提唱者である。リソース ベースド ビューとは、企業の競争力の源泉は〝リソース（資金、技術、ブランド、チャネルから、人材や組織文化までも含む）〟にあるという考え方である。ちなみにこの考え方は、企業経営の要諦は経営資源の有効活用にあるという主張を行ったペンローズの理論が源流になっていると見ることができる。

ポーターが外部との競争関係の中で、市場における有利なポジションを判断し、そのポジションに応じた戦略パターンを採ることを有効な戦略策定の方法論であるとしたのに対して、バーニーは社内の経営資源に着目して、自社独自の強みを生かした戦略を策定することが有効な方法論であるとしたのである。現実の企業を見れば、資金力が豊富な企業、技術力に秀でた企業、広範な販売チャネルを持っている企業、ブランド力の強い企業等々、企業の強みというものは一様ではない。また、企業組織についても、優秀な人材が揃っている企業もあれば組織全体のチームワークに優れている企業もある。こうした自社の強みの基盤となっているさまざまな経営資源（リソース）を最も効果的に活用するパターンの戦略を探ることが、有効な経営戦略のあり方だというのがリソース　ベースド　ビューの考え方である。

・VRIOフレームワーク

バーニーは著書『企業戦略論』で、「VRIO」という枠組みを提唱している。VRIOとは、企業の競争力の源泉になり得るリソースがどのような条件を満たしているべきなのかについて、その条件を整理したフレームワークである。

Vとはバリュアブル（Valuable）、価値の源泉であることを指す。顧客にとって何らかの経済的価値をもたらす経営資源や組織能力でなければ、競争力の源泉にはなり得ない。

Rとはレア（Rare）、希少なことを指す。企業の強さの源泉がどこにでもあるようなありふれた経営資源では意味がない。競合がすぐに調達できてしまうようなものであっては、差別化の源泉にはなり得ない。

Ｉはインイミタブル（Inimitable）、模倣できないことを指す。競合に簡単に真似されるような経営資源では持続的な競争力の源泉にはなり得ない。ちなみに、ＶＲＩＯの中ではこのインイミタブル（模倣困難性）が最も重要なファクターだとされている。一九八〇年代の戦略論の核心は「ディファレンシエーション（差別化）」であったが、九〇年代のリソースベースドビューの戦略論の核心は「インイミタブル（模倣困難性）」だと理解して良いであろう。

Ｏはオーガナイゼーション（Organization）、組織化されていることを指す。価値があり（Valuable）、稀少で（Rare）、模倣困難（Inimitable）な強みは、それらが有機的（Organic）に束ねられて、組織化（Organized）されていてこそ、有力な強みの源泉となり得るとする条件である。

このように、バーニーは真に有効な戦略とは自社独自のリソースに根ざしたものであるべきだと考え、その強さを形成

図表Ⅰ－14　VRIO フレームワーク

V	Valuable 価値の源泉であること	顧客に何らかの経済的価値をもたらすこと
R	Rare 希少なこと	調達の難しい希少なものであること
I	Inimitable 模倣できないこと	競合が模倣できないこと
O	Organization 組織化されていること	経営資源が有機的に束ねられて組織化されていること

するための条件としてＶＲＩＯを提唱したのである。（図表Ⅰ－14）

2 コアコンピタンスとストラテジック インテント

バーニーのＶＲＩＯの他にもう一つ、この時代の重要な研究成果がある。それが次に紹介する「コアコンピタンス」である。

一九九〇年代にバーニーと並んでリソース ベースド ビューに基づいた経営戦略論をリードした学者が、インド生まれのＣ・Ｋ・プラハラードである。彼は、ゲイリー・ハメルと共に『コアコンピタンス経営』（一九九四年）を著した。

ここでいう「コアコンピタンス」とは、自社の強さの核心という意味である。プラハラードとハメルは一九八〇年代後半から日米欧の優良企業に関する広範な調査を行い、その結果、優良企業は自社のコアコンピタンスを積極的に強化し、有効に活用しているからこそ競争に勝ち持続的発展を実現することができた、という結論に至った。つまり、社内の経営資源に根ざした自社独自の核心的な強みを活用する戦略こそが最も有効であるというのが『コアコンピタンス経営』の主張である。プラハラードとハメルのこの主張はバーニーのＶＲＩＯとほぼ重なっており、コアコンピタンスとＶＲＩＯがリソース ベースド ビューの中心的なコンセプトだと理解して良いであろう。

ただし、プラハラードとハメルの考え方がバーニーの考え方と異なる点が一つだけある。バーニーは企業が今現在持っているリソースを活用することに着目していたのに対して、プラハラードとハメルは有効な経営戦略とは自社独自の強みを長期的に育てていくべきであるという点にまで着目していた。

そこで自社の強みを長期的に強化し、活用するためには、「ストラテジック インテント（戦略的な意図）」が必要だと指摘した。ここでいう「ストラテジック インテント」とは、企業の全階層、全部門、即ち企業全体（全社員）で抱き続ける勝利への意思・執念のことである。ストラテジック インテント（戦略的な意図）があるからこそ、目指すべき企業ビジョンを共有することができ、そこに向かって積極的かつ強力に事業展開を推進することができる。そしてそのプロセスにおいて、長期的な視点から自社の強みの継続的強化を行い、自社の強みを最大限に活用する戦略が有効である、というのがプラハラードとハメルの主張である。

ストラテジック インテントを組織に根付かせるためには、例えば「グローバル市場でナンバーワンになる」というような高い目標が掲げられなければならない。そして、このような高い目標と現時点での実力とのギャップを埋めるように企業を方向づけ、競争力を強化していくことこそが、経営者の役割であるとされる。ストラテジック インテントを企業全体に浸透させ、長期的な観点から企業の強みを強化し、それを活用するべきであるという視点は、バーニーの研究とは異なる彼ら独自の指摘である。

以上のように、九〇年代には戦略のコモディティ化が起こり、戦略の実行力が成果を左右するようになったが、そこで真に有効な戦略は自社独自の経営資源に根ざしたものであるべきであるというリソース ベースド ビューの考え方が主流になった。具体的な理論としては、バーニーによる「ＶＲＩＯ」とプラハラードとハメルによる「コアコンピタンス」が代表的なものであり、こうした理論によって「競争戦略の時代」である八〇年代には〝外〟に向けられていた経営戦略のスコープが、九〇年代は「経営資源と組織の時代」として再び〝内〟に向けられるようになったのである。

3 リソース ベースド ビューの発展：有形資源から無形資源へ

バーニーの「ＶＲＩＯ」、プラハラードとハメルの「コアコンピタンス」というリソース ベースド ビューの代表的理論を紹介したが、続いてリソース ベースド ビューという新しい戦略の方法論が九〇年代を通してどのように発展していったのかについても解説しておこう。

企業の経営資源というとさまざまな種類が挙げられるが、その中でも「資金」が最も分かりやすいリソースであろう。リソース ベースド ビューが提唱された際にも、まず最初に注目が集まったのは資金という経営資源を活用した戦略であった。

大企業のように潤沢な資金力があれば、最先端の設備投資を行ったり、差別化の利いたテーマの研究開発に取り組んだり、優秀な人材を大量に採用したりといったさまざまな施策が採れるが、その中でも九〇年代初頭は豊富な資金力を活用したM＆Aがブームとなっていた。資金力にモノをいわせて他社を買収することで、水平統合（同業他社を買収して規模を拡大すること）を行って業界における支配力を高めたり、他社のブランドを買収して迅速に多角化を推進するという事業展開である。

九〇年代にM＆Aによって水平統合を追求した例としては、業界再編が起きていた金融や医薬品業界に多く、例えばクレディ スイスによるファースト ボストンの買収、ブリストル マイヤーズとスクイブの合併、ノボ インダストリとノルディスク ゲントフテの合併、チバガイギーとサンドの合併などが挙げられる。

一方、ブランド資産を買収して多角化を行った例としては、KKRによるRJRナビスコの買収（二四六億ドル）、フィリップ モリスによるクラフトフーズの買収（一三一億ドル）、松下電器によるMCA（米映画会社）の買収（七四億ドル）、などがある。

こうした動きの背景として、当時金融の自由化が進み、ファイナンシャル テクノロジー（金融技術）が進展して、LBO（レバレッジド バイアウト）のような新しい手法が登場したことが挙げられる。LBOとは極端にいうと、元手に一円もない状態であっても、買収相手の資産を担保にお金を借りて買収してしまうという手法であり、無から有を生む〝錬金術的〟なやり方である。他にも各種デリバティブ（金融派生商品：オプションやスワップなど）やセキュリタイゼーション（証券化商品）の技術も頻繁に用いられた。

こうしたファイナンシャル テクノロジーが発展することで、誰でも比較的容易に資金を手に入れて設備投資を行ったり、M＆Aを行えるようになったのである。その証拠に、世界のM＆A市場の規模は一九九〇年に三二〇〇億ドル（約三五兆円）だったものが、九五年に九五〇〇億ドル（約九〇兆円）になり、二〇〇〇年には三・四兆ドル（約三四〇兆円）と一〇年間で約一〇倍にまで急拡大している。こうした事実が意味するのは、九〇年代中盤以降、資金が容易に手に入るようになった結果、大企業が持っていた資金力という経営資源の強みがもはや模倣困難（インイミタブル）なものではなくなったということである。

さらに同時期、ICT（情報通信技術）も大きく発達した。一九九五年頃からインターネットが急速に普及し始め、社内のネットワークや大規模なコンピュータシステムが整備された結果、社内外で流通する情報量は急速に拡大していった。インターネットを含めてICTをフル活用するようになり、企業内の業務形態や組織構造が変わったり、ビジネスモデルや産業の仕組みそのものが変化したのである。

このように、金融技術や情報技術を活用することで企業の実行力や戦略的選択肢は大幅に拡大したのだが、こうした〝技術〟競争も、結局は非差別的な状態に行き着いてしまうことになる。それは戦略のコモディティ化の場合と同じように、自社も他社も同じような金融技術や情報技術を導入すればその差別化は決定的なものではなくなってしまうということである。結局、自社の差別化力に資するファクターは、そうした技術をいかに活用するのかというアイデアを考え出したり、各種の技術を駆使しながら戦略の実行を担当・推進していく〝人材〟に帰着する、という結論に行き着いたのだった。つまり、経営資源の中でも最も差別化の利く競争力の源泉とは〝人〟及びそうした〝人の集合体としての組織〟であるということが明らかになってきたのである。

例えば資金が潤沢にあるからといって、別の会社をその資金力で買収しさえすればそれだけで経営が上手くいくのかというと、Ｍ＆Ａはそれほど単純ではない。組織的統合が上手くいかずに破談になるケースは少なくないし、買収された途端に被買収側の業績が悪化して期待していたような成果が上がらなかったというケースも後を絶たない。当時、ネットスケープとＡＯＬ（アメリカン・オンライン）というインターネット市場のリーダー同士のＭ＆Ａが起きたが、シナジーの利くような協調的な統合が上手くいかずに全く新たな価値を生むことができなかった。こうしたＭ＆Ａの失敗は枚挙に暇がない。

結局、そうした失敗の要因は〝人と組織〟の問題に行き着く。統合のプロセスで双方の企業文化のギャップが埋まらず、逆に生産性を損なう結果になってしまうのも、優秀な技術者を獲得しようとして有力企業を買収したのに優秀な人材が辞めてしまったりするのも、全てこの〝人と組織〟の問題だということができるのである。

九〇年代半ば以降、企業の競争力に直結するような差別化を生み出す源泉は、結局は〝人と組織〟にあるという認識が急速に広まり、どうすれば強い組織がつくれるのか、どうすれば人材が育ち、高いモチベーションで活躍することができるのかというのが、最も重要な経営テーマとなっていった。

以上のように、リソース ベースド ビューは、最初は資金、テクノロジー、ブランド等々の有形の経営資源に注目が集まったのだが、他社との競争優位の源泉たるインイミタブル（模倣困難性）であることを追求していった結果、人材や組織へと最重要テーマがシフトしていったのである。

また、経営資源（リソース）と並んで企業の実行力を決定づけるもう一つのファクターである組織運営体制においても、最初はカンパニー制やフラット型組織といった組織形態や、成果主

図表I-15　リソース ベースド ビュー（RBV）の有効なファクターのシフト

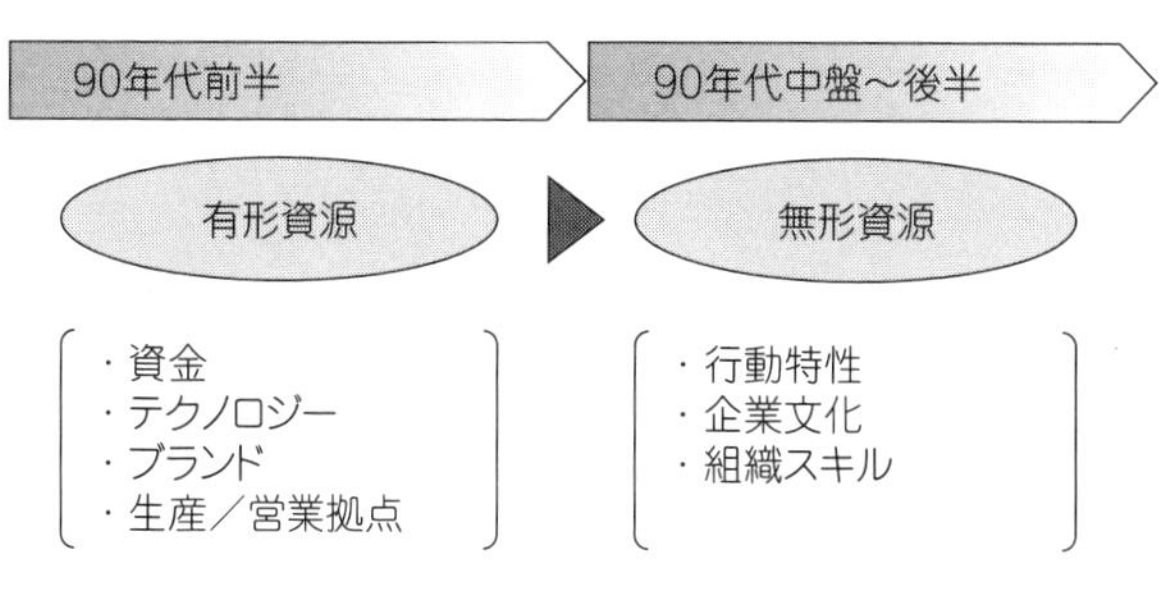

義型の評価制度といった人事制度等、組織形態や運営制度という〝有形の（ハードな）〟要素に注目が集まったが、次第に目標達成に執着心を燃やす企業文化やチームワークを重視する社員の行動特性といった〝無形の（ソフトな）〟要素に関心がシフトしていった。つまり「経営資源と組織の時代」の戦略論は九〇年代という一〇年間で、企業の競争力を形成する最も模倣困難な経営資源は人や組織といった無形の資源であるという認識に至ったのである。（図表Ⅰ－15）

コラム

マッキンゼーの7S

リソース ベースド ビューの後期に、企業の組織文化や社員の行動特性が重視されるようになった流れについて紹介したが、実はリソース ベースド ビューの考え方が登場するよりも一〇年以上も前に組織のソフトな側面の重要性を指摘した研究がある。一九八〇年代初頭に経営コンサルティング会社であるマッキンゼーが戦略的な組織運営体制を構築するためのフレームワークとして提唱した「マッキンゼーの7S」である。

「マッキンゼーの7S」（一九八一年）は、競争戦略が主流であった八〇年代の初頭に発表されたものであるが、九〇年代になってから強い組織のあり方について広く関心が払われるようになるさきがけとなった研究と位置づけることができよう。

「マッキンゼーの7S」とは企業戦略を策定する際に重視しなければならない組織運営体制に関する要件を、七つのSとして体系的に整理したフレームワークである。七つのSのうち一つは組織を方向づけるものとして戦略（Strategy）が挙げられており、残りの六つがその企業の組織運営体制に関するものである。また、組織運営体制に関する六つのSを三つのハードSと三つのソフトSに分けて整理している。組織運営体制におけるハードSの側面とは、組織構造や人事制度といった設計主義的に明文化して規定され得るファクターであり、ソフトSの側面とは組織文化や独自の行動スタイルといった明文化され得る規定ではないもののその企業組織の特徴を体現しているファクターである。そしてこれら組織運営体制のハード面、ソフト面の両方を統括的に束ねた戦略こそが有効であるという認識を提示したのだ。

具体的にその七つの要件は以下の通りである。

i. Strategy（戦略）：組織のハード面とソフト面を総体として整合的に束ねるための、事業の展開方針と特徴的な施策など。

▼ハード面のS

ii. Structure（組織構造）：組織を構成する組織ユニットと組織骨格の形態、即ち組織図によって表されるもの。

iii．System（組織内のシステム）：組織を運営するための制度やルール。具体的には、人事制度、権限規定、意思決定ルール、情報や会計システムなど。

iv．Staff（人材）：組織に属する個々の人材。

▼ソフト面のS

v．Shared Value（共有化された価値観・理念）：企業全体で共有化されている価値観や企業の理念・ビジョンなど。

vi．Style（経営スタイル・行動スタイル）：会社の社風や企

図表Ⅰ－16　マッキンゼーの7S

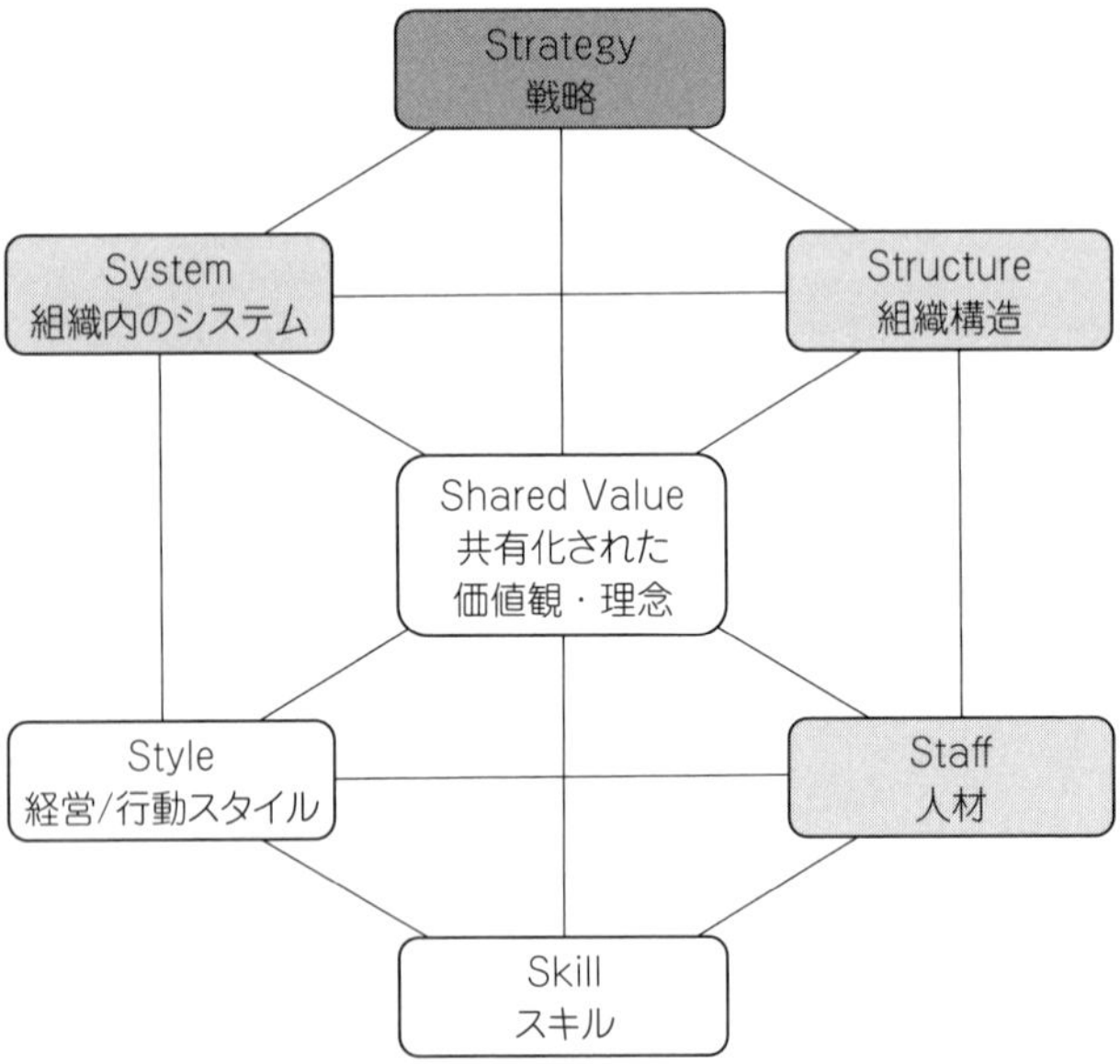

業文化が表れた組織運営のスタイルやその企業の社員に特徴的な行動様式。

vii　Skill（スキル）：組織に備わっている強み。例えば、販売力や製品開発力など。（図表Ｉ－16）

これら七つの要件の中でも特に重要だとされるのが、Shared Value（共有化された価値観）である。組織の価値観というものは容易に変えることができない組織の基盤である。そのため、戦略の基本スタンスまで含めてその他の六つの要素を統合的に規定する企業組織の核として示されている。

それまでに提唱された戦略論はチャンドラーやアンゾフの戦略論然り、ポーターやコトラーの戦略論然り、戦略自体にフォーカスを当てての研究であったが、マッキンゼーの7Sは戦略と組織を密接に関係づけて論じていることが特徴的である。また、組織のソフトSの側面、例えば組織の中で活動する人、そしてその人が活動する中で生まれる規範や組織文化といった要素が企業経営の成果を左右するということを示唆している点は、八〇年代初頭の経営戦略論としては際立った主張である。戦略論の教科書では、マッキンゼーの7Sはフレームワークの部分だけに着目されることが多いが、実はリソース ベースド ビューにおける人や組織を重視する経営戦略論に繋がる視点を内包していたという点でも評価すべきであろう。

【第5章】

戦略と組織の融合

〈一九九〇年代後半〉

戦略と組織の融合

第4章では、八〇年代終盤から九〇年代初頭にかけて〝戦略のコモディティ化〟という問題が生起したことで、経営戦略の有効性の根拠が戦略それ自体から、その戦略を実行するための自社の独自能力へとシフトしたことについて解説した。そこで示したように九〇年代は、戦略の実行力の基盤となる自社固有の経営資源（資金力、技術力や組織力など）に基づいた経営戦略が有効だとするリソース ベースド ビューの戦略理論が登場し、有力視された時代であった。そして、このリソース ベースド ビューにおいて最も模倣困難（インイミタブル）なリソースを探求していった結果、組織を構成する人材の能力や組織文化といった組織マターが改めて重視されるようになったのである。

八〇年代に〝外〟に目を向けた競争戦略が追求され、九〇年代に入ってからは企業の〝内〟を重視するリソース ベースド ビューが提唱されたことを受けて、九〇年代後半から二〇〇〇年代前半にかけて企業の経営戦略においてエポックメイキングな発展があった。「戦略と組織の融合」である。

戦略と組織の融合とは、企業の〝外〟を重視する競争戦略の観点（ポジショニングの重視）と企業の〝内〟を重視する組織の観点（リソース ベースド ビューの重視）という経営戦略に関する二つの立場が出揃い、その両者が融合したことを指す。またその結果として、「ビジネスモデル」

という戦略的狙いを持った新しい事業運営体制の形態が登場してきたことが経営戦略の流れの中での大きなエポックである。そこで本章では、それまで経営戦略論の分野において二元論的に扱われてきた〝戦略〟と〝組織〟が融合した形で成立した「ビジネスモデル」とはどういうもので、経営戦略論的にどのような位置づけになるのかについて解説する。

1 戦略と組織が融合した戦略形態：「ビジネスモデル」

八〇年代、そして九〇年代の経営戦略論は、〝ポジショニングを重視する立場〟と〝リソース ベースド ビューを重視する立場〟という二つの学派がそれぞれ発展した時代であった。ところが経営者が実際に戦略を策定する際には、「ポジショニング学派」と「リソース ベースド ビュー学派」のどちらか一方の方法論だけを用いるということはない。現実の企業経営においては、ポジショニング学派の重視する〝競争戦略〟の観点もリソース ベースド ビューの重視する〝経営資源や組織〟の観点も、両方を踏まえた上で策定されてこそ現実的な経営戦略といえる。そのため実際の企業経営の現場では、戦略と組織の両方の観点を合わせてより有効な経営戦略を追求していくことになる。

その結果、二〇〇〇年代初頭に戦略の観点と組織の観点とが統合され、戦略的狙いを実現するための、〝差別化された事業運営の仕組み〟という形で提示されたのが「ビジネスモデル」という形態である。ちなみに、ビジネスモデルという事業運営の形態は、戦略と組織とが融合して成立したものであるため、ビジネスモデルという戦略形態ということもできるし、ビジネスモデルという組織形態と呼ぶこともできる点に留意して頂きたい。

折しも二〇〇〇年代に入ってＩＣＴ（情報通信技術）が飛躍的に進歩し、インターネットが急速に普及したことによってビジネス環境や事業運営条件が劇的に変化したことも新しい「ビジネスモデル」の構築を大いに後押しした。こうしたＩＣＴの発達とインターネットの普及によって、企業はそれまでは不可能だったレベル／範囲で、顧客から流通、生産者までの活動全

図表Ⅰ－17　「ビジネスモデル」コンセプト

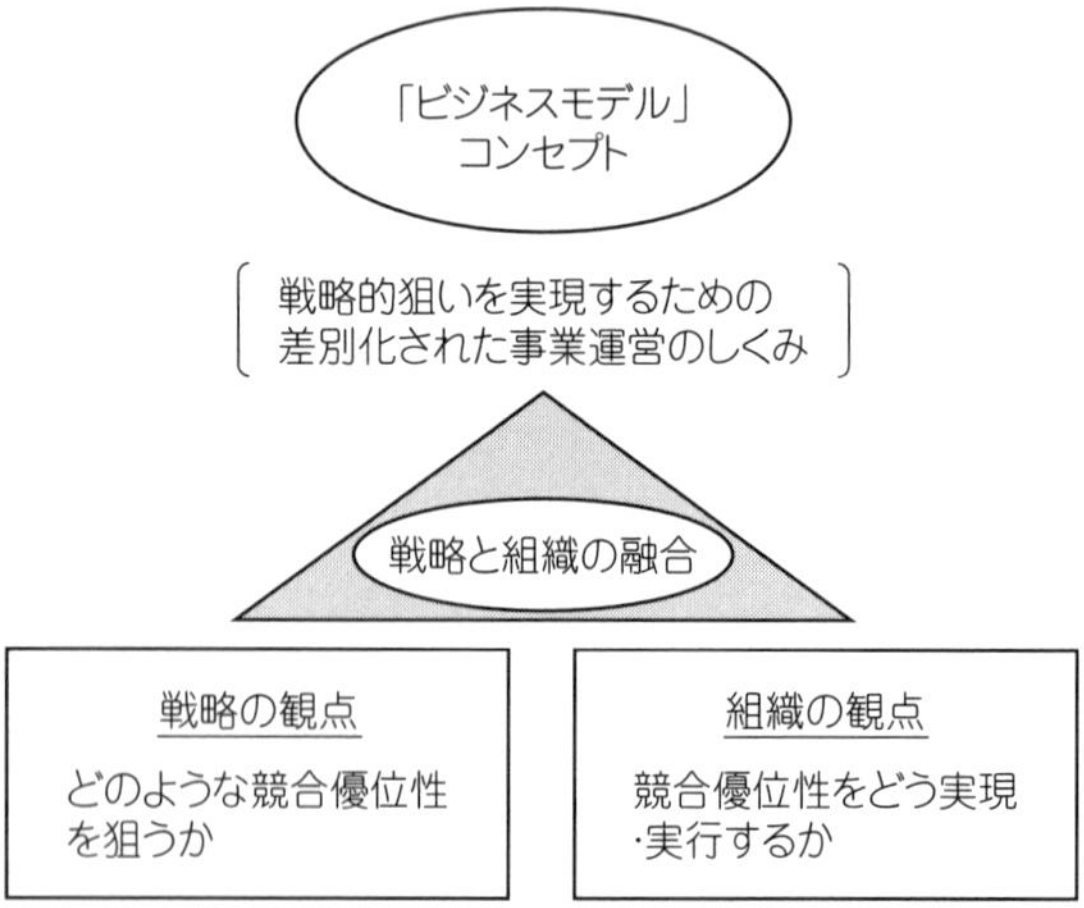

体をネットワークすることと、膨大なデータを瞬時に処理することが可能になり、全く新しい事業運営の仕組みを実現できるようになったのである。

このような背景の下、戦略の観点と組織の観点が統合された結果として誕生した「ビジネスモデル」とは、「企業の戦略的な狙いを実現するための、その実行の仕組み自体が差別化されたビジネスシステムを持つ、戦略的事業運営の形態」と定義されるものである。（図表Ⅰ－17）

新しいビジネスモデルを構築して成功した企業として、その先駆的事例となったデルのＢＴＯとユニクロのＳＰＡを紹介しておこう。

❶ デルのＢＴＯ

デルのＢＴＯ（Built to Order）とは、顧客が希望するスペックのパソコンを受注してから組み立てて販売するという、パソコンの受注生産型のビジネスモデルである。

既存のパソコンメーカーは従来の家電製品と同様に、販売店経由の見込生産型の事業運営を行っており、需要予測に基づいて大量に作り置きした上で販売する形態を取っていた。そのため不良在庫が発生するリスクが高く、また少なからぬ流通マージンが必要となるため価格も高くなり、更にはある程度まとまった数量の製品をロット生産するため生産のリードタイムも長くなりがちであった。

ところがデルのＢＴＯではＩＣＴとインターネットを活用することで、ＣＰＵの性能やハードディスクの記憶容量から液晶画面のサイズやボディーの色まで、顧客毎のリクエストを全て適えるオーダーメイドスタイルで受注してから組み立てを行い、たった一週間で納品できるビジネスモデルを構築したのである。

デルがＢＴＯというビジネスモデルを構築して実際にインターネット販売を始めたのは、インターネットが本格的に社会に普及し始めた一九九五年の翌年の一九九六年のことである。このＢＴＯのビジネスモデルでは、受注に連動して部品の調達と製造の指示が瞬時にビジネスシステム全体に共有化されるので在庫リスクが極小化され、リードタイムも短縮され、またメーカー（デル）が消費者に直接販売をするために流通マージンも不用となった。更には、消費者のニーズやクレームが直接メーカーに入るようになったので、製品開発やマーケティングの精度も向上した。

デルはこのＢＴＯのビジネスモデルによって、競争の激しかった九〇年代のパソコン市場において、一九九五年から二〇〇〇年までの五年間で売上げを約六倍に伸ばし、純利益を約一〇倍にするという驚異的な成長を遂げた。その結果、二〇〇〇年にはコンパックを抜いて市場シェア（出荷台数ベース）一位の地位を獲得したのである。

デルのこの事例は、まさにＢＴＯというビジネスモデル自体が差別化戦略そのものであり、同時に模倣困難（インイミタブル）な自社独自の強みとなった典型例だといえよう。

❷ ユニクロのＳＰＡ

次にユニクロ（企業名はファーストリテイリング）の事例を見てみよう。ユニクロが構築したＳＰＡ（Specialty store retailer of Private label Apparel：アパレル製造小売）は、アパレル分野において商品の企画、生産、流通、販売までの全てのビジネスシステムを一体化して行うというビジネスモデルである。

それまでのアパレル産業は、商品の企画から糸や生地の調達、生産、物流、販売までのビジネスシステムをアパレルメーカー、テキスタイルメーカー、卸売業者、小売業者の各社が担当していた。しかしこの従来型のビジネスシステムは企画から生産、生産から販売への情報の流れがスムーズではなく、企画から販売までのリードタイムが長くなる上に、各プロセス毎に各社が在庫リスクを負担しなければならなかった。したがって各社がそれぞれの段階で在庫リスクを見込んで価格に転嫁することになり、更に流通時に中間マージンが上乗せされるため価格が割高にならざるを得なかった。

それに対してユニクロは、ＩＣＴを駆使することによって企画・仕入れ・生産・物流・販売という一連のビジネスの流れをリアルタイムの情報で繋ぐことで、機会損失を大幅に低減させ、在庫リスクを抑え、中間業者のマージンを省くことが可能になった。そしてユニクロが一社でビジネスシステム全体を統括的に運営することによって、従来とは桁違いのスケールでの大量生産、大量販売を行い、圧倒的な低価格を実現することが可能になったのである。当時五千円～一万円の価格帯であったフリースの上着を、ユニクロはわずか一九八〇円という低価格で提供することを実現し、それまでは一アイテムでせいぜい一〇万着程度が限界といわれていたアパレル製品の分野で、一九九九年に八五〇万着、二〇〇〇年には二六〇〇万着を売り切るという衣料品分野では奇跡的ともいえる大成功を収めたのである。この奇跡的大成功によって一九九五年には四八六億円だったユニクロの売上げは二〇〇一年八月期決算では四一八五億円になり、日本の衣料品メーカーの中では二位のオンワード（二〇〇一年二月期決算で二四五九億円）を大きく引き離して堂々のトップの座を手中にしたのである。

❸ インターネットが可能にした流通業の新形態：イーベイ、楽天、アマゾン

ところでこの時期は、デルやユニクロといったメーカー以外でも流通業において全く新しいビジネスモデルを構築して大きな成功を収め、短期間のうちに世界的な有力プレイヤーとなった企業が多数登場している。インターネットが普及する以前では実現不可能だった全く新しいビジネスモデルを構築して大成功を収めた新しいタイプの流通業の事例として、イーベイと楽天とアマゾンについても簡単に紹介しておこう。

・イーベイ

イーベイは、インターネット上に一般消費者同士が商品の売り買いを行える場を提供するという、多数対多数のオークション型のビジネスモデルを構築して成功した企業である。

イーベイが提供したインターネット・オークションは、インターネット上での二四時間営業、年中無休のフリーマーケットのようなものである。こうした利便性に加えて、インターネット上でのサービスであるため、リアル（対面）での取引に比べて比較にならないほど多数の参加者が同時に取引することが可能である。したがって、売り手にとっては商品をたくさんの人の目に触れさせることができ、また買い手にとっては出品されている非常に多数の商品から自分の求める商品を探すことができ、どちらにとってもメリットの大きい取引が実現した。イーベイはこのビジネスモデルをいち早く確立したことで、現在約四〇の国や地域で運営され、常時一〇億点以上の商品が売買されるサイトへと成長している（二〇一五年時点）。

・楽天

楽天は、インターネット上の仮想商店街（インターネットモール）をつくり、商品を販売したい企業に店舗を開く場所を提供することで企業と消費者とを繋ぐ、ＢtoＢtoＣ（企業―仲介企業―消費者）型のビジネスモデルを築き上げた企業である。

圧倒的多数のテナントが入っているショッピングセンターがインターネット上で運営されているようなもので、企業は楽天に出店することで、実店舗に比べて店舗の運営コストを大幅に抑えることができ、低コスト／低価格で商品を販売することが可能になる。一方、消費者にとっても現実のショッピングモールとは比べものにならないほど多数の商品／商店へと入って行くことができることになる。

楽天は運営コストを抑えながら多数の消費者に販売をしたいと考える企業側のニーズと、さまざまな種類の中から安くて良い商品を選んで購入したいと考える消費者のニーズの双方を満たしたことで、自社サイトに圧倒的な商品数を確保し（二〇一五年六月時点で約二億点）、圧倒的に多くの消費者（二〇一五年三月時点で約一億人）を集客することができるようになったのである。ちなみに楽天のショッピングモールでの取扱高は二〇一四年で約二兆円に達しており、これは流通業最大手セブン‐イレブンの売上高三・八兆円やイオン（ＧＭＳ部門）の売上高三・四兆円に次ぐ大きさである。

・アマゾン

アマゾンは、インターネット上の通販店舗（クリック）と従来型の物流機能（モルタル）とを組み合わせた「クリック アンド モルタル」というビジネスモデルで成功した企業である。

インターネットの普及初期はインターネット内の商流に特化したイーベイや楽天のようなインターネット企業が、従来では不可能だった新しいビジネスモデルを開発して話題になった。それに対してアマゾンは「クリック アンド モルタル」というビジネスモデルコンセプトで、インターネット内のマーケティング／商流と、現実の在庫／物流というリアルの両方を自社で持つことによって、品揃えに物理的限界があるリアルビジネスの競合に対しても、商品管理や物流機能のコントロールが自社では難しいインターネットビジネスの競合に対しても、より差別化の利いた戦略展開をすることが可能になった。この結果、二〇一四年時点でのアマゾンの総売上げは約九〇〇億ドル（約一〇兆円）と、起業から二〇年も経たないうちに世界の小売業全体の中でトップ一〇入りを果たすまでに至ったのである。

2 「ビジネスモデル」コンセプトとブルーオーシャン戦略

以上の「ビジネスモデル」の成功事例を見てみると、どの市場を狙い、どのような差別化を図るのかという戦略の面と、そうした戦略をどのような事業運営の仕組みで実行していくのかというビジネスシステム（組織運営体制）の面とが表裏一体の関係であることが分かるであろう。即ち、自社独自のビジネスシステム（組織運営体制）が構築されているからこそ実現できる戦略があるということであり、戦略の独自性の根拠が自社独自のビジネスシステム（組織運営体制）によって担保されているということなのである。この意味において戦略と組織の融合によってビジネスモデルという形態が成立していることが理解できるであろう。

それと同時に、こうした新しいビジネスモデルはそれまでにない新しい価値を世の中に提供することで競合のいない新しい市場を作り、その市場の覇権を握ることを可能にするものである。この意味においてもビジネスモデルコンセプトは経営戦略論的に非常に重要な意味を持っている。

・ブルーオーシャン戦略

新しいビジネスモデルを開発して自ら新しい市場を創出し、厳しい競争に巻き込まれることなく競合のいない有利な事業展開を狙うという経営戦略の方法論を「ブルーオーシャン戦略」として提唱したのが、ＩＮＳＥＡＤのチャン・キムとレネ・モボルニュである。

ブルーオーシャン戦略は、競合のいないポジションを狙うという意味では究極のポジショニング戦略と見なすこともできるが、厳しい競争構造（レッドオーシャン）の中でいかにして競合に勝つのかを提示したポーターの戦略とは根本的に異なるポジショニングの取り方である。また新しい市場を創出するために新しいビジネスシステム（事業運営のしくみ）を構築してそれを戦略の有効性の根拠としているという点では、既存の経営資源に立脚した戦略を描こうとするＲＢＶとも全く異なった戦略パターンである。

即ち、ポーターらのポジショニング戦略も、バーニーらのＲＢＶ戦略も、既存の市場の中での競争構造において競合に対して有利な戦略施策を策定するものであったのに対し、新しい市場を創造することによって競争構造から脱却することを戦略目的にしたブルーオーシャン戦略は、ポジショニング戦略にもＲＢＶ戦略にも無い視点を持つものであり、その意味で新しい経営戦略の方法論だと見なすことができるのである。

もちろん魅力的な新市場を創造することは容易ではないが、二〇〇〇年代になって急速に浸透、高度化してきたインターネットをはじめとするＩＣＴを駆使することによって、既存のテクノロジーや従来型の事業形態では実現することができなかった価値や利便性を創り出せる可能性は大いに広がった。このような事業環境の変化を戦略的機会として捉えて新しいポジショニングを実現しようとするのがブルーオーシャン戦略の背景と狙いである。

こうしたブルーオーシャン戦略の考え方に合致した戦略パターンが「ビジネスモデル」であり、このような「ビジネスモデル」コンセプトの認識が広がったことで、二〇〇〇年代初頭以降、従来とは全く異なる価値や利便性を提供することができるさまざまな「ビジネスモデル」型の事業が考案・構築され、多くの成功事例が生まれたのである。またこのことによって従来とは比べものにならないくらい短期間の間に、本章で紹介したような世界的スケールでの有力企業が数多く登場してきたことも、ブルーオーシャン型／ビジネスモデル開発型の経営戦略がもたらした特筆すべき現象である。

3 経営戦略論研究における戦略と組織の融合の意味合い

本章では企業経営の二つの主要ファクターである戦略と組織が融合することによって「ビジネスモデル」という経営戦略の形態が登場してきたことについて説明してきたが、〝戦略と組織の融合〟という現象は経営戦略論研究の歴史において重大な意味合いを持つことに留意しておかなければならない。

一九六〇年代に近代的経営戦略論の研究が始まって以降、「組織は戦略に従う」というチャンドラーの言葉に象徴されるように、経営戦略は戦略と組織によって構成されるとする二元論的枠組みの下で研究がなされてきた。アンゾフのシナジーは事業を通じて蓄積してきた組織的スキルやアセットを戦略に活かそうとするものであり、ポーターの戦略論は市場における競争合理性に基づいた戦略を組織マターに優先させるものであった。このようにこれまでに紹介してきたさまざまな戦略理論は、ほぼ全て戦略と組織の二元論的枠組みの下で考察されてきたのである。

それに対して戦略と組織の融合は、それまでの経営戦略論研究の大前提であった戦略と組織の二元論の枠組みを脱した形の新しい経営戦略形態を登場させたのである。チャンドラーやポーターらのように戦略が組織に優先するというスタンスではないし、リソース ベースド ビューのように組織／経営資源に基づいて戦略を立案すべしという考え方でもない。戦略と組織の融合における経営戦略においては、戦略は組織（ビジネスモデル）であり、組織（ビジネスモデル）こそ戦略であるのだ。この意味において戦略と組織の融合は経営戦略論研究におけるエポック メイキングな事象だと見なすことができるのである。

もう一つ、戦略と組織の融合――ビジネスモデルの登場に関連した、経営戦略論研究に関する大きな変化がある。その変化とは、戦略と組織の融合が登場するまでと登場した後とでは、主要な経営戦略論研究のテーマが総論から各論に大きくシフトしたことである。

戦略と組織の融合が起きた一九九〇年代後半～二〇〇〇年代初頭に至るまでの経営戦略論は、総じて総論的、原論的なスコープから有効な経営戦略の策定の仕方や戦略パターンを探ろうとするものであった。ポジショニング学派と呼ばれるポーターやコトラーの戦略論、然り。エマージェンス（創発）学派と呼ばれるミンツバーグの戦略論、然り。リソース ベースド ビュー学派と呼ばれるバーニーやプラハラードとハメルの戦略論、然りである。

しかし戦略と組織の融合が起きた以降の研究は総論的、原論的な経営戦略論ではなく、経営環境や競争条件を背景にした経営戦略の重要テーマに焦点を当てた各論的な研究が主流になっていった。例えば、コッターによるチェンジ マネジメントや変革型リーダーシップの研究、グローバル化戦略、イノベーション戦略、ダイバーシティ マネジメント等々、二〇〇〇年代以降多くの企業が直面することになった個別具体的な各論的テーマに関する研究である。

戦略と組織の融合を境に、総論的、原論的経営戦略研究から各論的戦略テーマの研究へのシフトが起きた理由としては、以下のように推察することができる。

戦略と組織の融合によってビジネスモデルという戦略形態が登場したのは一九九〇年代後半～二〇〇〇年代初頭であるが、この時期はバーニーやプラハラードとハメルらによってリソース ベースド ビューが提唱され、評価と承認を得たタイミングである。詳しくは第Ⅱ部で解説するが、経営戦略に関する固有の方法論的主張を備えた原論的理論は、チャンドラーやアンゾフらが提唱したプランニング学派の理論、ミンツバーグらによるエマージェンス学派の理論、ポーターらのポジショニング学派の理論、及びバーニーらのリソース ベースド ビューの理論という四つが主要なものとされている。従って振り返って見れば、リソース ベースド ビューの理論が一九九〇年代前半に提唱され、広く評価・承認を得た時点で、総論的、原論的な経営戦略理論は主要なものが四つとも出揃ったことになるのである。つまり、企業の経営戦略を総論的、原論的に捉えた研究は一九九〇年代中盤でひとまず完成の域に近づき、それ以降はインターネットの浸透やＢＲ

ＩＣｓの台頭といった大きな環境変化によって企業が直面させられることになった各論的な重大テーマについての研究が主流になっていったと考えられるのである。

こうして見ると、一九九〇年代後半〜二〇〇〇年代初頭に登場した戦略と組織の融合は、それ自体が戦略と組織という二元論的枠組みを超えた経営戦略形態であるという意味で経営戦略論研究のエポックであると同時に、時代の環境変化を背景にして主たる研究テーマが総論的、原論的経営戦略から各論的経営戦略へとシフトしたタイミングを示すものであるという意味でも重要な意味を持つのである。

【第6章】

リーダーシップの時代

〈二〇〇〇年代〉

組織から人（リーダー）へ

第5章では、有効な経営戦略のあり方に関する二つの立場、即ち市場構造や競争条件を重視するポジショニング学派と経営資源や組織を重視するリソース ベースド ビュー学派の両者が出揃った上で、その両者が融合する形で〝戦略と組織の融合〟による「ビジネスモデルコンセプト」という経営戦略形態が登場したことについて解説した。実はこの段階で〝経営戦略〟の全体のあり方を追求する研究は一段落することになった。戦略と組織の融合の後に企業の戦略的事業展開の成否を決定する最重要ファクターとして注目を集めたのが、企業の変革や戦略的事業展開をリードする〝リーダー〟と〝リーダーシップ〟である。

背景を簡単に説明すると、第4章で解説したように九〇年代にリソース ベースド ビューやコアコンピタンスを追求していった中で〝人〟に焦点が当てられるようになり、そうした流れの必然的な帰結として、一九九〇年代後半から有能なビジネスリーダーをいかに育てるかということが重要な経営テーマとして浮上してきたのである。

このテーマにおいて大きな業績を残したのが、ハーバード・ビジネススクール教授のジョン・コッターである。それまでのリーダーシップに関する研究は経営学のテーマとして扱われるよりも心理学や組織論のテーマとして扱われることが多かった。それに対してコッターは、企業を変革していく企業トップのリーダーシップに着目して、〝経営学としての〟リーダーシップ研究において重大な成果を打ち立てたのである。即ち、そもそもリーダーシップとは何か、リーダーシップはいかにして発生・発現するのかというリーダーシップ論の原論を、コッターは経営学の分野において再構築したのである。

コッターのリーダーシップ論の紹介に入る前に、まず彼が登場するまでのリーダーシップ研究の流れについて簡単に紹介しておこう。

1 リーダーシップ論の系譜

❶ リーダーシップ特性論〈一九〇〇年代～一九四〇年代〉

リーダーシップ研究の歴史を遡ってみると、リーダーシップに関する科学的研究はテイラーが科学的管理法を研究したのとほぼ同じ一九〇〇年頃から始められている。この時期の研究は「リーダーシップ特性論」といわれ、優秀なリーダーはどのような共通特性を持っているのかを見つけ出そうとするものであり、主に心理学者のアルフレッド・ビネーとテオドール・シモンらによって、人間のさまざまな属性とリーダーシップの相関性が調査された。

折しも一九〇〇年代初頭といえば、帝国主義のぶつかり合いによる紛争が頻発していた時代であり、戦争を勝利に導くことのできる有能なリーダーが求められた時代であった。そうした背景から、どのような資質や特性を持った人がリーダーとして成功する可能性が高いのかを明らかにすることは､単に学問的関心からだけではなく国家戦略上の重要な要請でもあった。こうしてリーダーシップ特性論は、社会的にも重要な研究として位置づけられ、大規模な調査と研究が行われたのである。

対象となった組織は、行政、企業、学校、教会など多岐にわたり、測定・分析の対象となった個人の資質は、身長や体重、知能指数や記憶力、運動能力、性格のタイプ、行動特性、家族構成、等々の極めて多岐にわたる事項を網羅して一〇〇項目以上にも上った。そしてこれらの項目とリーダーシップとの相関について約五〇年にわたって膨大な調査が行われたのである。

しかしその結果判明したことは、いろいろな資質はある程度はリーダーシップと関係するものの、リーダーシップに秀でた人物に共通する特別に高い相関性を持つ属性は存在しないというものであった。意外にも、知能指数が高いかどうかすら、リーダーシップの強さとはほとんど関係がなかったという結論が出たのである。

❷リーダーシップ行動論〈一九五〇年代〜一九七〇年代〉

リーダーシップ特性論において有効なリーダーシップの特性が見出せなかったことを受けて、リーダーシップの研究は一九五〇年代に方向転換をした。この時期の研究ではリーダーシップというのはリーダーとフォロワー（リーダーの従支者）の間の人間的交流の中で生じるものだ、という考え方が中心となった。そして一九五〇年代から七〇年代にかけて、主たる研究対象がリーダーが持つ特性からシフトして、リーダーとフォロワーの関係に注目した研究が行われるようになったのである。

こうした新しいフェーズの研究においてまず登場したのは、リーダーの属人的資質ではなくリーダーの「行動」に着目した「リーダーシップ行動論」である。リーダーシップ行動論とは、リーダーのどのような行動がフォロワーの仕事の成果を高めるのに効果的であるのかを研究するものである。

リーダーシップ行動論の代表的な理論としては、ロバート・ブレイクとジェーン・ムートンによって一九六四年に提唱された「マネジリアル グリッド理論」と三隅二不二によって一九六六年に提唱された「ＰＭ理論」が挙げられる。この二つの研究はどちらも、リーダーの関心／能力の対象を〝仕事〟と〝人間関係〟の二つに分けたフレームワークによって分析を行った点が共通のスタンスである。

マネジリアル グリッド理論は、リーダーの行動を「業績に対する関心」と「人（フォロワー）に対する関心」という二軸から評価し、有能なリーダーの行動の特徴を把握しようとした研究である。ここでいう「業績に対する関心」とは仕事で成果を上げることへの関心のことを指し、「人に対する関心」とは、フォロワーとの人間関係や人材育成に関する関心を指す。研究の結果、有能なリーダーは「業績への関心」と「人間への関心」を共に強く持ち、業績達成のための管理行動と円滑な人間関係を作るための行動の双方を積極的に行っている人物である、ということが明らかにされた。

ＰＭ理論は、リーダーシップはリーダーの行動の中に現れる二つの能力、P：Performance（目標達成能力）とM：Maintenance（集団維持能力）という二つの能力要素で構成されるというものである。目標達成能力とは、目標設定や行動計画立案などによって目標を達成する能力のことであり、集団維持能力とは、メンバー間の人間関係を良好に保ち集団のまとまりを維持する能力のことである。三隅は、ＰとＭという二つの能力の大小によって、リーダーを四つのタイプに分類して集団が生み出す成果を比較する研究を行った。そして三隅のＰＭ理論の研究においても、優秀なリーダーはＰ：仕事に関する目標達成能力とＭ：人間関係に配慮し集団を維持する能力の両面で秀でた人材であるという結論が出された。

これらの二つの研究は、そのどちらもが業績／仕事の面と、人／人間関係の面の両方に対して関心と能力を持ち、業績達成のための管理行動と円滑な組織運営のための人間関係維持行動の両方に秀でた人材が優秀なリーダーであるという結論を提示している。この結論は常識的で当たり前のように見えるものの、これまで資質として捉えることができなかったリーダーの成功要因を対仕事、対人間関係という二つのファクターに集約し、実際にリーダーがとった行動を通じて実証したという点で大きな意義があったと評価され得るものである。

❸ リーダーシップ交流論〈一九七〇年代〜一九八〇年代〉

またリーダーシップ行動論とほぼ同じ時期に、リーダーシップをリーダーとフォロワーの相互交流のあり方と捉え、どのようなやりとりを行えばフォロワーがリーダーに従って行動するのかという観点から「リーダーシップ交流論」の研究も進められた。具体的には、リーダーとフォロワーのやりとりの中でも、人間関係上のコミュニケーションに関する事項だけでなく、報酬や目標設定の仕方といった業務運営上の条件づけに関する事項も重要なファクターとして研究テーマに含まれていたことに留意しておきたい。

例えば、望ましい行動を行ったフォロワーに対してリーダーがタイムリーに報酬を与えることによって、フォロワーは望ましい行動をとるようになる、という心理学の条件づけ理論を適応した理論が提示された。スイッチを押せば餌がもらえるマウスは、スイッチをたくさん押すようになるという行動主義心理学を人間に適用するものである。しかし現実の仕事というものは複雑であり、望ましい行動を見つけることは難しい。そのためこのアプローチからの研究では有意な成果を見出すことはできなかった。そこでフォロワーが望ましい成果（業績）を上げるために、リーダーはどのように目標を設定するべきかという目標設定アプローチが経営コンサルタントのエドワード・シュレイやミシガン大学教授のジョージ・オディオーンらによって採られ、この研究で次の四つのことが明らかになった。

i．リーダーの掲げる具体的な目標は、抽象的な目標や目標自体がない場合より高い業績をもたらす。

ii．困難ではあるが達成可能な目標は、容易に達成できる目標よりも高い業績をもたらす。

iii．目標を設定することで、業績に対する報酬やフィードバックを与えることをフォロワーは受け入れる。

iv．上司が設定した目標は、それが部下に納得感を以て受け入れられている場合にのみ業績に効果がある。

他にもこの目標設定アプローチとは別に、リーダーシップ交流論の一環としてエドウィン・ホランダーが「信頼蓄積理論」と呼ばれる理論を提唱した。「信頼蓄積理論」とは、リーダーが従来の仕事のやり方で成果を上げることを積み重ねる中で、リーダーとフォロワーの間に信頼関係が形成されていれば、リーダーが新しいやり方を指示してもフォロワーはリーダーについていくという理論である。要するに従来のやり方を外れてリーダーが動いたとしても、それ以前の実績によってフォロワーとの信頼関係が築かれている場合には、フォロワーはリーダーについていくという指摘である。

更に一九七〇年代になると、リーダーの行動やリーダーとフォロワーの間の相互交流といった具体的な行動だけでなく、リーダーあるいはフォロワーが相手をどのように認知するのか、という点に焦点を当てた「リーダーシップ認知論」も登場した。

以上のような流れで一九五〇年代のリーダーシップ行動論以降、数多くの研究が行われ、さまざまな理論が提起されてきたわけであるが、これらの研究や理論に共通していたある特徴に留意しておかなければならない。その特徴とは、以上に紹介した研究や理論は全てリーダーシップに関する研究と呼ばれたものの、実質的には組織マネジメント上のマネジャーの役割と業績を向上させるための手法を研究したものであった。つまりリーダーシップの研究というよりは組織集団の業績を高めるための管理手法に関する研究の性格が強かったのである。この状態はコッターが登場する一九八〇年代まで続いた。

2 コッターの変革型リーダーシップ論

そうした中で一九八〇年代後半に登場したジョン・コッターは、そもそも我々は何のためにリーダーを求めているのか、またそもそもリーダーシップとは何なのかということを問い直し、これまでのリーダーシップ研究を方法論的に見直してみるというアプローチをとった。その結果、組織上たまたま「長（マネジャー）」のポジションに就いている人が必ずしもリーダーではない、という至極当然のことが見えてきたのである。

❶ マネジメントとリーダーシップの分離

リーダーというのは単なる組織上の〝長〟ではない。フォロワーを率いて新しいステージに連れていける人こそ実質的な意味でのリーダーであり、リーダーシップを有していないたまたま〝長〟であるだけの人には個人の力によってフォロワーを新しいステージに連れていくことはできない。つまりコッターは、いくらそのような立場上だけの形式的な「長（マネジャー）」に焦点を当てて研究をしても、真のリーダーシップは見えてこないと考えたのである。

折しも、九〇年代以降のビジネス環境はかつてないほどに激変し、その変化のスピードが加速化しているという点が大きな特徴として挙げられる。東西冷戦が終わってグローバル市場が成立した結果、世界中の有力企業が総力を挙げて戦うメガコンペティションが始まり、二〇〇〇年代に入るとＢＲＩＣｓが台頭してきて、その競争は一層激化した。一方、九〇年代に登場したインターネットは発達と普及を続け、二〇〇〇年代に入ると重要な社会インフラとなり、消費者のライフスタイルにも企業のビジネスモデルにも大きな変革をもたらした。

企業はこうした急激で大きな変化に対応していかなければ生き残っていけない時代になったのである。

このような時代に企業組織が従来のやり方だけで動いていたのでは、顧客への対応も競合への対抗も間に合わない。変化のスピードが速く、かつ変化がドラスティックに起きる時代だからこそ、それまでのやり方を超えて、新しいステージにフォロワーを引っ張っていけるリーダーが求められるのである。

そうした背景を前提に、コッターはリーダーシップを〝組織集団を動かすための方法論〟として捉えたのである。そして、リーダーシップをマネジメントとは別の組織を動かすもう一つの方法論として設定した上で、マネジメントと対比させる形でリーダーシップの特性にアプローチしていった。これが一九九〇年にコッターが著した『リーダーシップとマネジメントの違い』の主たるメッセージである。そしてこの考え方が、その後二〇年にわたるビジネスリーダー開発の理論的基盤となっていく。これが一九九〇年代後半から二〇〇〇年代にかけての経営戦略研究の重要なテーマである。(図表I－18)

❷ 変革型リーダーシップ

この一連の研究によってコッターが提示したのが、「変革型リーダーシップ」である。「変革型リーダーシップ」とは、メンバーの行動様式や組織風土の変革を推進するためのリーダーシップを指す。コッターはそのような変革を行うことができるリーダーをどのように見つけ、どのように育てるのかという問題意識を中心に据えて、リーダーシップ研究を従来のものと大きく

図表I－18　マネジメントとリーダーシップの分離

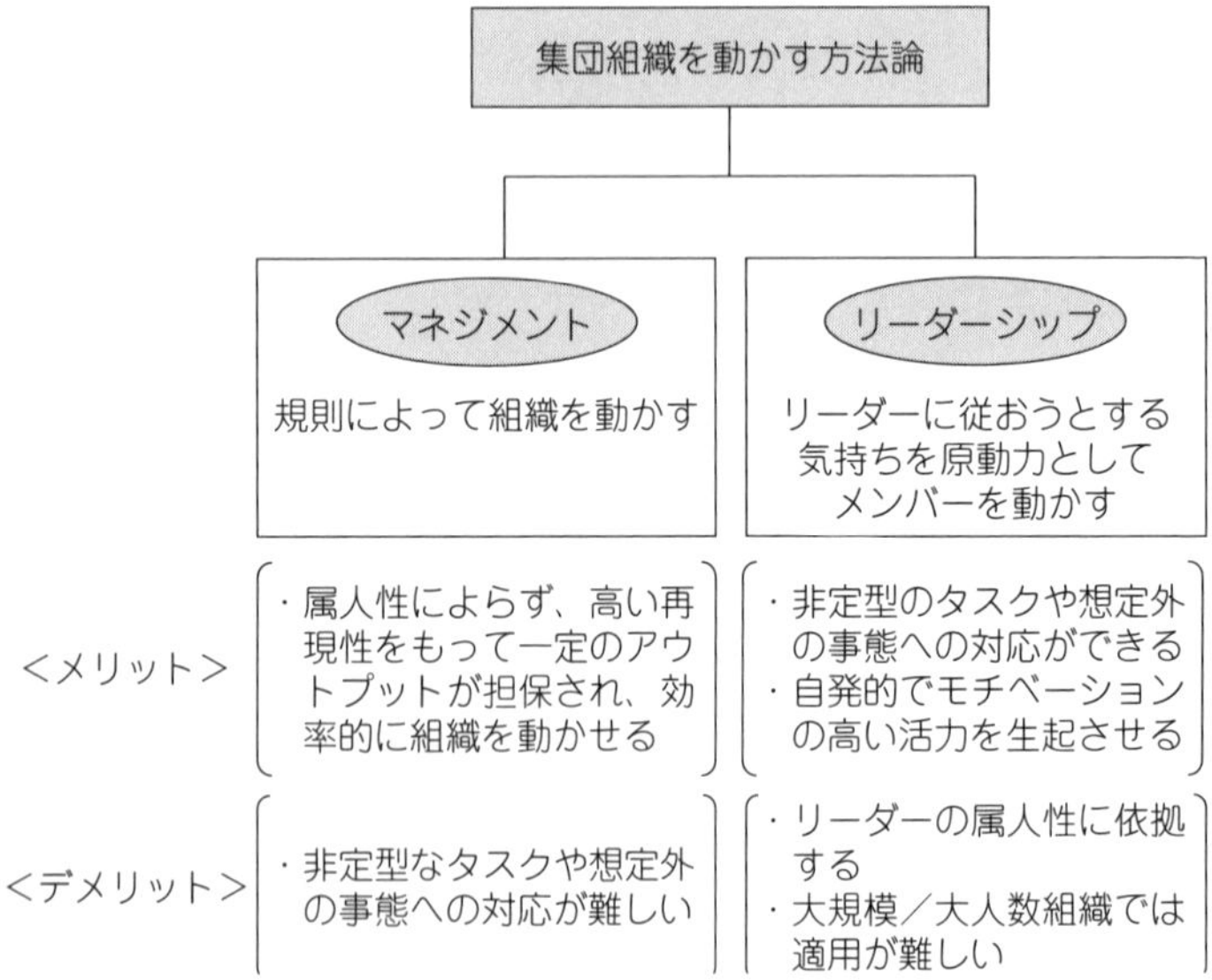
集団組織を動かす方法論
マネジメント
規則によって組織を動かす
リーダーシップ
リーダーに従おうとする気持ちを原動力としてメンバーを動かす
<メリット>
・属人性によらず、高い再現性をもって一定のアウトプットが担保され、効率的に組織を動かせる
・非定型のタスクや想定外の事態への対応ができる
・自発的でモチベーションの高い活力を生起させる
<デメリット>
・非定型なタスクや想定外の事態への対応が難しい
・リーダーの属人性に依拠する
・大規模／大人数組織では適用が難しい

変更し、リーダーシップの再定義を行ったのである。

以下でコッターの示したマネジメントとリーダーシップの違いについて解説しよう。

まずコッターがいうところのマネジメントとは、ルールや制度といった組織運営に関する規則を組織のメンバーの行動に適用することで、組織の動きをコントロールする方法論のことである。それに対してリーダーシップとは、組織のメンバーを規則によって動かすのではなく、リーダー自身の言動を通じて〝啓発と動機づけ〟を行い、自発的にリーダーに従おうというメンバーの気持ちを原動力として組織を動かしていく方法論である。

マネジメントにおいては、規則やルールに則って指示と管理が行われるため、決められた手順によって業務を効率的に遂行させることができる。そのため、誰がマネジメントを司る長＝マネジャーになっても高い再現性によって一定のアウトプットが標準的に担保されることになる。

企業の中で大多数の組織成員が行っている業務は、九割以上が予め想定・計画されたものであり、その処理の方法はルール化されている。例えば鉄道会社の列車運行業務において、乗客数の予想は九割以上の精度で計算されており、運行スケジュールは分刻みで最適化されている。また銀行の預金集めや、コンビニの仕入れ業務や配送・陳列業務も同様に、九割以上が予め想定され、計算され、最適な処理手順や遵守すべきルールが予め規定されている。つまり、大多数の人が通常行っている業務は、そのほとんど全てがマネジメントによって規定されて、ルールや規則の下で遂行されており、その結果一定の品質で効率的な業務運営が達成されているのである。

ところが、マネジメントだけで組織を運営しようとすると、想定外の事態が発生したときに運営が滞ってしまうことになる。事業環境の急変や自然災害などルール化されていない事態が発生したときには通常の規則やルールは有効性を失ってしまうからである。このような現場の不確実性と、定型的ルールとのせめぎあいは常に発生している。例えば突然の大雪や大雨によって線路が断線すると、鉄道会社は通常の運行スケジュールや運行マニュアルでは業務の処理が行えないし、イノベーションが起こって新たな市場ができれば、既存の市場で今まで通りの事業運営をしているだけでは収益は上げられない。

そのようなときに、「断線に対処するよりも先に乗客の安全確認を最優先で行う」という指示を行ったり、「今の製品市場から撤退して、新たな市場に進出する」という意思決定を行って、規定やルールではなく〝啓発と動機づけ〟によって部下を動かす必要がある。こうしたリーダーの属人性に基づいたフォロワーに対する〝啓発と動機づけ〟によって組織を動かす方法論が「リーダーシップ」だとコッターは定義したのである。

以上のように、組織集団を動かす方法論としてマネジメントとリーダーシップを分離した点が、リーダーシップ論におけるコッターの革新的かつ最大の貢献である。

マネジメントだけで組織運営ができないのと同様に、現実の組織運営の全てをリーダーシップだけでやろうとするのは困難で、合理的とはいえない。会社の業務の九割以上は定型業務であるから、定型的な仕事はきちんとルールに基づいて、即ちマネジメントによって行うのが効率的かつ合理的である。ところが、企業活動において発生する業務や課題のうち何%かはルールに記されていない非定型なものである。ドラスティックな環境条件の変化や非常事態は頻繁に発生するものではないが、適切な対応を誤ってしまうと組織にとってのダメージは致命的なほどに大きくなり、場合によっては企業が存亡の危機に瀕してしまう可能性もある。つまり、マネジメントでは対処できない状況というのは、中長期的にはある確率で必ず発生するものであり、そうした状況を打開するために有効かつ不可欠だという意味で、リーダーシップは組織運営に欠かせない重要な要素だとコッターは考えたのである。(図表Ⅰ－19)

図表Ⅰ－19　リーダーシップ論の変遷

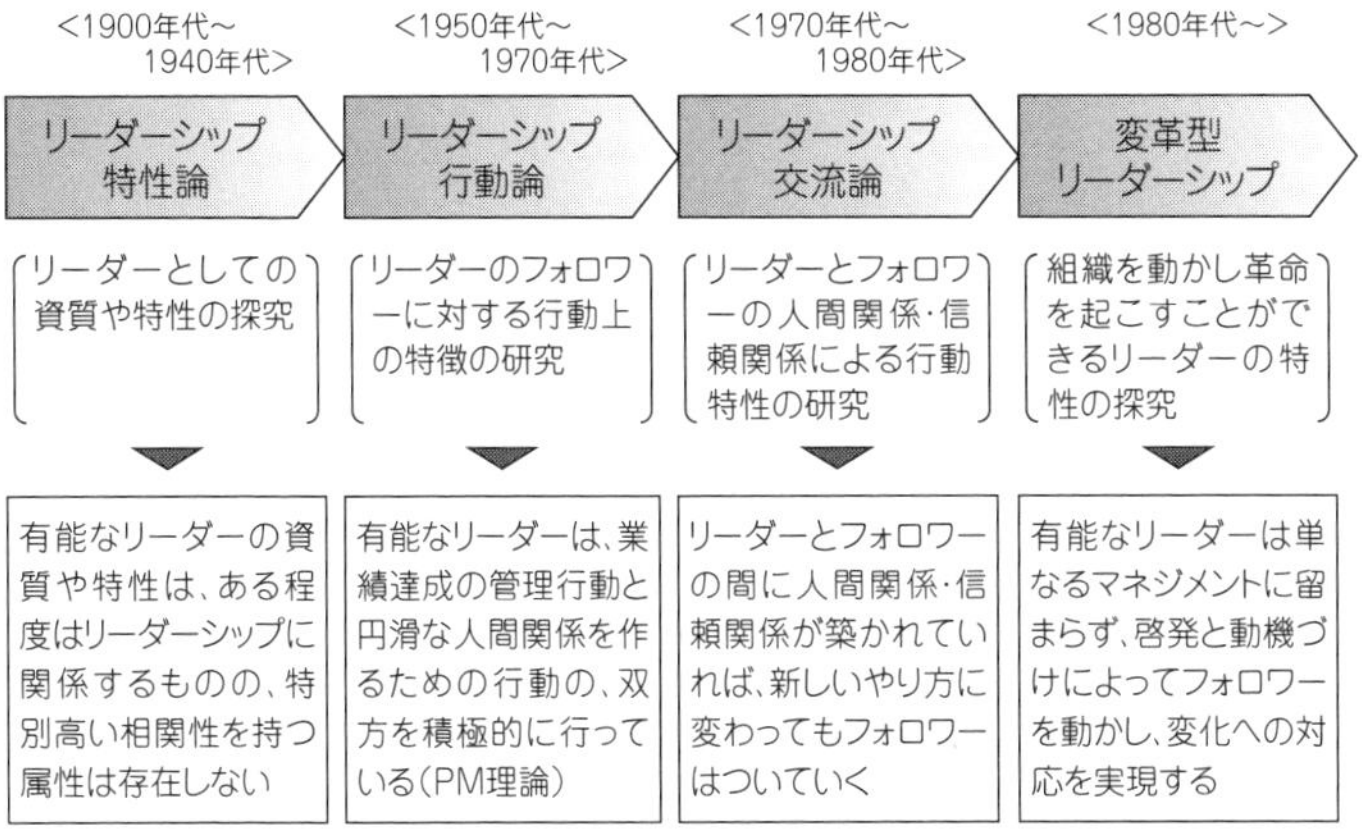

＜1900年代〜1940年代＞	＜1950年代〜1970年代＞	＜1970年代〜1980年代＞	＜1980年代〜＞
リーダーシップ特性論	リーダーシップ行動論	リーダーシップ交流論	変革型リーダーシップ
リーダーとしての資質や特性の探究	リーダーのフォロワーに対する行動上の特徴の研究	リーダーとフォロワーの人間関係・信頼関係による行動特性の研究	組織を動かし革命を起こすことができるリーダーの特性の探究
有能なリーダーの資質や特性は、ある程度はリーダーシップに関係するものの、特別高い相関性を持つ属性は存在しない	有能なリーダーは、業績達成の管理行動と円滑な人間関係を作るための行動の、双方を積極的に行っている（PM理論）	リーダーとフォロワーの間に人間関係・信頼関係が築かれていれば、新しいやり方に変わってもフォロワーはついていく	有能なリーダーは単なるマネジメントに留まらず、啓発と動機づけによってフォロワーを動かし、変化への対応を実現する

❸ チェンジ マネジメント

ところでコッターは、組織集団を動かす一つの方法論としてリーダーシップを定義づけたが、事業環境の大きな変化に対応した「チェンジ マネジメント（企業変革）」という経営戦略上の重要テーマに関しても「変革型リーダーシップ」の考え方を用いて大きな業績を残している。次にコッターの企業変革に関する理論を紹介しよう。

先に述べたように、二〇〇〇年代になってグローバル競争が一層激化し、ＢＲＩＣｓが台頭してきたことによって、新しい市場構造と新しい競争条件が生起したまさにニューオーダーの時代になった。

そうなると、企業はビジョンを再構築して、自社の事業ドメイン（事業領域）やバリューデザイン（どのような価値をどのように提供するか）を抜本的に変革したり、あるいは組織体制やビジネスモデルを絶えず刷新していかなければ生き残ることができなくなる。その証左としてこの時期、ミスターアメリカ企業として米国産業界に君臨してきたＧＭが事実上倒産し国家による救済によってかろうじて生き延びたことに象徴されるように、多くの伝統的な大企業が経営の危機に立たされている。

競争からふるい落とされたくなければ、企業は事業の統廃合だけでなく、企業文化や行動様式までも大きく変革しなければならない。これが「チェンジ　マネジメント」である。

そしてこれを他社に先駆けて行ったのがＩＢＭである。

ＩＢＭは一九九三年にルイス・ガースナーをＣＥＯに招聘して、主力事業をメインフレームからパソコン、さらにハードウェアからソフトウェアへと大胆なシフトを図った。二〇〇〇年代に入ると、ＩＢＭ製のハードウェアで残っているのはごく一部のサーバーだけで、システム開発とＩＴコンサルティングが主な収益源になっている。ＩＢＭはコンピュータの代名詞であったが、今や劇的に姿を変えて、野村総研やＮＴＴデータのような会社になったことで現在も優良企業であり続けているのである。

トヨタ自動車も、九〇年代になるまでは国内の売上げが中心で〝三河の殿様〟と呼ばれていたが、二〇一三年度三月期決算では、国内売上げは売上げ全体の二五％を占めるだけになり、売上げの七五％を海外で上げるようになっている。ＩＢＭやトヨタの例のように、変化の激しい環境の中で生き残っていくためには、絶えず企業のビジョンも事業ドメインも再設定、再構築していく必要があるのである。つまり組織体制や運営ルールといったマネジメントの仕組みだけでなく、その組織運営の基本理念や文化までを環境の変化に応じて変えていくこと、即ちチェンジ　マネジメントが経営戦略の主たるテーマとなったのである。

このような背景の下、コッターはこうしたチェンジ　マネジメントこそが新しい時代の経営戦略における最大のテーマであると喝破して、どうすれば企業変革が上手くいくのかを変革の〝8つのステップ〟として、そのプロセスを具体的に提示した。これがコッターの「チェンジ マネジメント」理論である。

コッターが提示した「チェンジ マネジメントの8つのステップ」をごく簡単に示しておくと、

i．変革が必要であるという危機感を社内全体に醸成し、
ii．エース級人材から成る強力な推進チームを結成し、
iii．変革の方向性を示すビジョンを策定する。
iv．そのビジョンを全社員に強力に発信し、定着させ、
v．その実現をサポートするための手立て（抵抗する人材の排除など）を打ち、
vi．短期で目に見える成果を達成して、
vii．その成果によって社員を一層盛りたてて、
viii．更に新しいアプローチで次の段階に向かう。

というものである。

一九八〇年代にポーターが競争戦略を三つのパターンに分類して実際の企業経営の中での活用性を高めたように、コッターは企業変革の方法を〝変革型リーダーシップ〟を活用する形で、具体的アクションによる〝8つのステップ〟に定型化して提示した。こうしてコッターのチェン

ジ マネジメント理論は二〇〇〇年代の最も重要な経営手法として多くの企業に受け入れられて活用され、新しい経営戦略論の大きな潮流となったのである。

3 コリンズのビジョナリー・カンパニー：「誰をバスに乗せるか？」

コッターとほぼ同時代に、経営戦略の分野で特色のあるメッセージを提示した学者にジム・コリンズがいる。

当時スタンフォード大学ビジネススクールの教授で、現在は経営コンサルタントとして活躍するコリンズは、長期にわたって高い成長と高い収益を達成することができる企業とはどのような企業なのか、というテーマで調査を行った。その中でも特に有名なものが、『ビジョナリー・カンパニー』と『ビジョナリー・カンパニー2』である。

まず『ビジョナリー・カンパニー』について説明しよう。この調査では、高い成長と収益を達成し続けることのできる企業の共通点とは、「企業が優れたビジョン（基本理念）を有していること」だとされている。コリンズによれば、企業のビジョンは企業の発展の方向性と戦略を規定する重要な要素であり、企業が一貫性を保ちながら成長していくために不可欠なものであるとされる。したがって、ビジョンが優れたものであるかどうかは企業の成果を左右する決定的に重要な要因になる、とコリンズは提唱している。

実際に、コリンズがこの調査において明確なビジョンを保有しているとして「ビジョナリー・カンパニー」と認定した企業の業績が他の平均的な企業の業績とどのくらい異なっているのかといえば、一九二六年～九五年の七〇年間の期間で、株価にして一五倍以上の格差がついたという結果が出ている。

具体的には、ディズニーや3M、ジョンソン・エンド・ジョンソン（J&J）などの企業を、優れたビジョンによって高い成果を上げ続けている企業、即ちビジョナリー・カンパニーと呼んでいる。例えばディズニーは、「時代を超えて何百万人もの人々に喜びを与えるようなテーマパーク」というウォルト・ディズニーのビジョンを基にディズニーワールドを運営している。またジョンソン・エンド・ジョンソンのビジョンは、一八八六年の創業時に創られた「痛みと病気を軽くする」というものであり、その理念を具体化させた行動指針として「我が信条（Our Credo）」という文章が掲げられている。このクレドでは、顧客や地域社会が真っ先に優先されなければならないこと、このクレドを原則として社員全員が行動しなければならないことが繰り返し強調されている。

また、コリンズは続く『ビジョナリー・カンパニー2』において非常に興味深いメッセージを発している。

彼は『ビジョナリー・カンパニー』を発表した次の研究として、長期間にわたって成功を収めている〝偉大な〟企業と短期的な成功を収めた後に衰退してしまった〝良い〟企業との違いについての調査を行った。その結果、企業が持続的に高い成果を上げ続けるための鍵は、優れたビジョンよりもむしろ、「誰をバスに乗せるか（first who：ファースト フー）」にある、という結論を提示した。

これは要するに、〝偉大な〟企業を率いる経営者は、まず初めに企業のビジョンに合う適切な人材をバスに乗せ（経営陣に迎え入れ）、不適切な人材をバスから降ろす（経営陣から外す）ことを優先している。そして適切な人材がそれぞれに相応しい席に座ったところで初めて、自社が何をすべきか、戦略と組織はどうするのか、どのような技術を開発するのか等々を決定しているということである。

これは企業の経営戦略に関わるチームを適切な人材だけで編成することによって、

i．企業内部の政治的な活動よりも企業が追求すべき外の機会に目を向けて行動することができ、環境の変化に適応しやすくなる。

ii．自主性が強く、動機づけや管理の問題がほとんど必要なくなる。

という大きなメリットがあるためであると分析している。逆に経営陣に不適切な人材が多いと、たとえ正しい方向が分かり、正しい方針が示されたとしても、社内の人材がお互いに足を引っ張り合ったり、組織のポリティクスに多くのエネルギーが注がれたりして、偉大な企業になることができないのである。

そのためコリンズは、単に優秀な人材が企業にとって最も重要なリソースなのではなく、ビジョンと価値観を共有し、真摯で誠実な資質を持った〝適切な人材〟こそ企業にとって最も重要なリソースだと喝破している。

「誰をバスに乗せるか」を重視して成功した例として、インテルの事例が挙げられる。インテルの共同創業者であるロバート・ノイスは、何を開発・製造するのかを決める前に創業チームを結成していたといわれている。また創業当時もノイスはトップ自ら人材採用に個人的責任を負い、「適切な企業文化を育んで適切な人材を採用すれば、偉大な成果を生み出せる」との信念を持っていた。その後ノイスの考え通り、インテルの初期のエンジニアであったテッド・ホフが自主的に始めた実験がマイクロプロセッサーの発明に繋がり、これがインテルの現在の主力事業にまでなっている。

またマイクロソフトのビル・ゲイツは、優れた人材がいかに重要かについて、「我々が最高の人材を二〇人失ったとしよう。そうしたらマイクロソフトは取るに足らない存在になってしまうだろう。賭けてもいい」と語っている。

他にもＩＢＭの変革のケースは、「誰をバスに乗せるか」を重視することで成功した例だとも紹介されている。既に触れたように、ＩＢＭは八〇年代後半から九〇年代初頭にかけて業績が悪化し、赤字が積み上がっていた。そこで一九九三年に新しい経営者となったガースナーは、ＩＢＭの変革を先導することができるリーダーを経営陣に迎え入れ、ＩＢＭの変革に賛同しない人材や変革に躊躇する人材を経営陣から外すということを最優先事項として行ったのである。ガースナーはこの「誰をバスに乗せるか」というプロセスが全て終わった後でようやくＩＢＭの失敗の原因を探り、新しいビジョンを策定し、その上で具体的な戦略と組織の再設計・再構築を行ったとされる。そこからＩＢＭはハードウェアの会社からソフトウェアの会社へと転換し、復活することができたのである。

以上の例に見ることができるようにコリンズは、長期にわたって優れた成果を上げるために最も重要となるのは「優れたビジョン」と「誰をバスに乗せるか」であるという、シンプルでありながら企業経営の核心を突いた結論を見出した。特に『ビジョナリー・カンパニー２』で彼が提示した「誰をバスに乗せるか」という考えは、それまでより良いビジョンや有効な戦略をどう描くかに腐心していた世界中の経営者に大きな衝撃を与えるものであった。

コリンズの主張を実際の企業の経営戦略に当てはめて考えれば、経営陣が適切な人材で構成されていれば、膨大なデータ収集と分厚い分析レポートや、長時間にわたって何回も繰り返されるミーティングなどなくとも、企業は正しい方向へ力強く進んでいくことができるということである。往々にして企業の採るべき戦略を誤らせたり、組織のモチベーションを低下させるのは、不完全なデータでも分析スキルの不足でもなく、〝適切でない人材〟の怠惰や偏った思惑だということである。

【第7章】

近年の経営戦略論のテーマ

本章では経営戦略論の変遷の解説の最後として、近年特に注目を集めている研究テーマであるゲーム理論、各国の文化に関する定量的分析、及び企業のサステイナビリティについて紹介しておこう。

1 ゲーム理論

二〇〇〇年代後半以降、経営学の分野において活発に研究されているのが「ゲーム理論」である。「ゲーム理論」は政治学の分野で誕生し、一九八〇年代後半からは経済学の分野においても盛んに研究がなされてきているのだが、二〇〇〇年代になって企業の経営戦略に適用しようとする研究が数多く登場してきている。そもそも政治学や経済学において発展してきた「ゲーム理論」とは、複数の意思決定主体（プレイヤー）が存在する場合に、それぞれの意思決定が相互に作用する状況（ゲーム）がどのようなプロセスを取り得るのかについて高度な数学を使ってモデル化しようとする学問である。

実は「ゲーム理論」を経営戦略論に適応した研究は、経済学の研究者だったポーターによって既に提起されていたことはあまり知られていない。彼は『競争の戦略』の中で、ゲーム理論のモデルの一つである「シグナリング」について一つの章を割いて説明を行っている。シグナリングとは、企業が何らかの〝サイン〟を直接的または間接的に示すことであり、この〝サイン〟には企業の意図や動機、目標、社内の状況などが含まれる。

これら企業の発するシグナリングは相反する二つの役割を持っているとされる。一つは、競争相手に自社の意図や状況を示す手がかりとしての役割であり、もう一つは競合を欺き、自社の意図や状況を隠すための見せかけの役割である。ポーターは自社と競合との間でシグナルを有効に交換し、的確に読み取って、無益な消耗戦を回避したり場合によっては競合を出し抜いたりすることによって、よりレベルの高い競争戦略を展開することができると提唱したのである。具体的には、思い切った低価格戦略を一時的にデモンストレーションとして実施することによって「もし市場に参入してきたら価格を大きく引き下げて迎え撃つぞ」という他社への警告を発したり、「新しい市場に参入するために設備投資をする」宣言によってその市場への意欲とコミットメントを示して自社の本気度を示し、競合を牽制したりすることである。そしてポーターはこうしたシグナリング（シグナルを発信したり読み取ったりすること）を活用することも、合理的な競争戦略を策定するためには重要であると指摘しているのである。

近年、このような「ゲーム理論」の考え方を経営戦略に適応する研究は高等数学を用いたものが中心になっており、例えば自社と競合と顧客との間のアクションと、それに対する反応行動（リアクション）はどのようなものになるのかを数学的にシミュレーションし、最適な戦略行動を導き出すための数理モデルを構築するなどの試みが行われている。この研究分野が盛んになっている理由としては、ゲーム理論を用いることでロジックが数学的に洗練されて、理論の整合性が正しく担保されたように見えるからだと考えられる。

しかし筆者としては、こうした研究の方向性に対しては首肯しがたいと感じているのが正直なところである。確かに「ゲーム理論」は経済学でも九〇年代に大流行し、何人かのノーベル賞受賞者も誕生したのだが、数学的に洗練された計算式によって経済活動をパターン化して解明しようとした研究は、実際の経済政策や市場予測に対して必ずしも有効な成果をもたらしたとはいい難いのが現実である。

現在、経営学の分野で活発に行われているゲーム理論の活用も、まさに二〇年前に経済学の分野で行われたことと同じように映る。どちらがどう動いたら、各々の戦略パターンがどのような影響を受け、その先で起こる行動がAからBに変わる確率がどのくらいで……等々と企業の戦略や具体的な行動について高等数学を用いて精緻なシミュレーションを行ったところで、現実的に有効な戦略の発想や新しいコンセプトが生み出されるわけではないであろう。

むしろ筆者としては、これから経営戦略を論じる上でのフロンティアはゲーム理論の分野にではなく、次に紹介する〝文化〟の研究にあると考えている。

2 文化研究

文化というものは定量的分析手法が届きにくく、科学的実証や定式化が難しい対象であるため、経済学や経営学の分野においては、かつては主たる研究テーマとされてこなかった。しかし近年では、経営の現場において文化の違いから生じる問題を解決することや、時代に合った企業文化を構築することが企業経営の成否を決定的に左右するケースが増加してきている。

例えば、現代の大多数の企業が直面している最も大きな課題である「グローバル化」を考える際、実は最も重要な研究対象となるのが〝文化〟と密接な関係にある企業風土や組織人の行動様式といったテーマである。端的にいうと、グローバル化がなぜ難しいかといえば、その難しさの核心が文化に根ざしたものだからと理解することができるのである。

七〇年代、八〇年代に先進国の有力企業が事業の国際化を推進していた頃は、性能の良い製品を作りさえすれば、それを輸出することである程度の国際的な事業展開を行うことができたのだが、近年のグローバル化においては単に製品を輸出するだけでなく、ビジネスモデルをフルセットで移設し、事業全体のオペレーションを現地化していくことが求められるようになった。

ビジネスモデルをフルセットで現地に設営するとなると、例えばどうすれば現地の優秀な人材を採用することができるのか、どのようなマネジメントスタイルを採れば現地の従業員のモチベーションを高めることができるのか、また現地で滞りなく原材料を購入したり商品を販売するためには現地のメーカーや流通業者とどのようにつき合えば良いのか、現地の政府とはどのような関係を築けばスムーズに許認可が得られるのか等々、事業運営に関する全ての課題が現地の文化や歴史、現地の商慣習や人々のライフスタイルと密接に関わってくる。したがって、現地の社会特性や文化特性の勘所を外してしまうと、全く事業展開が進まないということになってしまいかねないのである。

文化的要素の重要さを示す面白い事例を一つ紹介しよう。今から約四〇年前、一九七三年にピザのシェーキーズがアメリカから日本に進出してきたとき、最初は全くお客が入らなかったといわれている。事前のフィールド調査では味の評判は悪くなかったし、当時はフードビジネスの草創期でピザレストランのチェーンを行っている先行者はまだいなかったため、シェーキーズは成功するとの判断がなされていたのだが、なぜかなかなか売上げが上がらなかった。サービスを向上させたり、価格を下げたり、店舗の立地を変えたりしてみたが業績は改善せず、数年間展開してみてもう撤退するしかないというところまできた。この段になってある関係者が本国の基本マニュアルを破り、店内の照明をアメリカでの基準より何十ルクスか明るくしてみたところ、急にお客が入るようになったというのである。

要するに、アメリカ人はゆっくり食事をするためには薄暗い照明の方がムードがあって好ましいと感じるのに対して、日本人は食事の場が薄暗いと陰気な感じがして食事が楽しめないと感じてしまうという、ライフスタイルと肌感覚の違いが原因だったのである。ビジネスの成否を大きく左右するこうした感じ方の少しの違い、これが文化の違いなのである。

同様のことは現地の顧客に関してだけではなく、現地の従業員に関しても当てはまる。基本給とボーナスやインセンティブ（成果報酬）のバランス、休暇や残業に対する考え方、上司と部下の力関係やコミュニケーションスタイル、チームワークや企業へのロイヤリティー等々、組織運営の一つ一つに関して、現地の文化や現地の人々の感覚に合致したマネジメントができなければ、企業運営はスムーズにいかない。しかも、こうした文化的な違いは国によって多種多様である。アメリカとフランスでは大きく異なるし、中国とインドでも違っており、ロシアとブラジルでも全く別物である。後に紹介するGLOBE指数の研究によると、個人志向の強いアメリカで強く支持される「三六〇度評価」も、権力志向の強いタイやロシアでは不評で有効ではないという結果が出ている。

このようにその国、その地域で全く異なる文化的マターに対して適切な対応ができるかどうかが、グローバル化を推進していく上での最も重要な経営戦略的テーマとして認識されるようになってきているのである。その意味で、グローバル化というテーマの本質は、文化の問題を解決することだと見なすことができるのである。

一方、これまではグローバル化を推進する上でどこの国に進出するかを決める際に、その国の市場規模や所得水準を中心に評価を行って判断してきた。例えば中国でも価格の安い小型車なら買えるようになってきたとか、インドもこれから一〇年先には中間層が育ち、多くの人々が乗用車を買うようになるだろうとか、あるいはインドネシアはまだ所得水準が低く、賃金が安いため市場として見るのではなく生産拠点として工場を建てようとか、主としてそういった経済指標によって進出先と戦略内容を決定することが多かった。

しかしながら、企業が本格的にグローバル化に取り組もうとするならば、より本質的な経営課題はその国に子会社や工場を建てたときに組織のマネジメントが上手くいくかどうかである。例えば、すぐにストライキが起きるとか、管理職はスキルを身につけたらすぐに転職してしまうとか、その国の人たちの国民性や価値観によって、採るべき企業運営の基本方針が大きく左右されることが分かってきた。今や、国民性や文化風土が経済指標と同等、あるいはそれ以上にグローバル化を進める際の重要なファクターと見なされるようになってきている。

このグローバル化戦略に限らず、今日の重要な経営戦略テーマ、例えばチェンジ　マネジメントやダイバーシティ確保による組織の活性化、効率的オペレーションの追求とイノベーション指向の両立といったテーマに共通する根本的なファクターは〝文化〟の問題だと理解することができるのである。このような認識が近年企業においてもアカデミズムの世界においても広がってきており、文化というきわめてソフトなものに対して、有効なマネジメントを行うための手法や方法論を研究・開発することが重要な経営戦略テーマとして認識されてきているのだ。

こうした認識を受けて近年、国民性を客観的に評価するための指標や、計測手法を開発しようとする研究が盛んになってきている。こうした研究の代表的研究成果として、ホフステッド指数及びＧＬＯＢＥ指数とＣＡＧＥフレームワークについて紹介しておこう。

❶ ホフステッド指数

各国の文化を科学的に捕捉しようとする試みの草分け的存在としてまず挙げられるのが「ホフステッド指数」である。

ホフステッド指数の開発者ヘールト・ホフステッドは、オランダの社会心理学者である。ホフステッドは一九六〇年代後半から一九七〇年代前半にかけての六年間、世界四〇カ国のＩＢＭの従業員に対して彼らの国民性や価値観を測る大規模な質問調査を行った。ホフステッドは一九八〇年にこの調査結果を『経営文化の国際比較』としてまとめ、この分野における最初の本格的な研究成果として世界に示した。彼のこの研究はその後の組織文化や異文化マネジメントに関する研究に大きな影響を与えることになった。

ホフステッドは、職業や仕事に関して人々が持つ価値観とその国の文化を四つの指標を使って表している。その指標とは、

i．男らしさを尊ぶか、女性らしさを尊ぶか
ii．リスクを回避しがちか、リスクを好むか
iii．個人主義的か、集団主義的か
iv．権力の格差がどのくらい受け入れられているか

という四指標であり、それらを数値化した上でその四つの指標をまとめて「ホフステッド指数」とした。

具体的には、ホフステッド指数を構成する「四つの指標」の内容は次のようなものである。

i．男らしさを尊ぶか、女性らしさを尊ぶか：男性らしさを特徴とする国は、社会生活の上で男女の役割がはっきりと分かれているのに対して、女性らしさを特徴とする国は社会生活の上で男女の性別の役割が重なっているとされる。日本やイタリアのような男性らしさが際立った国では労働にも区別があり、自分の意見を積極的に主張するような仕事は男性を中心に与えられていて、競争に勝つことや出世が重視されている。一方でフランスのような女性らしさを尊ぶ国では、良好な人間関係や妥協、日常生活の知恵、社会的な貢献といった視点が重視される。ちなみに、ホフステッドの調査によれば、日本は最も男らしさが際立った国だと分類されている。

ii．**リスクを回避しがちか、リスクを好むか**：ここでいうリスクとは「不確実な状況や未知の状況に対して脅威を感じる度合い」のことである。ロシアや日本のようにリスクを回避しがちな国では法や規則が重視され、安定への欲求が強い傾向にあるのに対して、イギリスやアメリカなどリスクを比較的好む国では法や規則は少なく、新しいことへの達成欲求が強いとされている。

iii．**個人主義的か、集団主義的か**：この指標は、「個人が集団に統合されている程度」を表すものである。アメリカやイギリスなどの個人主義の強い国では個人と個人の結びつきは緩やかである一方で、中国や韓国などの集団主義的な国では個人は結びつきの強い集団に統合されており、集団に忠誠を払うことが求められる傾向にある。

iv．**権力の格差がどのくらい受け入れられているか**：この権力格差の指標は「それぞれの国の制度や組織において各個人が持つ権力が不平等になっていることに対して、権力の弱い成員がそれを受け入れている程度、即ち権力の不平等に対する許容度」を表すものである。この指標は、ラテン系諸国とアジア、アフリカ諸国で高く、即ちこれらの国では大きな権力の格差があってもそれを受容する傾向があり、北欧を筆頭にドイツやイギリスといったラテン系以外のヨーロッパ諸国、及びアメリカやカナダ、オーストラリアなどの英語圏で低い、即ち個人間に大きな権力格差がつくことを受容しないとされている。ちなみに、日本は真ん中よりもやや低い位置にある。

図表Ⅰ－20　ホフステッド指数の４つの指標と国別比較

	男らしさ		リスク回避性		個人主義性		権力の格差	
	指数	順位	指数	順位	指数	順位	指数	順位
日本	95	2	92	10	46	31	54	45
アメリカ	62	18	46	58	91	1	40	53
イギリス	66	11	35	62	89	3	35	59
ドイツ	66	11	65	41	67	17	35	59
フランス	43	43	86	16	71	11	68	25
イタリア	70	6	75	32	76	8	50	46
スペイン	42	46	86	16	51	28	57	41
ポルトガル	31	59	104	2	27	47	63	34
スウェーデン	5	70	29	66	71	11	31	64
ノルウェー	8	69	50	54	69	15	31	64
フィンランド	26	62	59	47	63	18	33	63
デンマーク	16	66	23	68	74	10	18	68
スイス	70	6	58	49	68	16	34	62
カナダ	52	31	48	56	80	4	39	56
オーストラリア	61	19	51	52	90	2	38	57
ロシア	36	57	95	6	39	35	93	6
ポーランド	64	14	93	9	60	19	68	25
トルコ	45	40	85	22	37	39	66	29
アラブ連盟	53	29	68	38	38	37	80	12
中国	66	11	30	64	20	53	80	12
台湾	45	40	69	37	17	60	58	39
韓国	39	53	85	22	18	59	60	37
シンガポール	48	36	8	70	20	53	74	18
タイ	34	58	64	43	20	53	64	32
マレーシア	50	32	36	61	26	49	104	1
ベトナム	40	49	30	64	20	53	70	21
フィリピン	64	14	44	59	32	43	94	5
インドネシア	46	39	48	56	14	64	78	15
インド	56	25	40	60	48	29	77	17
ブラジル	49	35	76	30	38	37	69	24
アルゼンチン	56	25	86	16	46	31	49	47

注）順位は、対象となった70の国と地域の順位である

ホフステッドは、これら「四つの指標」によって各々の国の文化的特徴という極めて定性的な対象を定量的に分析・整理し「ホフステッド指数」として提示した。その結果、ホフステッド指数によって各国の文化が類似しているのか、乖離しているのかという判断がある程度定量的に把握可能になったのである。

図表I－20は、ホフステッド指数の具体的な数値と各指標の順位の一例である。

ところで、このホフステッド指数が発表されたのは一九八〇年のことである。既に述べたように、この年はポーターの『競争の戦略』とコトラーの『マーケティング原理』が発表された年で、競争戦略の時代の幕開けの時期だったのだが、同じ年に文化研究の新たな展開が始まっていたのである。

❷ GLOBE指数とCAGEフレームワーク

このホフステッド指数が発表された後、国ごとの国民性の違いについて研究した指標やフレームワークがいくつか発表されて、国民性に関する研究と理解が広がってきている。ここではその代表的なものとして、GLOBE指数とCAGEフレームワークを紹介しておこう。

i．GLOBE指数

GLOBE（Global Leadership and Organizational Behavior Effectiveness）指数とは、ペン

シルベニア大学ウォートンスクール教授のロバート・ハウスが、世界中から総勢一六〇人以上の共同研究者を集め、世界六二カ国一万七千人以上のマネジャーに対して行ったアンケート調査を取りまとめたもので、経営学の分野ではこれまでにないほど大規模に行われた研究として注目されている。ＧＬＯＢＥ指数の調査は、ホフステッド指数と同じく、各国の人々の価値観や行動特性をアンケート調査によって指数化しようとしたものであるが、ホフステッドがアンケート調査をＩＢＭの社員だけに絞って研究したのに対して、ＧＬＯＢＥ指数調査ではさまざまな企業を調査対象として選出しているという点が大きな違いである。

ハウスらが提示した国民性を特徴づける観点は、

①　自己主張が強いか弱いか
②　制度上の集団主義が強いか弱いか
③　グループにおける集団主義が強いか弱いか
④　未来志向が強いか弱いか
⑤　ジェンダー面での平等さはどの程度か
⑥　人道的志向が強いか弱いか
⑦　成果志向が強いか弱いか
⑧　権力の分布が受け入れられる幅はどの程度か

⑨　リスクを回避しがちかリスクを好むか

という九項目があり、それぞれが「我々の社会は……である」という実証的な価値観と「我々の社会は……になるべきだ」という規範的な価値観の二つの軸で分けられている。そのため、ＧＬＯＢＥ指数では国民性を把握するために一八個の分類が提示されているということになり、ホフステッド指数が国民性を四つの指標でシンプルに分類したのと比べて、詳細である反面、複雑な感は否めない。

ちなみに、この研究を知ったホフステッドは、「アンケート調査の方法が適切ではなく、実証的価値観と規範的価値観が混同されており、更に一八個の次元に分けてしまっては実際のマネジメントを行う上で使いにくい」と批判し、更にＧＬＯＢＥ指数のデータを再調査したところ、その結果は「ホフステッド指数」とほぼ変わらなかったとも述べている。そうした批判があるとはいえ、ハウスらが行った大規模調査はアカデミズムの世界でも多くの研究者から評価されており、現在もホフステッド指数とＧＬＯＢＥ指数のどちらも有用な指標として評価されている。

ii．ＣＡＧＥフレームワーク

次に、スペインのビジネススクールＩＥＳＥのパンカジュ・ゲマワットが提示したＣＡＧＥフレームワークを紹介しよう。ＣＡＧＥとは、企業が海外市場に進出する際に考慮しなければならない要素としてCulture（文化）、Administration（政治）、Geography（地理）、Economy（経済）

の四つのファクターを挙げ、それをフレームワークとして整理したものである。

「文化（Culture）」で考慮しなければならない要素とは、言語の違いや宗教観の違い、社会規範の違いであり、これらは消費者の嗜好に影響するものである。例えばロシアでは赤色が好まれるといわれているが、それはロシア語で「赤」と「美しい」という言葉が同じ単語で表現されるためだといわれている。

「政治（Administration）」で考慮しなければならない要素とは、通貨の違いや政府の方針の違い、社会制度や法律の違い、旧宗主国と旧植民地との関係などであり、これは進出元の国と進出先の国との貿易のし易さを決定する。例えば二国間が旧宗主国と旧植民地の関係である場合、そうでない国との貿易に比べてその貿易額は約九倍に増加するとされ、また共通の通貨及び政治的な同盟がある場合は、それぞれがない場合に比べて貿易額を三倍以上に増やす可能性があるとされる。

「地理（Geography）」で考慮しなければならない要素とは、物理的な隔たりや交通の便、通信の状況、気候の違いなどであり、これらは輸送費や通信費に影響する。例えば情報インフラの水準は、対外株式投資を大きく左右する要因となる。

「経済（Economy）」で考慮しなければならない要素とは、消費者の所得水準、物価水準、人件費の水準、金融サービスや社会的インフラの整備度合いなどである。ちなみに、この項目はこれまでのグローバル化戦略の検討の際にも重視されてきた要素である。

図表Ⅰ－21　CAGE フレームワーク

		距離を生み出す特性	距離に影響される業界や商品
C	文化的な距離 (Cultural Distance)	•異なる言語 •異なる民族性、紐帯となる民族性や社会的ネットワークの欠如 •異なる宗教 •異なる社会規範	•言語の影響が大きい商品（TV 番組など） •消費者の文化的あるいは国家的アイデンティティに影響する商品（食品など） •品質が特定の国と結びついている商品（ワインなど） •大きさや基準の特徴が異なる商品（車や家電など）
A	政治的な距離 (Administrative Distance)	•旧宗主国と旧植民地の関係、あるいは旧植民地同士の結びつきの欠如 •共通通貨あるいは政治的な同盟がない、政治的な対立関係 •政府の方針 •未整備な社会制度	•政府の介入が高い以下の業界 —必需品の生産者（電気など） —その他の「基本的人権に関わる」商品の生産者（薬など） —大量雇用者（農業など） —政府への大手サプライヤー（公共輸送機器など） —国威をかけた業界（航空機など） —国家の安全保障に欠かせない業界（通信など） —天然資源を利用する業界（石油、鉱山など）
G	地理的な距離 (Geographic Distance)	•物理的な隔たり •国境を接していない •河や海からのアクセスがない •国の大きさ •交通の便や通信状況が悪い •気候の違い	•重量あるいは容積当たりの価値が低い商品（セメントなど） •壊れやすい、あるいは腐敗する商品（ガラス、果物など） •コミュニケーションと通信手段が重要になる業界（金融サービスなど） •地元の規制・運営の基準が高い業界（多くのサービス）
E	経済的な距離 (Economic Distance)	•消費者の所得レベルの違い •以下のコスト及び質の違い —天然資源 —資金獲得 —人的資源 —社会的インフラ —仲介者のインプット —情報あるいは知識（ナレッジ）	•所得水準で需要特性が変わる業界（車など） •基準化あるいは規模の経済が重要な業界（携帯電話など） •人件費やその他のコスト要因の差が顕著である業界（衣料など） •国ごとに流通（販売）システムや事業システムが異なる業界（保険など） •企業に市場対応力が必要であり、俊敏さが求められる業界（家電など）

ゲマワットはこれらの四つの指数について、その「距離（違い）」を理解し、事前にどのような点で問題が発生しそうかを分析していくことが重要だと示している。ＣＡＧＥフレームワークの詳細は図表Ⅰ－21の通りである。

ゲマワットは更に、企業がどこの国に進出するのかを分析する際に、これらの四つの要素の違いをリスク要因として考慮することによって、包括的な判断が可能になると指摘している。例えば、市場成長率の高い国が実はリスクとのバランスで考えれば必ずしも魅力的ではないことが分かったり、逆に市場規模は小さいがリスクとのバランスで考えれば魅力的な進出先として見なすことができる、というような判断を得ることができるからである。

近年では本章で紹介した指数やフレームワークを活用して、文化という重要なファクターを経営戦略に織り込もうとする試みがグローバル展開を目指す企業の間に広がっている。単なる事業の地理的世界展開のための道具としてではなく、こうした文化というものが経営戦略の核心を成す重要ファクターとして認識され、〝文化が科学される〟ことは企業経営に極めて有効かつ有意義な試みであると評価できよう。経営戦略論の分野において現在最も注目すべきフロンティアは、この〝文化〟に関する研究だといっても間違いないであろう。

3 企業のサステイナビリティ

ゲーム理論と文化の研究以外に近年注目を集めている研究テーマをもう一つ挙げるとすれば、「企業のサステイナビリティ」についての研究がある。その代表的な研究は「メガコンペティションの時代に、企業が競争優位を確保できるのはどの程度の期間か」という疑問を解明するものである。

この研究テーマが注目を集めるようになった背景には、新興国の企業が世界的市場規模で急成長を遂げている一方で、先進国においてもグーグル、アップルなどの革新的な企業が台頭し、メガコンペティションが生起するにつれて、それまで〝エクセレント〟とか〝ビジョナリー〟と称された少なからぬ企業が、変革に失敗し、環境変化に適応することができずに淘汰されてしまっている事実がある。

これらの研究では例えば、マッキンゼーのリチャード・フォスターとサラ・キャプランがスタンダード＆プアーズ（Ｓ＆Ｐ）五〇〇社に選出された企業の平均寿命を調べたものが挙げられよう。彼らの分析によれば、Ｓ＆Ｐの企業の平均寿命は競争の激化とともに短くなってきており、一九三五年時点ではＳ＆Ｐ企業の平均寿命は約九〇年であったが、一九七五年には約三〇年となり、二〇〇五年には約一五年にまで短縮したことが示されている。

また、テュレーン大学教授のロバート・ウィギンズとテキサス大学オースティン校教授のティモシー・ルエフリによると、六七七〇社の業績を調査した結果、一〇年以上にわたって競合他社よりも〝持続的な（サステイナブルな）〟競争優位を生み出している企業は、全体のたった二～五％に過ぎないという研究成果を発表している。更に五〇年間にわたって持続的競争優位を維持していた企業は、六七七〇社中わずか三社しかないという結果となった。そして近年になればなるほど、企業が競争優位を実現できる期間が短くなってきており、これはアメリカの産業全体で見られるものだと示されている。

これらの研究とはやや異なった観点からの研究で、「同族企業が持つサステイナビリティ」に関する分析調査で興味深いものがある。二〇一二年に発表されたボストン・コンサルティング・グループ（ＢＣＧ）のジョージ・ストークらの調査は、好景気においては同族企業の業績は非同族企業よりもやや下回るものの、不況下では同族企業の方が非同族企業よりも、遥かに高い業績を上げていることを明らかにした。つまり、同族企業は非同族企業に比べて明らかに安定的に収益を上げることができているという結果が導き出されたのである。その理由として同族企業は、

① 無駄な報酬や設備投資に資金を使わない

② 有利子負債が少ない

③　買収をあまり積極的に行わない

④　多角化とグローバル化を積極的に推進している

という四点が挙げられている。

以上のように、近年は「企業のサステイナビリティ」に関心が集まるようになってきており、興味深い研究成果が次々に登場してきていることも経営戦略論の新しいトレンドとして注目に値するといえよう。

◆経営戦略の定義

本書は、まえがきにおいて「経営戦略とは『成長に向けて資源配分の最適化を図ること』という説（エディス・ペンローズ）がある。また経営戦略とは『市場の中で有利な位置取りをして差別化された事業展開を行うこと』とする説（マイケル・ポーター）もあるし、『自社独自の経営資源に基づいて競合には真似のできない事業展開をすること』という説（ジェイ・バーニー）もある。」という文章を呈してスタートし、第Ⅰ部では経営学が誕生して以来今日までに提唱されたさまざまな戦略理論を紹介してきた。

しかし第Ⅰ部においてさまざまな戦略理論の紹介・解説を行ってくる中では、「経営戦略」とは何かということを明確に示した定義については触れてこなかった。ここで第Ⅰ部の最後に、そもそも経営戦略論研究が対象としている経営戦略とはどのようなものであるのかという「経営戦略」の定義についての考察を行っておこう。

実は、経営戦略論の研究において最も基礎的なテーマである「経営戦略」の定義は、アカデミアの分野においても一義的に定められたものは存在しない。企業が有利に事業展開をしていくために有効な施策、計画、方針、資源配分、ヴィジョン、組織の運営の仕方等々、多くの研究者が自らの主張に応じてそれぞれ独自の表現で「経営戦略」の定義づけを行っており、提唱する理論毎にさまざまな定義が存在している。例えば第４章で紹介したバーニーの代表的著作である『企業戦略論』の冒頭においても、バーニーは自らの定義づけを示す前提として他の経営学者による定義を八つも紹介している（戦争における戦略の定義であるクラウゼヴィッツのものを含めると九つになる）。

こうしたさまざまな定義が事実上承認され使われている中で、可能な限り一般論的な定義づけをここで行うためには、「経営管理」が「経営戦略」に発展してきたいきさつを踏まえて、複数の研究者によるさまざまな定義の共通項を探りながら、「経営戦略」の核心にアプローチしていくのが妥当であろう。

一九六〇年代に経営戦略論が登場してきたいきさつを踏まえると、「経営戦略」の核心は単なる「経営（Management）」や「経営管理（Managerial Control）」と「経営戦略（Strategic Management）」との相違を明確にすることによって浮かび上がらせることができるであろう。即ち、単に企業の成長や利益を追求するために有効であるというだけではなく、企業の〝外側の〟マターを扱っているという意味合いと、〝競合〟に対抗するために有効であるという意味合いを有していることが、「経営戦略」の欠くべからざる要件として挙げられるだろう。

これらの意味合いを「経営戦略」の必須の要件として一般論的な定義づけを行うならば、

最も端的には、「企業が競合に勝つための方針と施策」とすることができるだろう。また多少言葉を補ってもう少し丁寧な表現をするならば「企業が外部環境と内部事情とを摺り合わせて立案する、最も有利に競合に対抗するための事業展開の方針と施策」というところであろう。この辺りが最も一般論的に認められるであろう「経営戦略」の定義だと考えられる。

ちなみに第5章の3節でも簡単に触れたが、バーニーがRBVを提唱し、『企業戦略論』を著した一九九五年というタイミングは、総論的、原論的な経営戦略論研究の主要な理論が出揃った時期である。従って、バーニーは他の研究者達による総論的、原論的な経営戦略論を全て踏まえた上で自らの定義づけを行うことができたことになる。

バーニーは『企業戦略論』においてそれまでに提唱された他の研究者達の定義を総括的に整理した上で、経営戦略とは「競争優位の獲得を目指すためのセオリー」だと定義づけている。このバーニーの定義は明快で理解しやすい良い定義であるといえよう。ただ〝セオリー〟という言葉は、実際の経営戦略が備えているべき具体性や現実性を考慮するとやや抽象的であり、方法論的ニュアンスが強い印象を受ける。したがって、その部分を少々言い換えて「競争優位の獲得を目指すための方針や施策」とすれば、更に端的で核心を衝いた良い定義となるように思う。

第Ⅱ部

戦略理論のパースペクティブ

第Ⅰ部では経営戦略論研究が、どのような背景の下でどのような主張を持った理論を登場させながら発展してきたのかについて、即ち経営戦略論の系譜について説明を行ってきた。各時代ごとに特有の経済環境とそれに基づく経営課題があり、その解決策として提起されてきた戦略理論や分析手法を時系列的に学ぶことによって、主要な理論の主張と経営戦略論の発展の大まかな流れを理解することができたと思う。

そこで第Ⅱ部では、第Ⅰ部で紹介してきたさまざまな戦略理論を二つの観点から俯瞰・整理して、現代の経営戦略論を構造的に理解できるようにする。

まず第一の観点は、時代の推移に合わせて次々に登場してくるさまざまな戦略理論に共通して読み取ることができる、大きな潮流（トレンド）を抽出してみることである。そしてもう一つの観点は、さまざまな戦略理論を幾つかの特徴によって分類し、戦略理論の体系化を図ろうというものである。

戦略理論はそれぞれに特徴的な主張とその主張に基づいた有効性を持っている。それぞれに特徴的な主張を有し、それぞれに妥当性と有効性を持っている各々の戦略理論は、互いに相容れない関係にあるように見えるものもあれば、似通って見えるものもある。一見複雑に見えるさまざまな戦略理論を、潮流（トレンド）の抽出と体系化という二つの観点から整理することによって、現在我々が手にしている経営戦略論の全体像をより構造的に理解することができるであろう。

現在我々が手にしている経営戦略論の潮流と体系を理解した上で、第Ⅱ部では次に、さまざまな戦略理論と実際の企業経営との関係性について検討を行う。実際の企業経営においては、例えば短期的合理性と長期的合理性の間のトレードオフや、トップダウンとボトムアップの関係など、さまざまな相反的マターが存在する。このように実際の企業経営には一筋縄ではいかない複雑性があり、シンプルな正解を決定することが難しい。一方で、個々の戦略理論はそれぞれに明確な主張を持った端的で明快なものである。

複雑で単純化することができない実際の経営に対して、シンプルかつ明確な主張を持った戦略理論はいかにして貢献することができるのか。言い換えるなら、実際の経営（リアリティー）と戦略理論（セオリー）の関係性に関する検討であり、この検討を通して経営戦略論の存在意義と有効性の本質に迫ることができると考える。

以上の内容について、第1章「戦略理論の潮流」、第2章「戦略理論の体系」、第3章「戦略理論と企業経営」として第Ⅱ部を構成する。

ちなみに第1章「戦略理論の潮流」は、時代の流れと共に変遷していく重要な経営テーマや戦略手法の発展の方向性を捉えるという意味で、いわばタテのスコープからの経営戦略論の整理である。そして第2章「戦略理論の体系」は、各々の理論の特徴を際立たせるために各理論を相対化（横並びで比べる）することであり、ヨコのスコープからの整理だといえよう。これらタテとヨコの二つのスコープから、今日我々が手にしている経営戦略論の全体像を把握しようとするものである。

経営戦略論の全体像をタテのスコープとヨコのスコープから整理した上で、更に第3章「戦略理論と企業経営」において、戦略理論とそれらの理論が研究の対象としている現実の経営との関係性を明らかにするということは、戦略理論に対するメタ認知的理解を与えてくれる。こうした別次元からの解釈と理解は、また別の角度から経営戦略論の本質を見せてくれることになる。このように経営戦略論の全体像に対してタテ・ヨコ・ナナメから検討を行うことによって、経営戦略論の〝パースペクティブ（見通しと俯瞰）〟を得ることができると考える。

【第1章】

戦略理論の潮流

三つの潮流とその相関

一九六〇年代に近代的経営戦略論が誕生して以来、次々に新しいコンセプトや分析手法が登場してきているが、戦略理論は全体としてどのようなトレンドにあるのかという観点から、この五〇年間の流れを俯瞰的に捉えてみると、幾つかに集約される明確なトレンドが浮かび上がる。まず、本章の冒頭で端的に結論を示しておこう。さまざまな戦略理論の中に見て取ることができる大きな潮流として三つのトレンドを挙げることができる。

一つは、そもそも企業経営とはどのようなものとして認識すべきなのかという「企業経営に対する基本認識」に見られるトレンドであり、それは「システマティックからヒューリスティックへ」と言い表わすことができよう。かつては企業経営をシステマティックなものとして捉え、経営戦略の研究者達はそのファクターやメカニズムをいわば解剖学的に解明しようとしていた。それに対し近年では、企業経営とはそれほどシステマティックなものではなく、関わる人や状況によって変化・変容することがむしろ当然の、かなりヒューリスティック（経験則的、試行錯誤的）なものであるという基本認識に変わってきているというトレンドである。

二つ目は、有効な戦略を策定するための鍵となるファクターとしてどのような項目／事象に注目すべきかという「重要視すべきファクター」において見ることができるトレンドで、これは「ハードからソフトへ」という流れを示している。そしてこのトレンドは有効な戦略を策定するための戦略理論が扱う「主たる研究テーマ」の流れでもある。かつては設計主義的に戦略を策定するために、定量化や定式化がしやすい、いわばハードファクター／ハードイシューとでもいうべき項目や事象が重視されていたが、最近では定量化や定式化することが難しい非定型で抽象的なソフトなファクターやイシューが重要視されるようになってきていることを示している。

三つ目は、戦略理論の研究者が対象とするテーマに対してどのようなアプローチを採るのかという「研究の方法論的特性」において見ることができるトレンドで、「スタティックからダイナミックへ」の流れである。かつては経営戦略を構成するファクターを棚卸し的に洗い出したり、それを体系的に整理してフレームワークを作ろうとしたりという、スタティック（静学的）なアプローチが主流であった。それに対して近年では、戦略を策定し実行に移していくためのプロセスを解明したり、企業変革のダイナミズムを明らかにしたりする研究が数多くなってきている。そうした研究においては、研究の対象とするテーマ自体も研究の手法もダイナミック（動学的）になってきていると見ることができるのである。

近年の経営戦略論の「企業経営に対する基本認識」「重要視すべき戦略ファクター」「研究の方法論的特性」に見られるこれら三つの潮流について、以下一つ一つ具体的に説明していく。その上でこれら三つの潮流を総括的に、またそれぞれの関連性を有機的に理解することによって、現

代の経営戦略論のダイナミズムとこれからの方向性を理解することができるであろう。（図表Ⅱ－1）

1 「企業経営に対する基本認識」のシフト：システマティックからヒューリスティックへ

❶ システマティックな戦略理論が目指したもの

そもそも経営学（マネジメント）の研究は、テイラーの「科学的管理法」が提唱されて以来、ファクトとデータを収集・分析してオペレーションの効率や事業の収益性を高めるための、再現性の高い、でき得れば科学的といえるような手法を開発するために行われてきた。その根底には研究対象となる企業経営自体が、明確なファクターと一定のメカニズムによって成り立っているシステムであるという認識があった。明確なファクター構成と一定のメカニズムによる運営が成されているシステムだからこそ、科学的な分析のアプローチによってそのシステムを解剖学的に腑

図表Ⅱ－1　戦略理論の３つの潮流

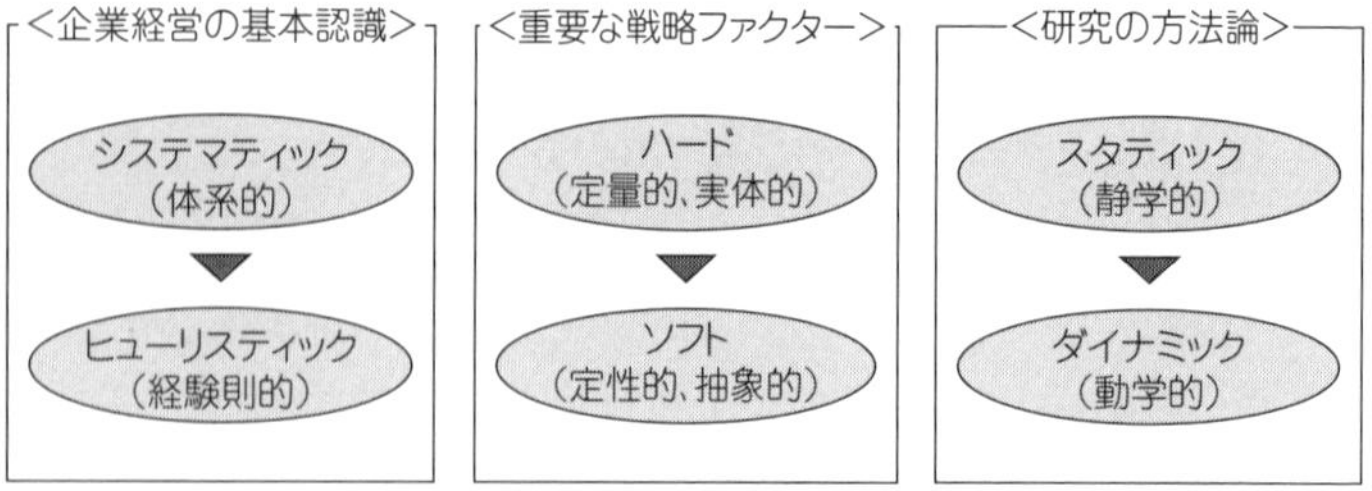

分けすることができ、ファクターとメカニズムを明快に捕捉することが可能であるという認識の下で研究が行われてきたのである。

こうしたテイラー流の研究スタンスは一九六〇年代に近代的経営戦略論を提唱したアンゾフやチャンドラーにも、その後のポーターやコトラーにも引き継がれていた。情報やデータを収集し、緻密な分析を行い、論理的な因果関係の整理を行うことによって有効な経営戦略のパターンを見出そうとするスタンスである。これらの研究においては、企業は一つのシステムであり、企業経営はシステマティックな活動と認識されていたのである。ちなみに一九六〇年代というと、折しもハーバート・サイモンがさまざまな組織をシステムとして捉えた研究で高い評価を博していた時期であり、企業経営をシステマティックなものとして捉えるのは、いわば当然のスタンスでもあった（ハーバート・サイモンはこうした研究で一九七八年にノーベル賞を受賞している）。

こうした考え方に基づいた研究成果の代表例として、まずはＰＰＭ（Product Portfolio Management）を挙げることができよう。市場占有率のデータと市場成長率のデータによる客観的な分析手法として提唱されたＰＰＭは、事業に対する投入資源の増減や事業の継続・撤退をシステマティックに決定することができる、客観的かつ再現性の高い戦略立案の手法として高い評価を得た。どの事業に優先的に資源投入を行うのか、ある事業を継続するのか撤退するのかといった意思決定は、企業経営の中でも最も高度な判断事項である。こうした高度な判断事項について、Ｐ

ＰＭは勘や経験といった曖昧な根拠ではなく客観的なデータ分析によって、誰でもが合理的な意思決定をすることを可能にしたのである。

このＰＰＭのように、経験や属人性に依拠することなく、データと分析によって客観的で再現性の高い意思決定を可能にしようとするのが、この時代の経営戦略論研究の目的であったのだ。そしてこうした考え方は、企業経営をインプット⇩プロセス⇩アウトプットというシステムとして捉えているからこそ成立するものであり、この認識こそがこの時代の経営戦略論研究者達の基本スタンスだったのである。

このように企業経営をシステムとして捉えシステマティックに有効な戦略を導き出そうとした最もシンボリックな研究がＰＩＭＳ（一九六〇年〜一九七四年）とポーターの『競争の戦略』（一九八〇年）であろう。

第Ｉ部でも紹介したが、ＰＩＭＳとは六〇〇社以上もの企業のデータを分析して、設備投資、労働者数、操業時間、マーケティング費用等々のさまざまなインプットと、売上げ、シェア、利益率といったアウトプットとの相関関係や因果関係について、公式や方程式を発見しようとした大プロジェクトである。つまりＰＩＭＳは、企業というシステムにどのようなインプットを行えばそのリアクションとしてどのようなアウトプットが得られるのかがシステマティックに算定できるはずである、という仮説に基づいて企画された研究プロジェクトだったのである。

ＰＩＭＳでは残念ながら、さまざまな産業分野でさまざまな活動を行っている多くの企業に共通して適用できる公式や方程式を見出すことはできなかったのであるが、ポーターの研究は戦略の方程式とも呼ぶことのできる有力な戦略理論の開発に成功した。ポーターは経済学の産業構造論の分析手法を企業経営の分野に適用して〝５フォース〟というフレームワークを生み出し、情報収集とデータ分析によって〝三つの基本戦略〟のうち最も有効なものを選択することができるという、システマティックな戦略策定の手法を提示してみせたのである。実際、ポーターの示した分析の手法も具体的な分析の項目も明確かつシステマティックに示されており、そのアウトプットとして示される戦略施策も明快で、しかも現実的に有効であった。

ポーターの『競争の戦略』は、企業経営をシステムとして捉え、経営戦略をシステマティックに策定しようとする方法論のシンボリックな研究成果であり、そしてこうした認識と方法論のピークをなすものであった。

❷ システマティックからヒューリスティックへの転換

企業経営や経営戦略をシステマティックなものとして認識するという基本スタンスが変化し始めたのは、まさにポーターの『競争の戦略』の有効性に陰りが生じ、異論を唱える主張が目立ち始めた時期と時を同じくする。一九九〇年前後辺りから〝戦略の黄昏（Strategic Decay）〟現象が起き、九〇年代にはバーニーやプラハラードとハメルらが提唱するRBV（リソース ベースド ビュー）が注目を集めるようになる。

システマティックからヒューリスティック（経験則的、試行錯誤的）へという企業経営や経営戦略に対する基本認識の転換は、このRBVの深化・発展の中で起こったと見ることができる。

実はバーニーもRBVを提唱した当初は、戦略策定の方法論としてはポーターらと同じくシステマティックに解を求めようとするスタンスであった。解の根拠を業界の競争構造と市場における自社のポジショニングに求めたポーターに対して、バーニーは解の根拠を自社が保有する経営資源に求め、VRIOというパターン化されたフレームワークを使って経営資源の戦略的有効性を評価するためのシステマティックな分析プロセスを提示している。バーニーもそうしたシステマティックなフレームワークや分析手法が欠落していては、戦略理論としての意義や価値を損なってしまうと考えていたためであろう。

しかし九〇年代半ばになって、バーニーの提唱したRBVにおいて戦略の有効性の源泉として挙げられていた、資金力や販売拠点数といった具体的なデータを使ったシステマティックな分析の対象となる項目の重要度が低下し、代わって社員の行動様式や企業の文化といった定性的で曖昧な組織的、人的要素こそが有効な戦略を生み出すために最も有効かつ重要なファクターであると見なされるようになった。このタイミング、即ち一九九〇年代の中盤から後半にかけて、企業経営や経営戦略においてヒューリスティックな側面を重視する立場が表舞台に登場してくるようになったと見ることができるのである。

また、ミンツバーグの再評価が起きたのもこの頃（九〇年代後半）である。ミンツバーグが一九七〇年代に提唱したエマージェンス（創発）戦略は、「ミドル層が現場での経験に基づいて判断しながら行動を積み重ねることによって形成されていくものが戦略である」という考え方であり、ポーターの設計主義的な戦略理論とは基本スタンスが全く異なったものである。そのためポーター流の戦略理論が一世を風靡していた八〇年代いっぱいまでは二〇年近くにわたってあまり高く評価されていなかった。しかし九〇年代後半になって、重視すべきであるとされる戦略ファクターの転換が起きたのに伴って、ミンツバーグ流の考え方が再評価されるようになったのである。経営企画室が行うデータ分析が戦略を作るのではなく、ミドル層が現場で培った経験に基づいた判断と行動によって戦略は形作られていくものであるという考え方は、「システマティックからヒューリスティックへ」という経営戦略に対する基本認識の転換を端的に示したものだと見なすことができよう。

このように、ＲＢＶの主たるファクターが資金量や拠点数といった定型的、定量的なものから組織成員の行動様式や組織文化といった定性的で非定型なものにシフトしていった時期、またミンツバーグの主張の再評価がなされた九〇年代中盤を境にして、有力な戦略理論は企業経営の

ヒューリスティックな面に注目した研究が主流になっていった。(図表Ⅱ－2)

　プラハラードとハメルの「ストラテジック インテント」、ジム・コリンズの「ビジョナリー カンパニー」、ジョン・コッターの「変革型リーダーシップ」と「チェンジ マネジメント」等々、アカデミズムの分野で高く評価されるとともに現実の企業経営においても盛んに取り入れられた戦略理論の多くは、企業経営とはそれほどシステマティックなものではなく、かなりヒューリスティックなものであるという基本認識に立ってなされた研究によるものである。

　こうしたヒューリスティックなテーマに関する有力な研究が九〇年代後半以降に続出した背景には、八〇年代終盤から九〇年代前半においてシステマティックなスタンスによるアプローチが一つの段階として成熟化したことがある。言い換えるならば、こうしたヒューリスティックな研究テーマは、テイラー以降、経営戦略論研究が科学性、客観性、再現性にこだわり続けてい

図表Ⅱ－2　「企業経営に対する基本認識」のシフト

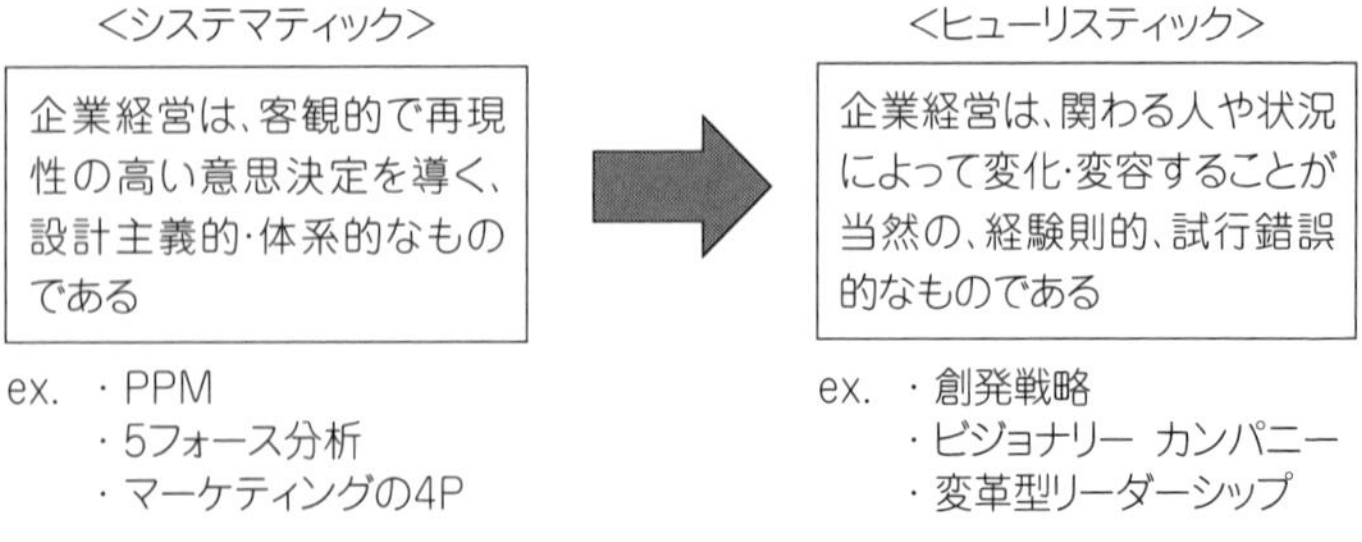
＜システマティック＞
企業経営は、客観的で再現性の高い意思決定を導く、設計主義的・体系的なものである
ex.　・PPM
・5フォース分析
・マーケティングの4P
＜ヒューリスティック＞
企業経営は、関わる人や状況によって変化・変容することが当然の、経験則的、試行錯誤的なものである
ex.　・創発戦略
・ビジョナリー カンパニー
・変革型リーダーシップ

たからこそ取り残されていたと考えられよう。

テイラーが「科学的管理法」を開発したことによって工場の生産プロセスの効率は大幅に改善されたが、三〇年後にその次の地平を拓いたのは、メイヨーがホーソン工場実験によって発見した「人間関係論」、即ち〝ヒトの発見〟であった。このエポックはまさに「システマティックからヒューリスティックへ」の転換を物語る八〇年前の事例と解釈できようが、この「人間関係論」を端緒とする研究は主として心理学の分野の研究者達によって引き継がれ、経営戦略論の主流からは遠ざかっていた。それ故に、こうしたヒューリスティックなテーマに関する研究が経営戦略論研究の世界においては長らく進展しなかったのかもしれない。しかし一方で、だからこそ経営戦略論の分野ではテーマが拡散することなく、科学的な戦略理論やシステマティックな分析手法の研究が純化した形で大いに進んだと解釈することもできるのである。

経営戦略論研究の世界が長らく心理学や組織論研究と距離を置いた形でシステマティック至上主義で進んできたことの功罪はさておき、いずれにせよ九〇年代後半に企業経営に対する基本認識が「システマティックからヒューリスティックへ」とシフトしたことによるインパクトは非常に大きい。先に挙げたような数々の有力な理論が登場して、それらは実際の企業経営に大きな貢献を果たした。そして、企業経営に対する基本認識が「システマティックからヒューリスティックへ」とシフトしたことは、経営戦略論全体を流れる通奏低音の転調ともいうべき重大なエポックとなり、経営戦略論に関わるさまざまな分野に対して大きな影響を与えることになった。本章のテーマである三つの潮流のうち、「ハードからソフトへ」と「スタティックからダイナミックへ」という他の二つのトレンドも、この「システマティックからヒューリスティックへ」のトレンドと密接に関係して生じたものであることに留意しておいて頂きたい。

コラム　ヒューリスティックスの登場

参考までに「システマティックからヒューリスティックへ」の流れについての一般論的な解説を付しておこう。

本項のテーマである〝ヒューリスティック〟という言葉が広く使われるようになったのは二〇〇〇年代に入った頃のことであり、発端はコンピュータのプログラミングの分野である。コンピュータのプログラミングといえば、ロジカルでシステマティックなものの筆頭に挙げられるという感覚があるが、二〇〇〇年代辺りからこのプログラミングの世界に登場してきたプログラム設計の新しい考え方／方法論が〝ヒューリスティックス〟である。

従来のプログラミングは一行一行の流れも、全体の体系の構成も隅々まできちんとロジカルであることが徹底されているものであった。しかし、九〇年代後半から二〇〇〇年代になってコンピュータによる計算対象が複雑で不確実性の高いもの、例えば、台風の発生確率とか、その台風によって被る経済的損失の規模とかの計算を扱うようになると、余りにも変数の数が多く、変数間の関係も極めて複雑なために、科学的な因果関係に基づいたロジカルなプログラムを組むことが困難になってきた。また、仮に正確・精緻なプログラムを組むことができても、扱うデータ量が膨大なためにスーパーコンピュータですら計算するのに何週間も何ヶ月もかかってしまうということになってしまった。そうした事態に対応して、正確・精緻なロジックの体系によるシステマティックなプログラミングに代わる計算方法として編み出されたのが〝ヒューリスティック〟なプログラミング法なのである。

ヒューリスティックなプログラミング法（ヒューリスティックス）とは、隅々までロジックが精緻に整合していなくとも、計算結果が大まかに合っていればそれで良しとする、一種の近似値計算方法である。複雑で細かな変数データが仮に全て揃っていなくとも、ある程度の項目について、ある程度の精度のデータをインプットすれば、大体のところで正しいといえる解をアウトプットしてくれるプログラミング方法なのである。

こうしたコンピュータプログラミングの分野におけるヒューリスティックスの登場の由来

を見ると、ここで検討している経営戦略論の分野における「システマティックからヒューリスティックへ」の流れと非常に類似していることが理解できよう。

　コンピュータプログラミングの分野にしても経営戦略論の分野にしても、初期の段階ではロジカルに、科学的に、体系整合的に、即ちシステマティックなスタンスによって研究が進められるが、そうした研究の成果がある程度蓄積されて非常に複雑な現実問題にアプローチする段階になると、ヒューリスティックなスタンスの方が現実的に有効である場合が多いということである。そして、同様の傾向は、他のさまざまな分野でも見ることができる。経済学、生態系科学、脳科学、宇宙物理学……等々、研究対象とする事象のメカニズムが複雑で変数の数が非常に多い研究領域においては、近年では過剰な厳密性から離れてヒューリスティックなアプローチを採ることにより、新しい地平が拓かれることが多いという傾向があるのである。

2 戦略ファクターの潮流：ハードからソフトへ

　次に、戦略ファクターとして重要視すべき対象がハード（実体的、具体的）なものからソフト（非実体的、抽象的）なものへとシフトしてきた流れについて説明しよう。

この「ハードからソフトへ」という重視すべき戦略ファクターのシフトは、企業経営をどういうものとして捉えるのかという基本認識が「システマティックからヒューリスティックへ」と変わっていった流れと相まって生じてきたものである。

経営戦略論の研究者達が企業経営という研究対象をシステマティックなものとして捉え、そのシステムを形成しているファクターとメカニズムを科学的(要素還元法的)に分析しようとすると、その主たる対象は実体的なハードファクターにならざるを得ない。人間臭い曖昧で非定型なファクターを取り込んでしまうと、精度の高い法則やメカニズムを捕捉できなくなってしまうと考えられるからである。したがって、企業経営をシステマティックなものとして認識していたフェーズでは、意図的にソフトなファクターを研究テーマから外していたという側面もある。企業経営をシステマティックなものとして認識していたフェーズでは、こうした方法論的必然性から定量的データとして捕捉することができ、設計主義的な戦略立案プロセスに載せることができる実体的、具体的なファクター（ハードファクター）によって戦略理論を構築しようとしていたのである。

しかし、ポーターの『競争の戦略』の有効性に陰りが見え始めた辺りから、システマティックな基本認識からのスコープでは捉え切れないファクターが、経営戦略の有効性に強く関与しているという現実に多くの研究者が気づくことになった。その結果、企業経営におけるヒューリスティックなものの重要性に注目が集まるようになり、経営戦略に関するソフトファクターの研究が盛んになっていったのである。

時代的には、六〇年代から八〇年代までの有力な研究成果はシステマティックな立場からハードファクターにアプローチしたものがほとんどであったが、九〇年代中盤以降はヒューリスティックな立場からソフトファクターを扱った研究に有力な成果が多い。九〇年代中盤以降の研究では、優れた成果を挙げている企業の経営戦略を帰納法的アプローチによって分析していった結果、ソフトファクターが成功の要因であるという発見に繋がり、有力な戦略理論の開発に結びついたのである。

以下、「ハードからソフトへ」の流れについて、具体的な戦略理論を挙げて二つのスコープから検証しておこう。

一つ目のスコープは、時代ごとの経営戦略論全体の大きな流れの中でどのような研究テーマが主流であったのかに注目してみるというもの。もう一つのスコープは、組織論から見た主要な研究の変遷を追ってみるというものである。何故ここで経営戦略論全体の流れだけでなく、敢えて組織論の観点からの検討・解説を行うかというと、「ハードからソフトへ」の潮流は、第Ⅰ部の第3章～第4章で示した〝戦略論から組織論へ〟という流れと符合するものであり、このトレンドを理解する上では組織論の重要度が特に高いからである。そしてまた組織論の発展の流れは、経営戦略論全体の俯瞰的推移以上にハードからソフトへのトレンドを端的に表しているからでもある。

❶ 経営戦略論の重要テーマのシフト

まず、経営戦略論全体に対する俯瞰的な観点からテーマの変遷を見てみよう。

近代的経営戦略論が登場した一九六〇年代以降、主たる研究テーマは第Ⅰ部で歴史的推移を示したように、「戦略⇩リソースと組織⇩リーダーシップ⇩文化や国民性」というように変遷してきた。この流れを見れば「ハードからソフトへ」というトレンドは明らかではあるが、念のために少し解説を付しておこう。

六〇年代～八〇年代の戦略の時代は、アンゾフやチャンドラーにせよ、ポーターやコトラーにせよ、客観的、科学的なアプローチによって有効な戦略立案の手法とフレームワークを開発しようとしていた時期であり、重要視していた分析の材料は投入資源（カネ、ヒトなど）や業績（売上高、成長率、利益率、シェアなど）に関する客観的定量データであった。

そして、戦略を市場における競争構造の中でのハードイシューとして捉えた、ポーターらによる戦略理論の有効性に疑問を呈する形で登場したのが、バーニーらのＲＢＶ（リソース　ベースド　ビュー）である。市場や競合に関する客観的データよりも、自社の経営資源に基づいて戦略を策定する方が有効だとするＲＢＶは、客観性の高い市場の定量データに依拠した分析によって戦略を策定しようとするポーターらの方法論から離れたという意味において、ハードデータ万能主義から脱することを果たしたということができる。

バーニーは有効な戦略の根拠をＶＲＩＯ（Valuable・Rare・Inimitable・Organization）というフレームワークで示してはいるものの、その分析項目にはポーターの５フォースにおける分析項目と比べると具体性や定量性に欠ける性格のファクターが含まれている。例えば、ＶＲＩＯの中心的ファクターである模倣困難性（Inimitable）とか組織化されているか（Organization）といった分析項目は、かなり定性的な性質のものである。とはいえ、前期ＲＢＶではまだ資金量や製造キャパシティー、販売拠点数といった定量的経営資源に重点が置かれていたという点では、ハードファクターもソフトファクターと共に重要性を持つものとして扱っていたことがうかがえよう。

しかし後期ＲＢＶになると、特に重視すべきとされた経営資源は、前期ＲＢＶで挙げていた資金量や従業員数、拠点数や生産キャパシティーといった定量的データによる把握が容易なハードファクターから、そうしたさまざまな経営資源が〝組織的に束ねられているかどうか〟ということや、組織がそうした経営資源を活用して新製品を生み出したり事業展開を拡大させていく〝組織スキル〟があるかどうかというような組織に関する、ソフトマターの方に重点が移っていった。

このＲＢＶにおける重点事項のシフトは経営戦略論研究の流れの中で重要な意味を持つ。ＲＢＶの重点事項が経営資源の中のハードファクターから組織に関するソフトマターに移った時点が、

「ハードからソフトへ」の分水嶺と見なすことができるのである。ちなみにＲＢＶにおけるキーファクター（重点事項）が組織マターにシフトした後の流れにおいても、最初のうちは組織骨格や組織の命令系統といった組織マターの中では設計主義的な性格のファクターである「組織の仕組み」から研究の手がつけられたのであるが、次第に「組織成員の行動様式」や「共有化された価値観」といったソフトイシューとしての性格を持ったテーマへと研究の関心が移っていった。つまりＲＢＶの発展・深化と共に〝ソフトへ〟の流れは加速化していったのである。

その後の流れでは、主要な戦略理論が扱うテーマのソフト化傾向は継続的に高まっていく。人材の資質に関するテーマでもあり、人と人との関係性のマターでもある「リーダーシップ」、組織のルールや制度ではなかなかコントロールすることのできない、組織風土をいかに変えるのかという「チェンジ　マネジメント」、更には社員の行動様式や企業組織の文化の土台となっている「国民性」というテーマは、全て極めて抽象度の高いソフトイシューである。この辺りの流れは、前節で解説した「システマティックからヒューリスティックへ」の変遷と完全に符合しているのだが、企業経営をヒューリスティックなものと捉えるからこそフォーカスするファクターがソフトなものとなるのは、いわば必然なのである。

ここまでの説明で、経営戦略論の流れに見ることができる「戦略⇩リソースと組織⇩リーダーシップ⇩文化や国民性」という主要テーマの変遷自体が「ハードからソフトへ」の潮流を示していることを理解して頂けたであろう。

そして、ここで示した主要な研究テーマの変遷は俯瞰的に大くくりにして見ると、経営戦略論の流れの重点が戦略論から組織論へとシフトしていっていることも同時に表していることに留意しておきたい。

❷組織論の発展におけるハードからソフトへ

「ハードからソフトへ」の潮流は、組織論にフォーカスして見てみることによって、そのトレンドはより際立って浮かび上がらせることができる。以下、近代的経営戦略論が登場して以来の組織論の発展と変遷を辿りながら「ハードからソフトへ」の流れを検証してみよう。

一九六〇年代に近代的経営戦略論が登場した頃の組織論は、先述したようにハーバート・サイモンの研究をベースにした、組織をシステムとして捉えるものであった。組織とは、外から一定のインプットが加えられると、組織の中で一定のプロセス（加工）が行われ、一定のアウトプットを出す仕組みであるという考え方である。この考え方においては、組織は一定のパーツと一定のプロセスメカニズムがセットされて成立しているという認識であり、即ち組織をパーツとメカニズムから成る設計主義的構築物だと見なしているのである。

六〇年代～七〇年代の経営戦略論の代表的研究者であるチャンドラーは「組織は戦略に従う

（Structure Follows Strategy）」というメッセージによって戦略と組織の関係について言及したが、この場合の組織とはOrganization（有機的組織体）ではなくStructure（組織骨格）である。つまりチャンドラーの念頭にあった組織マターとは、組織パーツの組立物としての企業の組織骨格（Structure）であり、現在我々が経営戦略論を語るときに使う組織（Organization）という言葉が意味する内容とは異なった、ハードマターとしての捉え方をしていたのである。

企業経営の研究において、組織という言葉が現在の用法と同じように人の行動様式や文化・風土まで包摂したものであるという認識になったのは、八〇年代の終盤から九〇年代になってからである。そうした組織に対する認識の転換の嚆矢《こうし》として挙げられる研究が第Ⅰ部第４章のコラムで紹介したマッキンゼーによる「組織の７Ｓ」（一九八二年）である。この７Ｓでは、企業組織を組織たらしめているのはStructure（組織骨格）やSystem（制度）といったハードSだけではなく、ソフトＳと呼ばれるShared value（共有化された価値観）やStyle（固有の行動様式）、Skill（組織的に蓄積されたスキル）まで含めてのことであるとする主張がなされている。

価値観や行動様式まで含めての組織という認識が主流になるのは、前節で解説した「システマティックからヒューリスティックへ」という企業経営に対する基本認識の転換点や、経営戦略論研究の主要テーマがハードからソフトへと移る転換点と同じく、九〇年代中盤の頃である。この九〇年代の中盤という時期は、バーニーが提示したＲＢＶのキーファクターがカネや生産設備といったハードな経営資源から、組織の風土や人材の一体感といったソフトな組織マターにシフトしていったタイミングである。

そして、ＲＢＶにおいてソフトな組織マターを重視する考え方は、プラハラードとハメルによるコアコンピタンス論において確かなものとなった。コアコンピタンス論が企業の本当の強みとして指摘しているのは、バーニーによる初期のＲＢＶで提示されていたハードな経営資源ではなく、企業の文化や歴史的に蓄積された組織スキルといったソフトな組織マターの方である。コアコンピタンス論の主張の中では、こうした組織的な強みを開発し活用することこそが有効な戦略の要諦だとしており、いわば「戦略は組織に基づく」というメッセージとなる。このメッセージは、チャンドラーが「組織は戦略に従う」という名言によって示した、経営戦略策定における戦略と組織の関係が逆転したことを意味している。

そしてまた、組織論における重要テーマがハードからソフトへとシフトした九〇年代中盤以降の組織論は、その後も引き続きソフトテーマを追求することによって発展していった。

ジョン・コッターによって〝組織を変革すること〟が経営戦略の中で非常に重要なテーマであることが指摘され、そのための鍵となるのが「変革型リーダーシップ」と「チェンジ　マネジメント」であることが提示されたことの意味は大きい。

まずいえるのが、このコッターの一連の研究は企業組織論の研究でありながら組織の骨格や制度を直接の研究テーマとしていないという点である。つまり組織に関するハードファクターから明確に離れているのである。コッターが研究の対象としたのは、リーダーシップという人と人との関係性に関するテーマと、チェンジ　マネジメントという組織文化や行動様式の変革に関するテーマであり、どちらも典型的な組織のソフトマターである。しかもリーダーシップをリーダー個人の資質としてではなくリーダーとフォロワーの関係性として捉えている点で、チェンジ　マネジメントについても組織文化や行動様式自体に対する解剖学的な分析を行うのではなく、どのように変革するのかという変革プロセスを対象にしている点で、どちらのテーマにおいてもソフトイシューへのフォーカスが鮮明に表れている。

このように二〇〇〇年前後には、コッターによってソフトな面にフォーカスした組織論が大きく進展したのだが、同じ時期に提唱された野中郁次郎による「暗黙知」のコンセプトも組織論におけるソフトファクターの代表的研究として認められている。この「暗黙知」という概念は「企業における日常の継続的関係性の下での仕事上のやり取りの積み重ねによって、明文化することができないその組織固有のノウハウやスキルが、知的資産として形成されていくという日本的経営の特質」として提示された。日本企業特有の社員間や系列企業間で保持される継続的関係性の中で生じるこの「暗黙知」は、日本的経営の強さを説明するためのコンセプトとして高い説得力を持った。こうした研究成果が生まれたのも、当時の組織論研究におけるソフトイシューに関する要素を追求していく潮流があってこそのことと考えてよかろう。

以上のように、組織とはパーツとメカニズムによって成り立つシステムであるというサイモンの認識と、「組織は戦略に従う」というチャンドラーのメッセージからスタートした近代的経営戦略論における組織論は、この五〇年間で大いに発展・変容してきた。八〇年代にマッキンゼーの7Sによって価値観や行動様式といったソフトなファクターにまで組織論のスコープが広げられて以降、九〇年代の中盤にはRBVにおける重要ファクターのソフト化へのシフトが起こり、コアコンピタンス論によって組織文化や行動様式こそ最も重要な経営戦略マターであることが提唱された。その後、九〇年代後半から二〇〇〇年代にかけてはコッターによる変革型リーダーシップやチェンジ マネジメント、野中による暗黙知コンセプトが脚光を浴びるなど、組織論研究はソフトイシューに関するテーマが主流化していったのである。この流れを見ても分かるように、経営戦略論の研究テーマがハードからソフトへとシフトしてきている

図表Ⅱ－3　「重要視すべき戦略ファクター」のシフト

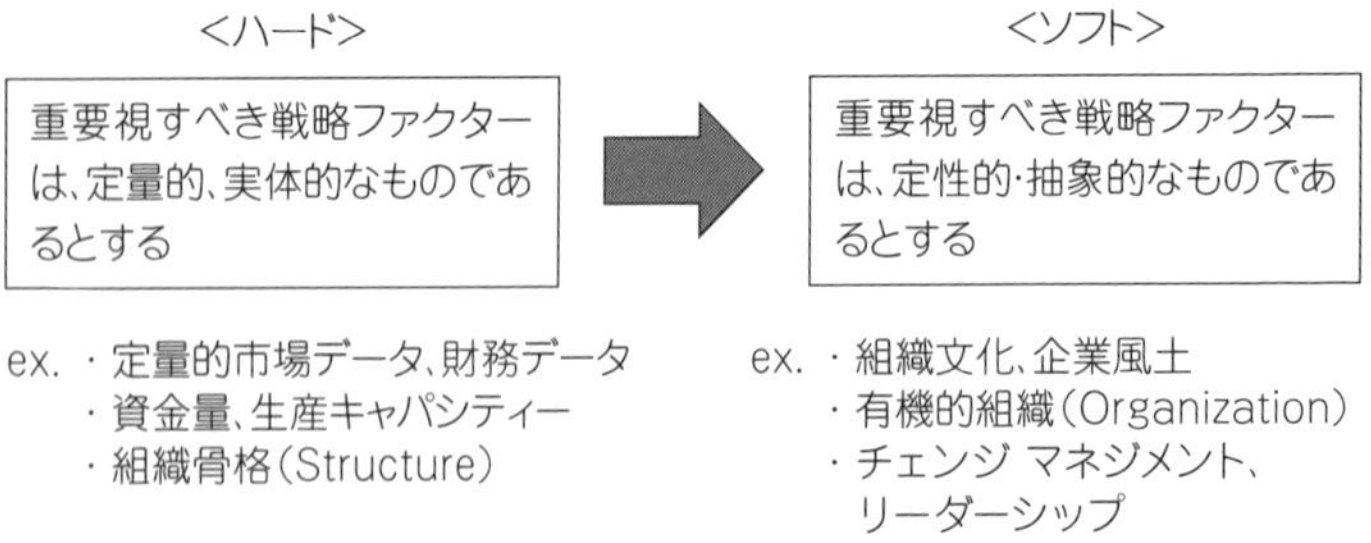
<ハード>
重要視すべき戦略ファクターは、定量的、実体的なものであるとする
ex. ・定量的市場データ、財務データ
・資金量、生産キャパシティー
・組織骨格（Structure）
<ソフト>
重要視すべき戦略ファクターは、定性的・抽象的なものであるとする
ex. ・組織文化、企業風土
・有機的組織（Organization）
・チェンジ マネジメント、リーダーシップ

トレンドは、経営戦略論の中で近年ますます重要性を増しつつある組織論の研究において、特に顕著に表われていることを理解して頂けたことと思う。（図表Ⅱ－3）

3 研究の方法論的特性の潮流：スタティックからダイナミックへ

一九六〇年代に近代的経営戦略論が登場して以来、現在までの約五〇年間の発展と変遷の中に見ることができる三つ目の潮流は、研究のスコープや方法論的特性が「スタティック（静学的）からダイナミック（動学的）へ」とシフトしてきていることである。

ちなみに、前節で説明した「ハードからソフトへ」の潮流も研究の対象とするテーマに関するものであったが、本節の「スタティックからダイナミックへ」では対象とする研究テーマの対象がスタティックなものからダイナミックなものへとシフトしたというだけでなく、研究の方法論もスタティックからダイナミックへとシフトしたことも意味している点に留意して頂きたい。

具体的にいうと、前節の「ハードからソフトへ」というトレンドは研究テーマが事業戦略なのか、組織なのか、リーダーシップなのかといった研究対象の〝分野〟に関する変遷であるが、一方本節の「スタティックからダイナミックへ」で扱うのは、研究テーマが、例えば同じ事業戦略を扱うのでも、事業戦略のファクター構成を静学的に分析するのか、事業戦略の策定から実行へのプロセスを動学的に分析するのかといった〝捉え方〟に関する変遷である。端的にいうなら、前節で扱ったのは「どのテーマを研究対象とするのか」、本節で扱うのは「ファクターを研究するのか、プロセスを研究するのか」という違いである。この視点の違いを踏まえた上で、三つ目の潮流である「スタティックからダイナミックへ」の解説に入っていこう。

まず冒頭で結論を提示しておこう。

かつての戦略理論は〝現状分析によって有効な戦略を立案するための条件やファクター〟に関する研究が大半であったが、近年では〝効果的に戦略を遂行するための有効なプロセス〟についての研究が主流になってきている。そして前者の研究において分析の対象となるのは、基本的にはワンショット（一時点）の市場／競争構造、自社の資源／組織であり、そうした研究は方法論的にはスタティックな分析であるのに対して、後者ではある程度の時間的経過を伴うプロセス、例えば戦略の策定から実行を経てフィードバックや戦略の修正に至るまでといった、時間的経過と事象の進行を伴うプロセスであり、ダイナミックな研究となる。こうした意味において、かつてはスタティックであった戦略理論が、近年ではダイナミックな戦略理論になってきているということができるのである。

このような「スタティックからダイナミックへ」という潮流をより具体的に理解するために、経営戦略論の主要なテーマである戦略論、組織論、経営資源論のそれぞれの分野での代表的理論を挙げて〝捉え方〟の変遷を見ていこう。

❶ 戦略論における方法論のシフト

まず最初に戦略論（主として事業戦略を扱う経営戦略理論）における「スタティックからダイナミックへ」の流れを説明しよう。

アンゾフ、チャンドラーに始まり、ポーターに至るまでの戦略論は、基本的にはスタティックな分析に基づいて有効な戦略を導き出そうとするものである。こうした立場と方法論による戦略論として最も完成度の高いポーターの研究（5フォース分析、クラスター分析、三つの基本戦略）を見ても、研究の成果として提示したのは、現状における市場環境や競争構造に関するデータを収集・分析して、その分析結果に基づいて有効な戦略パターンを選択するというものである。つまり、分析の対象は〝現時点〟というワンショットの事業環境であり、提示されるのは現時点での競争構造と現時点で採用すべき戦略のパターンという、スタティックなものである。※競合のリアクションに対する更なる対抗策や、戦略を遂行するプロセスで採るべき戦略パターンの修正をどう図るべきなのかなどといったダイナミックな視点は含まれていない。ポーターの戦略理論が主流であった一九八〇年代の戦略論は、このようにスタティックなものであったということが理解できよう。（※厳密には第7章の「ゲーム理論」のところで紹介したようにポーターの『競争の戦略』における〝シグナリング〟にはダイナミックな観点が含まれている。）

実はプランニング学派中心に多くの研究者達がこうした設計主義的な戦略理論の研究を行っていた七〇年代に、ミンツバーグはこうしたアプローチを批判する形で、戦略とはエマージェンス（創発）型であるべきだとの主張を提示していた。戦略とは現場のミドルマネジャーが経験に基づいて判断を積み重ねながら形成していくものであるという考え方である。このエマージェンス理論は戦略を形成するプロセスに関する主張であり、その意味において戦略をダイナミックに捉えたメッセージだといえる。しかし、七〇年代だけでなく八〇年代においても、ミンツバーグのこの考え方はあまり支持を集めることはなかった。

ミンツバーグのエマージェンス理論が注目を集め、支持が広がったのは、ポーター流の戦略論が〝戦略の黄昏（Strategic Decay）〟に陥り、その後バーニーらのＲＢＶが登場してきた後の九〇年代中盤以降である。本章においてこれまでに説明してきたように、企業経営そのものの捉え方がシステマティックからヒューリスティックに変わり、重要視する戦略ファクターがハードからソフトへとシフトする時代になって、そうした流れと相まってダイナミックな視点を持っていたミンツバーグのエマージェンス理論は支持されるようになったのだ。つまり、ミンツバーグのエマージェンス理論が復活し、支持されるようになる九〇年代前半までの戦略論は〝スタティック〟が主流で、この時期以降に戦略とは〝ダイナミック〟なものとして捉えられるようになったと理解することができるのである。

そして二〇〇〇年代に入ると、戦略論の分野では極めてダイナミックな視点からの研究が登場する。「ゲーム理論」である。ゲーム理論が研究・分析の対象とするのは、顧客や競合と自社とのやりとりのプロセスである。顧客や競合とのやり取りのプロセスにおいて、どのような意思決定とアクションを取ることが戦略として最も合理的なのかについて数学的に解明しようとする研究である。この「ゲーム理論」の研究が明らかにしようとしているのは戦略遂行における合理的な意思決定のプロセスであり、有効な戦略ファクターのフレームワークや有効な戦略パターンといった定型的な／スタティックな成果ではない。その意味で「ゲーム理論」は純粋に〝ダイナミック〟なスコープによる研究であるといえよう。

以上に示したように、ポーターの戦略論に代表される八〇年代の戦略理論は、理論としての完成度も現実の経営における有効性もレベルの高いものであったが、方法論的特性としてはスタティックなものであった。九〇年代に入り、ポーター流の戦略論の有効性に翳りが見られるようになったことによって、現実の経営においてダイナミックな視点が求められるようになった。そうした事情を背景にして、現場のミドルマネジャーの判断の積み重ねのプロセスこそが戦略を形成するとしたミンツバーグのエマージェンス理論が復活し、更に二〇〇〇年代には戦略遂行に関する意思決定の合理的プロセスを精緻に解明しようとする「ゲーム理論」の研究が登場してきたという経緯である。これが戦略論の分野における「スタティックからダイナミックへ」の流れである。

❷ 組織論における方法論のシフト

次に組織論における流れを解説しよう。

「組織は戦略に従う」というチャンドラーの言葉に象徴されるように、六〇年代～七〇年代の組織論は、戦略に合致した組織骨格（Structure）や制度（System）をどう設計するのかということが主たる研究テーマであった。八〇年代～九〇年代になるとマッキンゼーの「7S」で示された共有化された価値観（Shared value）や組織成員の行動様式（Style）といったソフトな組織マターが重要視されるようになって、現代の組織論（Organization）の認識が登場してきたことは前節で説明した通りである。

こうした流れの中で、明らかにダイナミックなテーマとして提起されたのは九〇年代後半～二〇〇〇年代にかけてのコッターによる一連の研究である。前節でも紹介したように、コッターは企業経営における〝変革〟の重要性を強く主張し、そのためのドライビングフォースとして「変革型リーダーシップ」を挙げ、その上で企業の文化・風土や成員の行動様式をどのようにすれば変えていくことができるのかという企業変革のプロセスを示した「チェンジ マネジメント」を提唱した。

ちなみにコッターのリーダーシップ論は、リーダーが持つべき資質や能力をスタティックなフレームワークとして提示しようとしたものではなく、どのようなプロセスを経てフォロワーがリーダーに従っていくようになるのかというリーダーシップが発生・発現するプロセスを解明している点においてダイナミックな視点からの研究になっている。またチェンジ マネジメント論も、企業の変革プロセスを八つのステップによって示していることからも明らかなように、〝変革〟という研究のテーマだけでなく、研究のスコープも、提示した研究成果も、全てダイナミックな視点からのものになっているのが特徴である。

九〇年代中盤以降グローバル競争が激化し、インターネットの浸透とも相まって、事業環境や競争構造の変化は激しく目まぐるしいものになった。こうした激しく、目まぐるしい環境変化の中にあって、企業はいかにして新しい環境に適応し競争条件の変化に対応していくのかが、最も重要な経営テーマになってきたのだ。そして、コッターの一連の研究はこうした流れに対応してなされたものなのである。

コッターはこうした環境変化を受けて、新しい事業環境や競争条件に適応した、新しい戦略パターンや有効な組織形態というスタティックな解答を提示しようとしたのではなく、変化に対応するために企業が成さなければならない〝変革〟というダイナミック（動態的）なテーマを対象に、ダイナミック（動学的）なスコープから研究したのだ。このことによって、彼の一連の研究は経営戦略論の世界に新しい地平を切り拓くことができたのである。コッターによって企業組織の〝変革〟が主たる研究テーマに据えられ、「変革型リーダーシップ」と「チェンジ マネジメント」という企業変革のプロセスとその方法論に関する有力な理論が提起されて、組織論は明確に〝ダイナミック〟なものになったのである。

❸ 経営資源論における方法論のシフト

ここまで、戦略論、組織論における「スタティックからダイナミックへ」のトレンドを追ってきたが、もう一つの経営戦略論の主要なテーマである経営資源に関する戦略理論においてもこうした流れを指摘することができる。

経営資源を主たるテーマに据えた有力なメッセージを最初に発表したのは、アンゾフやチャンドラーと同じ時代のペンローズである。ペンローズのメッセージとは「経営戦略とは企業が成長を目指して経営資源を合理的に配分する行為である」というもので、近代的経営戦略論研究の礎となる重要なものであった。彼女のスコープには〝成長〟という将来に向けての要素が入っていたものの、基本的にはスタティックな視点と分析手法の立場であった。ペンローズに限らず、六〇年代～七〇年代の戦略理論においては〝システマティック・ハード・スタティック〟が主流だったのだ。

そうした時代にあって、実はダイナミックな観点から研究・発表された有力な戦略理論が一つ登場している。ボストン・コンサルティング・グループ（ＢＣＧ）によって一九七〇年に発表されたＰＰＭ（Product Portfolio Management）である。ＰＰＭは、将来の成長に向けて経営資源の配分と各製品の事業展開方針を決定するための分析手法として提示された画期的な理論である。そして、理論としての合理性と、現実の経営への適用性、有用性によって、瞬く間に多くの企業に採用され、現在でも世界中の企業で利用されている。このＰＰＭは、当時主流であった〝システマティック・ハード〟は踏襲していたものの、研究のスコープだけは中長期的な戦略展開を見据えたものとなっており、事業ポートフォリオの中での各製品の位置づけと戦略的役割をどのようにシフトさせていくべきかを示そうとしたものである。その点において、ＰＰＭは〝ダイナミック〟な視点を含んだものとして認めることができるのである。

八〇年代はポーターやコトラーといったポジショニング学派の戦略理論の全盛期で、経営資源に関する有力な理論が登場するのは九〇年代に入ってからのバーニーのＲＢＶによってである。

では、九〇年代になって登場してきたバーニーのＲＢＶのスコープはどのようなものであったかというと、経営資源を戦略策定のための重要ファクターとして見なしているものの、基本的にはやはりスタティックな視点によるものであった。バーニーのＲＢＶは、市場環境と競争構造という外部マターの分析に基づいて有効な戦略パターンを決定することができるというポーターらの主張に対するアンチテーゼとして提唱されたもので、自社の経営資源という内部マターの分析によってこそ、競合には真似のできない有効な戦略が成立するという主張である。つまり、この両者の戦略理論は、有効な戦略が立脚する根拠こそ外部マターと内部マターという形で異なるものの、分析の対象としているファクターも、策定しようとしている戦略自体もスタティックなものであるという意味では同じ立ち位置なのである。

経営資源マターを中心的に扱ったＲＢＶに類する戦略理論において〝ダイナミック〟なニュアンスが見受けられるのは、プラハラードとハメルによるコアコンピタンス論からである。プラハラードとハメルのコアコンピタンス論においては、企業が持続的に成長していくための方法論を研究しようとしていたため、分析の対象とする期間の時間的スコープが長く、また戦略策定から実行に至るまでのプロセスを分析の対象としていたという意味で、ダイナミックな視点が認められる。

そして、プラハラードとハメルによってコアコンピタンス論とともに提起された「ストラテジック インテント（戦略的意志）」論においては、ダイナミックな視点がより明確に窺がえる。ストラテジック インテントとは、企業組織全体で共有化された戦略に関する意志（例えば、世界ナンバーワンになるなど）のことであり、現状の自社のポジションからナンバーワンポジションに向けてのプロセスと時間軸の中で提起されるコンセプトである。プラハラードとハメルはこのプロセスにおいて新しい経営資源を蓄積したり、競争力を高めるために再投資していくことの重要性を指摘している。つまり戦略を遂行していくプロセスにおける施策を論じているという意味において、経営戦略論にダイナミックな視点を与えたと評することができるのである。（ちなみに、この理論はＲＢＶの一貫として提起されたコアコンピタンス論の延長線上で研究・提唱されたという意味で、経営資源マターの理論としてここで紹介しているが、組織の行動様式や組織文化の研究として組織論の理論と見なすこともできよう。）

またＲＢＶの発展としては、デイビッド・ティースによって一九九七年に提唱された「ダイナミック　ケイパビリティー」論が挙げられる。ダイナミック　ケイパビリティーとは、さまざまな経営資源や組織スキルから成る企業のケイパビリティー（事業展開能力）を事業環境や競争条件の変化に合わせて再構築していく能力のことであり、ティースはこのダイナミック　ケイパビリティーこそが、ＲＢＶの中で最も重要な強みだとしている。このティースの主張は、先の組織論のところで紹介した〝変革〟をテーマに据えたコッターと同じく、環境変化に企業が〝適応〟していくことの重要性を提唱した点で、コッターと同様に、この分野における〝ダイナミックへ〟の流れのシンボリックな研究である。

以上をまとめると、経営資源をテーマにした研究の変遷は次のような流れになる。

七〇年代にはダイナミックな視点を含んでいたＰＰＭが登場したものの、その後九〇年代にバーニーのＲＢＶが発表されるまでは経営資源を主たるテーマにした研究で目覚ましい成果に結びついたものは見られなかった。八〇年代は、スタティックな観点から競争戦略に関するフレームワークや分析手法の精緻化が追求された時代であった。九〇年代前半にバーニーが提起したRBVにおいては経営戦略における経営資源の重要性が提起されていたが、この時点ではまだスタティックなスコープからの研究であった。RBVの系統としては、九〇年代中盤のプラハラードとハメルのコアコンピタンス論、ストラテジック インテント論によってダイナミックな視点が取り入れられるようになり、次いでティースのダイナミック ケイパビリティー論において、経営資源に関する研究分野における「スタティックからダイナミックへ」のトレンドが明確に確立されたという流れである。(図表Ⅱ－4)

4　三つの潮流の相関と戦略理論への影響

以上、企業経営の基本認識が「システマティックからヒュー

図表Ⅱ－4　「研究の方法論的特性」のシフト

<スタティック>

市場／競争構造、自社の資源／組織をワンショット（一時点）から静学的に捉えて研究する

ex.
・5フォース分析
・3つの基本戦略
・組織骨格、組織制度

<ダイナミック>

ある程度の時間的経過を伴った行為や事象の進行のプロセスを動学的に研究する

ex.
・チェンジ マネジメント
・ゲーム理論
・ストラテジック インテント
・ダイナミック ケイパビリティー

リスティックへ」という流れにあり、重要視すべきファクター／イシューが「ハードからソフトへ」とシフトしてきて、研究の方法論が「スタティックからダイナミックへ」と変化してきているという三つの潮流について、それぞれ具体的な戦略理論を挙げながら説明してきた。次に、これら三つの潮流がそれぞれ密接に関係し合っていることと、こうした潮流が現代の経営戦略論に対してどのように影響しているのかについて解説しておこう。

❶ 三つの潮流の相関

これまでの三つの潮流の紹介においても簡単に触れながら説明を進めてきたことであるが、これら三つの潮流はそれぞれ密接に関係し合っている。現代の経営戦略論の立ち位置とこれからの方向性を的確に理解するために、これらの潮流が生じてきた背景について、もう一度ここで確認しておこう。

近代的経営戦略論の研究は、経営戦略を科学的に策定するための手法を求めて企業経営をシステムとして捉え、主としてスタティックなスコープからハードファクター／ハードイシューにアプローチするスタイルでスタートした。そうした「システマティック・ハード・スタティック」スタイルの経営戦略論は七〇年代〜八〇年代に大きな成果を上げたのだが、九〇年代に入ると大きな環境変化や定型的な戦略パターンのコモディティ化（戦略の黄昏）が起こり、それまでのスタイルや方法論だけでは実際の企業経営における戦略策定や戦略遂行に対して十分に寄与することが難しくなってきた。こうした事情を背景に、研究テーマやスコープをシフトしたり高度化させたりする必要性が生じて、九〇年代中盤になって三つの新しい潮流が発生した。変化の激しい環境の中での企業経営に対して有効な経営戦略を提示するために、「ヒューリスティック・ソフト・ダイナミック」なスコープと方法論による戦略理論の研究が主流化していったのである。

もともと経営戦略論の研究は、企業経営というものを複雑・多様なものとして認めながらも、その中から掬い取ることのできる一貫性や法則性を抽出しようとするというのが基本的なスタンスであった。こうした考え方に基づいた研究を追求していく中で、企業経営はシステマティックな観点からだけでは捉え切れないヒューリスティックなものでもあるという基本認識が九〇年代中盤頃に確立され、そしてこの認識に基づいて、主要な研究対象がソフトファクター／ソフトイシューに関するテーマへとシフトしたのである。実は、この関係は逆に捉えることも可能である。九〇年代中盤頃になると、ハードファクター／ハードイシューに関するテーマの研究では新しい有効な戦略理論が見出せなくなってきて、それまでは本格的に取り組まれることの少なかったソフトファクターやソフトイシューに関するテーマに研究の光が当てられることが増えてきた。そしてソフトなテーマに関する研究が次々に有力な成果を上げたことによって、企業経営そのものに対する基本認識がヒューリスティックなものであるという見方に転換したという理解も成り立つのである。いずれにせよ、ヒューリスティック化とソフト化は表裏一体の相互的関係として新しい潮流を生んだ。

ちなみに、ヒューリスティック化とソフト化の潮流の起源は、ＲＢＶの後期にあると見て良いだろう。具体的にいうと、バーニーのＶＲＩＯにおける戦略的経営資源の解釈が、資金量や拠点数といったハードファクターの性質を持った経営資源から組織成員の行動様式や組織スキルといった組織的・人的資源にシフトしたタイミングである九〇年代中盤頃である。またこのタイミングは、プラハラードとハメルがコアコンピタンス論によって、企業の組織風土や歴史・文化までを企業の強みの源泉であることを喝破した時期とも一致している。このように、九〇年代中盤は経営戦略論の世界において新しい潮流が力強く湧き上がってきた極めて重要な時代だと見なすことができるのである。

ダイナミックなスコープによる研究が主流になってきたのは、そうしたタイミングよりも少しだけ後になる。ＲＢＶの発展的理論としてティースが「ダイナミック　ケイパビリティー」を提唱したのは九〇年代後半である。また、〝企業変革〟を経営戦略の主たるテーマに据えてダイナミックなスコープによる研究を行ったコッターの一連の成果は、九〇年代終盤から二〇〇〇年代の初めに出されている。そして、経営戦略に関する意思決定プロセス自体を研究テーマに据えた、純粋にダイナミックな理論ともいえるゲーム理論は二〇〇〇年代に入った頃から注目を集めるようになった。

もちろん、こうした〝ダイナミックへ〟の流れも、他の二つの潮流と密接に関係しているのはいうまでもない。企業経営とはヒューリスティックなものであり、意思決定⇩実行⇩フィードバック⇩修正というプロセスを一定の定型的なパターンに落とし込むことが難しいからこそ、そのプロセスを動態的視点から解明することが必要になるのである。またソフトなファクターは本来的に変容し易く、スタティック（静態的）な分析ではその変容・変化のメカニズムを写し取ることができないので、ダイナミック（動態的）なスコープからのアプローチが求められるのである。つまり、ヒューリスティックなものとしての企業経営を構成するソフトなテーマを解明しようとすると、必然的にダイナミックなスコープが必要とされるようになるのであり、またダイナミックなスコープからの研究に取り組んだからこそ、ヒューリスティックな企業経営のソフトなテーマの解明が進んだというわけである。

以上のように、三つの潮流は九〇年代中盤～後半にかけてほぼ時期を同じくして生起し、それぞれが密接に相互貢献し合う関係で現代の経営戦略論研究を発展させていっているのである。

❷ 三つの潮流が拓く新分野

二〇〇〇年代後半になると、こうした三つの潮流の中で新しい研究テーマがクローズアップされてきたり、かつてはシステマティック・ハード・スタティックに扱われていたテーマに再アプローチすることによって見出された新しい理論が登場してきている。

例えば、「ダイバーシティ　マネジメント」の研究は、この三つの潮流の中で近年特に注目を集めるようになった新しい研究テーマである。また近年の「グローバル化戦略」も、三つの潮流の中で再アプローチされることによって、かつてとは全く異なる理解と認識が主流化してきているテーマである。このように三つの潮流は、「システマティック・ハード・スタティック」が主流であった時代と比べると、経営戦略論研究の世界に新しい観点を取り込みながら、研究のフィールドを大きく広げ、知見を厚く充実させたという意味でも非常に大きな貢献をもたらしてくれたことになる。この点も現代の三つの潮流が持つ重要な意義である。

以下、「ダイバーシティ　マネジメント」と「グローバル化戦略」研究を例に、三つの潮流がもたらした研究成果について簡単に紹介しておこう。

まず「ダイバーシティ　マネジメント」についてであるが、そもそも〝ダイバーシティ（多様性）〟とは、「多様な生物群が環境変化に柔軟に対応しながら、持続的に繁栄していくエコシステムの状態」を示す概念である。即ち、本来的な意味でのダイバーシティ（生物多様性）とは、アメーバやプランクトンといった微生物、木や草花といった植物、貝や魚、両生類や爬虫類、鳥類や哺乳類、そして人間といった多種多様な生物が密接に連関しながら共存している状態のことで、このようなダイバーシティが成立していることによって地球全体のエコシステムが持続的かつ安定的に保たれているという考え方である。つまり、エコシステムを多様な種によって構成することで、環境変化への対応力と安定性が高まるという主張を持つものである。

こうしたダイバーシティの考え方を企業経営に適用し、企業の市場適応力（アダプタビリティ）と生存力（サバイバビリティ）を高めようとした研究が「ダイバーシティ マネジメント」なのであるが、こうした研究は経営戦略論に関する三つの潮流の中で生まれてきたものである。近年の企業経営は事業環境の大きな構造変化に次々に直面するようになり、事業展開がグローバル化することに伴って、多種多様な人種や地域社会を対象にしたマネジメントを行わなければならなくなってきた。こうした事情によって、多種多様な構成ファクターを前提にした環境適応力と生存力の向上が経営戦略における重要テーマになったのである。

こうした説明が示唆するようにダイバーシティ マネジメントは、多様性、複雑性、変化対応というテーマに関する研究であり、「ヒューリスティック・ソフト・ダイナミック」という三つの潮流の特性と完全に符合するものである。

そしてまた、かつての「システマティック・ハード・スタティック」なスタンスは研究の方法論としては明快ではあるものの固定的であったのに対して、「ヒューリスティック・ソフト・ダイナミック」なスタンスは、さまざまなテーマや研究手法を柔軟に取り込むことができるという性質を持つ。だからこそ三つの潮流は経営学とは全く異なる研究領域である生物学の〝ダイバーシティ〟という概念を経営戦略論の分野に取り込むことができたのであり、経営戦略論の分野における〝ダイバーシティ〟、即ち「ダイバーシティ　マネジメント」という戦略理論を打ち立てることができたと考えられるのである。（図表Ⅱ－5）

このように他の分野の研究成果を取り込むことによって経営戦略論研究の地平が広がり、経営学の知見が厚くなったのは、「グローバル化戦略」をテーマにした研究においても同様である。第Ⅰ部の第7章で紹介した各国国民の価値観や文化特性を定量的に表わす指標である「ホフステッド指数」は、社会学者であるホフステッドが一九八〇年に発表した

図表Ⅱ－5　ダイバーシティ　マネジメント

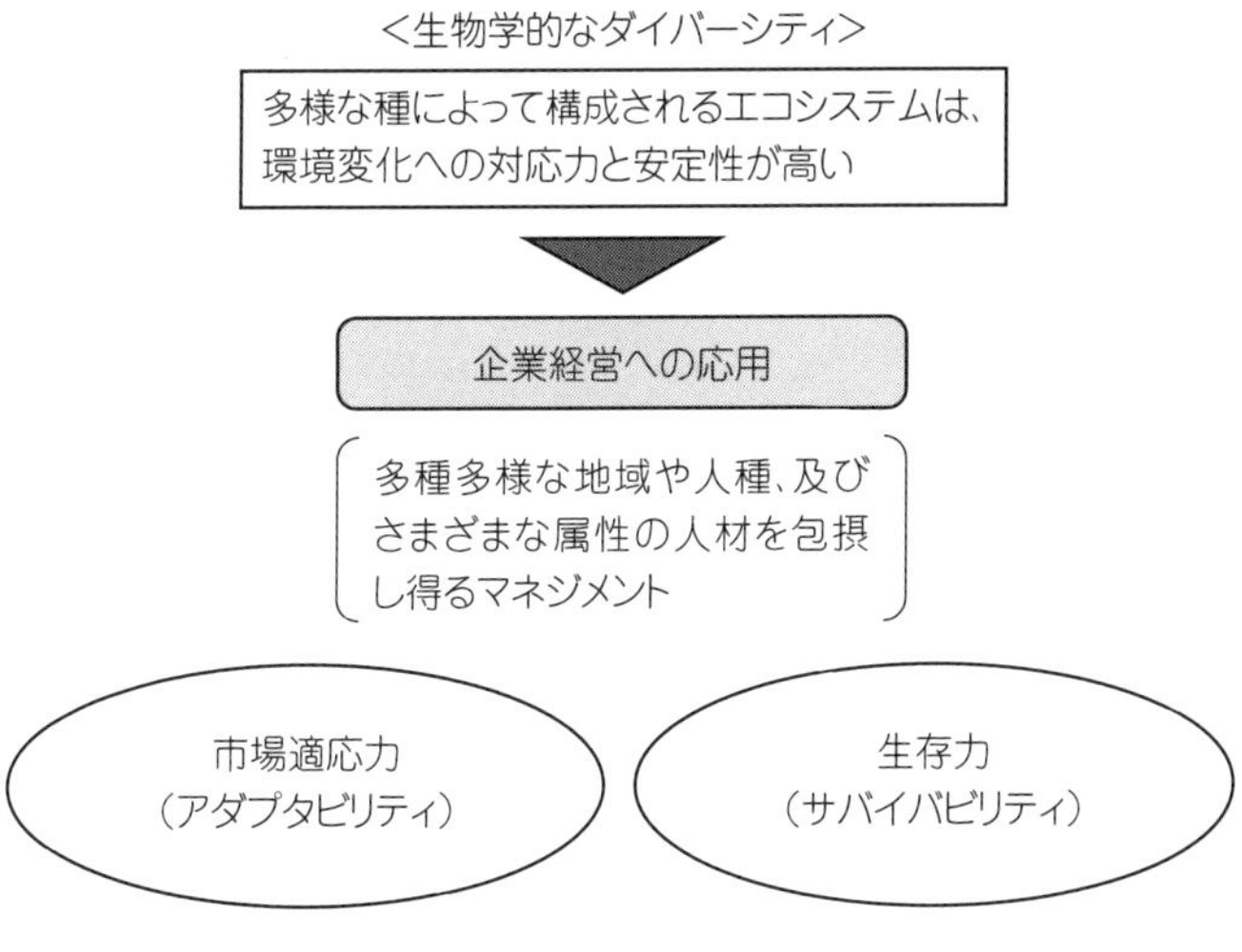
<生物学的なダイバーシティ>
多様な種によって構成されるエコシステムは、環境変化への対応力と安定性が高い
企業経営への応用
多種多様な地域や人種、及びさまざまな属性の人材を包摂し得るマネジメント
市場適応力（アダプタビリティ）
生存力（サバイバビリティ）

ものであったが、企業の経営者や経営学の研究者達がこの指数に注目するようになったのは九〇年代になってからであった。八〇年代までの企業の海外進出に関する経営戦略の主たる関心事項は、その国の人口や一人当たりGDPといった市場規模に関するデータや、金融、物流といった事業展開を行う上で必要なビジネスインフラの充実度といった、ハードファクターが中心であった。しかし九〇年代中盤以降は、企業が事業のグローバル化展開を本格的に推進していくための成功の要件として、その国の人々の労働に関する価値観や良好な人間関係のあり方といった文化的マターが重要視されるようになってきたのである。こうした事情を背景に、ホフステッド指数に経営学の研究者達の注目が集まり、「ヒューリスティック・ソフト・ダイナミック」という新しい潮流の中で新しい研究対象として国民性というテーマが経営戦略論の重要な位置を占めるようになったのである。

このように、「ダイバーシティ　マネジメント」も近年の「グローバル化戦略」も、三つの潮流がモメンタムとなって生物学や社会学といった他分野の有力な研究成果を経営戦略論の世界に取り込み、新しい研究分野が切り拓かれて研究が進められてきたのである。九〇年代中盤に生じた「ヒューリスティック・ソフト・ダイナミック」という三つの潮流は、現代の経営戦略論研究にかつてない広がりと厚みをもたらしてくれているのである。

【第2章】

戦略理論の体系

体系化のための二つの分類軸

第Ⅰ部で紹介した数多くの戦略理論が提唱する内容は、実にさまざまである。先に示されたある理論を更に洗練、高度化したものもあれば、先の理論に対するアンチテーゼとして主張されたものもある。本章ではこうしたさまざまな戦略理論をそれぞれの理論の主張の系統やテーマの種類によって分類し体系化して整理する。体系化することによって各々の戦略理論をその中に位置づけて相対化することが可能になり、個々の理論の特徴をより明確に理解することができると共に、経営戦略論の全体像の骨格を構造的に把握することができるであろう。

何かを体系的に整理しようとする場合に最も重要なのが、対象となる要素を分類するための判断基準である。即ち〝分類軸〟であり、この分類軸によってどのような体系ができ上がるのかが決定する。

本書では体系化の分類軸として、「経営戦略は合理的に計画することができるのか、否か」という「戦略策定の方法論」に関する分類軸と、「有効な戦略は何を強みの根拠とすべきなのか」という「戦略の有効性の根拠」に関する分類軸の二つを用いて、さまざまな戦略理論の体系的整理を行う。

1 戦略策定の方法論による分類

「経営戦略は合理的に計画することができるのか、否か」という「戦略策定の方法論」による分類から説明していこう。この戦略策定の方法論に関しては、大きく分けて二つの立場がある。

一つは情報収集と分析によって合理的な戦略を策定することができるとする「プランニング学派」に代表される立場であり、もう一つは企業経営は不確実性の高い状況の下でなされる極めて複雑な行為なので、いくら緻密に分析を行っても的確な戦略を事前に策定することは難しく、むしろ事業展開しながら現場の判断を積み上げていく方が、結果として有効な戦略になるとする「エマージェンス（創発）学派」の立場である。

❶「プランニング学派」：戦略は合理的に計画できる

一九六〇年代に、チャンドラーやアンゾフらによって近代的な経営戦略論が誕生したという紹介をしたが、このときの一連の考え方をまとめて「プランニング学派」と呼ぶ。ただし、当初からプランニング学派と呼ばれていたわけではなかった。チャンドラーにしろアンゾフにしろ、彼らは企業が採るべき戦略を合理的に〝計画（プランニング）〟するための手法を見出すことを目的にして研究をしていたのであるから、企業が戦略を合理的に計画しようとするのは当たり前の前提であり、わざわざ自分達を「プランニング学派」と呼ぶ理由はなかった。

彼らにしてみれば、経営戦略を合理的に策定するために経営学は存在しているのであり、それが経営学の存在意義だと考えていた。一九〇〇年代初頭のテイラーの研究以前は、〝どんぶり勘定〟で企業経営が行われていたが、テイラーが「科学的管理」の手法を導入して生産性が飛躍的に改善したことを契機に、経営学（マネジメント）が誕生したというのはこれまで繰り返し述べた通りである。その後の経営学者はテイラーの延長上で、企業経営を科学的に解明しようとする道を進んできたのである（この一連の流れを「大テイラー主義」と呼ぶ）。したがって彼らにとっては、情報を収集し、的確な分析を行うことによって合理的に有効な経営戦略を計画することができるという考えは、わざわざいうまでもない当然の前提だったのである。

したがって、「我々はプランニング学派だ」などと自らを称したわけではないのだが、彼らの理論に対抗する立場として登場してきた「エマージェンス（創発）学派」によって、戦略を事前に合理的にプランニングしようとする前提からして妥当ではないという批判が提起され、戦略策定における合理的なプランニングは成立しないとする「エマージェンス（創発）学派」との対比で「プランニング学派」と呼ばれるようになったのである。

そもそもプランニング学派が登場するまでの経営学の関心は、専ら効率的なオペレーションに向けられていた。どうすれば効率良く生産できるかが経営学（マネジメント）研究の最大のテーマだったのである。

効率的なオペレーションというテーマは企業内部のテーマであり、それまでの経営学のスコープは企業の内側に向けられていたのだが、その視線が外部環境、即ち企業の外側に向けられるようになったのが一九六〇年代のことであり、プランニング学派が登場してきたことの本来的な意義はそこにある。企業内部のマターを上手くコントロールして効率的にモノを作ればそれで良かった時代の経営から、外部マターに目を向け新しい分野へ進出して事業の拡大を図ることが重要な経営テーマとなったことに対応して登場した〝近代的経営戦略論〟の最もオリジナルな姿が、プランニング学派だということになるのである。

企業の内部マターだけを扱っていたフェーズでは複雑性や不確実性の度合いが小さいため、確度の高いプランニングを行いやすい。しかし外部マターと内部マターを両建てで判断し、合理的な成長の道筋を示し、複数事業の整合的運営を目指すのは、当然ながらそれまでと比べると圧倒的に複雑性と不確実性が大きくなる。そのためプランニング学派はそうした複雑性や不確実性に対処するために、成長マトリクスやシナジー、ＳＷＯＴ、ＰＰＭなどのさまざまな分析のフレームワークや戦略策定の手法を開発することになったのである。

このように近代的経営戦略論の道を拓き、現在でも十分に通用するさまざまなフレームワークと分析手法を開発したことによってプランニングの技術レベルと対象範囲が大幅に向上したのは間違いない。プランニング学派という呼称はエマージェンス学派との対比でつけられたわけであるが、経営戦略のプランニングの技術と対象範囲を大幅に向上させたことを考えると、きわめて妥当な命名であったといえよう。

❷「エマージェンス（創発）学派」：戦略は事前には計画できない

経営戦略はデータと分析によって合理的に計画するべきであるとする、一九六〇年代の「プランニング学派」に対抗して出てきたのが、七〇年代の「エマージェンス（創発）学派」で、ミンツバーグが主たる提唱者である。

ミンツバーグの「プランニング学派」に対する批判の核心は、実際の経営というのは非常に複雑で不確実性が高いものであり、物理法則のような再現性の高い規則性や普遍性の高い方法論は成立し得ないという点である。平たくいうと、現実的に有効な経営戦略は、いくらデータを集めて緻密に分析を重ねても、それによって〝最適解〟が得られるわけではないということである。

例えば、プランニング学派の象徴的分析活動であるＰＩＭＳ研究は、どのような形態の多角化を行えば収益性が大きく改善するのか、どのくらいの人数をどのようなプロセスで生産ラインに投入すれば習熟度はどの程度見込め、それによって収益性が何％向上するのか等々、さまざまな計数的なデータを積み重ねることによって経営戦略の方程式を見出そうとするものであった。しかしミンツバーグは、そのような物理の実験のようなことを何度繰り返したところで正確な法則が見つかることはないし、ましてや最適な戦略が得られるわけでもないと主張したのである。

第Ⅰ部の第３章で紹介した、大成功したように見えるホンダのアメリカ進出の事例が実は事前に周到にプランニングされていたわけではなくて、むしろ現場のメンバーが日々の悪戦苦闘の中で工夫を積み重ねて達成したというエピソードをミンツバーグはいろいろな場で繰り返し語っている。彼は、現場で状況に応じて対応策が生み出されることを「エマージェンス（創発）」と称し、こうした考え方に基づいて研究を行うグループは「エマージェンス（創発）学派」と呼ばれるようになったのである。

エマージェンス学派の主張とは、現実的に有効な戦略というのは事前に計画されてトップダウンで行うものでなく、現場で事業を運営・実行するミドルマネジャーがさまざまな状況に直面するたびにその場で判断を行い、そうした判断に基づいたアクションを積み上げることによってでき上がるものだということになる。そうした判断とアクションを事後的に俯瞰して整理してみると、一連の判断と施策のまとまり（パターン）として浮かび上がってくる。そしてこうしたプロセスとパターンこそが現実的な戦略の生まれ方だという捉え方なのである。

こうした、ミンツバーグの「エマージェンス（創発）学派」の考え方の妥当性を実際の企業のケースから実証したのが、スタンフォード大学ビジネススクール教授のロバート・バーゲルマンである。バーゲルマンはインテル社の事例を徹底的に研究し、創発的な戦略策定が現実的に有効であること、そして戦略策定におけるミドルマネジャーの重要性を指摘したことによって、エマージェンス学派の戦略論の妥当性を実証した。

彼は『メモリーからの撤退』（一九九四年）という論文で、インテルがDRAMから戦略的撤退を行った際の事例を分析している。インテルのDRAM事業からの撤退は、一般的には当時のインテルのCEOであるアンドリュー・グローブの英断を示す事例として扱われているが、バーゲルマンはその解釈は必ずしも正しくないと指摘している。実はインテルでは、トップが気づくよりも先にミドルマネジャー達が日々の現場の状況から、DRAM事業が競争力を失っていると判断し経営陣に提言していたのである。ところが経営陣はそれを聞き入れなかった。そこで、現場のミドルマネジャー達は自発的にマイクロプロセッサーを中心とした戦略に転換できるように資源配分を変更し始めていたのである。

共同経営者だったアンドリュー・グローブとゴードン・ムーアがDRAM事業の撤退を検討することになったのは、市場シェアが日本企業に奪われて大きく低下したためである。検討を始めてみたもののなかなか決断できずにいたのだが、その後ミドルマネジャー達の提言を聞き入れ、ようやくDRAM事業から新しいマイクロプロセッサーへと戦略転換されたというのが実話である。このインテルのＤＲＡＭ事業からの撤退の事例も、ミドルマネジャーが中心となって創発的に戦略が作り変えられた典型的ケースである。

ホンダのアメリカ進出のケースや、インテルのＤＲＡＭ撤退とマイクロプロセッサーへの進出のように、事後的に振り返って見ると見事な戦略のように見えるケースも、実は周到にプランニングされ、トップダウンで一気に達成されたものではなく、現場やミドルマネジャーが地道に判断と工夫を積み上げて成し遂げたものが少なくない。その意味において、戦略的事業展開が実現する一つのパターンとして、「エマージェンス学派」の主張には現実的な説得力があるのである。（図表Ⅱ－6）

図表Ⅱ－6　戦略策定の方法論による分類

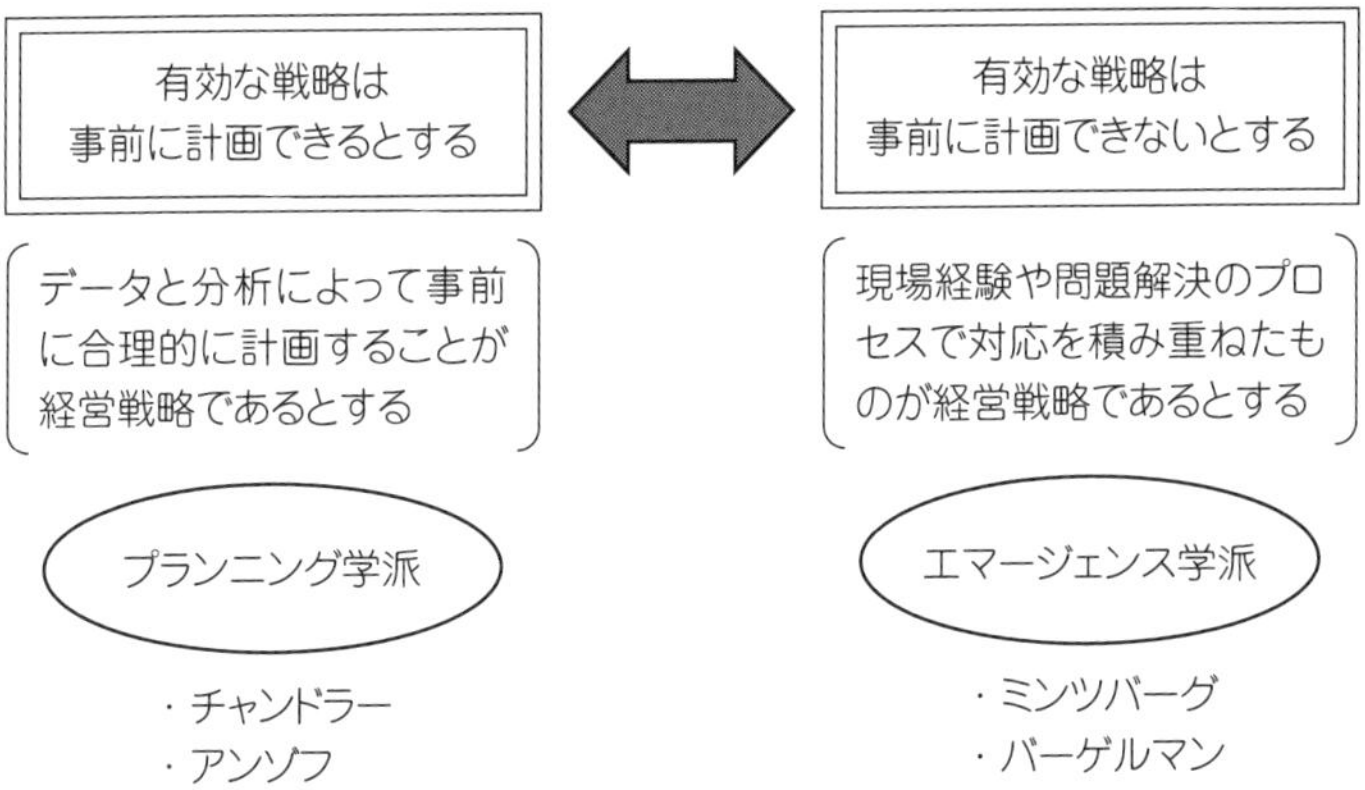
有効な戦略は
事前に計画できるとする
有効な戦略は
事前に計画できないとする
データと分析によって事前に合理的に計画することが経営戦略であるとする
現場経験や問題解決のプロセスで対応を積み重ねたものが経営戦略であるとする
プランニング学派
エマージェンス学派
・チャンドラー
・アンゾフ
・ミンツバーグ
・バーゲルマン

2 戦略の有効性の根拠による分類

ここまで「戦略は合理的に計画することができるのか、否か」という「戦略策定の方法論」の観点からの分類を説明してきたが、次いで「何を強みの根拠とした戦略が有効なのか」という「戦略の有効性の根拠」からの分類について解説していこう。

この観点からは、〝市場における自社の位置取りが有効な差別化戦略の戦略パターンを決定する〟とした「ポジショニング学派」の考え方と、〝自社独自の経営資源に根ざした戦略が競合には模倣困難な強みを形成する〟とした「リソース　ベースド　ビュー学派」の考え方に分類することができる。

❶「ポジショニング学派」：市場における位置取りが有効性の根拠

まずポーターに代表される「ポジショニング学派」について解説しよう。

一九六〇年代に近代的経営戦略論を登場させたチャンドラーやアンゾフらが主たる研究対象としたのは、新しい事業分野に進出していくための施策や複数の事業を合理的に統合するための手法であり、その意味で近代的経営戦略論の本質は企業の外側にスコープを向けたことにあると理解することができる。つまりそれまでは企業の内側に目を向けて専ら効率的な生産管理・組織運営のための経営管理の研究を行っていたのに対して、競合や市場／顧客をスコープに入れての経営や事業展開のあり方を研究するようになって近代的経営戦略論がスタートしたのである。

こうした〝外〟のマターに目を向けた近代的経営戦略論の、ある意味で完成型ともいえる研究を成したのがポジショニング学派である。

ポーターが登場してくる七〇年代後半〜八〇年代初頭という時代は、二度にわたるオイルショックによって高度経済成長が止まり、市場全体のパイが広がらない中で企業が成長を果たすために、競合からシェアを奪うための競争戦略が重要視されるようになっていた。そうした競争戦略に対する要請を背景に登場したのが、ポーターに代表されるポジショニング学派である。

第Ⅰ部の第3章でも詳しく解説したように、ポーターの戦略理論とは5フォース分析によって市場の競争構造を明らかにし、クラスター分析によってある事業分野における自社の競争上のポジションを判断し、そのポジションに応じてコストリーダーシップ、差別化、集中化という三つの基本戦略パターンのうち、最も効果的な戦略パターンを決定するというものであった。この戦略策定の手法によって示されているのは、どの業界を選ぶのが有利なのかという意味においてと、その事業分野の中でどのような位置取りをするべきなのかという意味においての、二重の意味での〝ポジショニング〟によって自社が採るべき戦略のパターンを明快に決めることができるというものである。つまり、ポジショニングこそが戦略の内容を決定するということであり、こうした方法論によって有効な戦略を決めることができるという主張を提示したことが「ポジショニング学派」と呼ばれる由縁である。

自社が採るべき戦略の有効性の根拠を、市場／事業分野における位置取り（ポジショニング）に求めるこのポジショニング学派の考え方の妥当性と合理性は明らかであろう。競争が熾烈な業界に参入しても、開発競争、広告合戦、値引き合戦……等々の消耗戦に巻き込まれてしまい、労多くして益少なしとなるのは直感的にも明らかである。事業環境の情報分析を入念に行い、市場の成長性や平均収益率、競合相手の数や寡占度を判断した上で、事業展開すべき分野を選択し、事業展開する際の戦略パターンを冷静に決定するというのは極めて合理的である。

ポジショニング学派の合理性は、近代的経営戦略論が登場してきた背景と照らし合わせても必然性を有している。どういうことかというと、チャンドラーやアンゾフらによって新しく開かれた近代的経営戦略論が近代的であり戦略的である由縁は、経営のスコープを外に向けたことにあった。つまり従来は自社内部のオペレーションの効率性を経営の主たるテーマにしていたのに対して、近代的経営戦略論においては顧客や競合といった外部マターを経営戦略の主要な決定ファクターとして採用したということである。自社の外のファクターに基づいて戦略を決定するという意味においても、ポーターやコトラーに代表されるポジショニング学派は近代的経営戦略論の本流をなす考え方だということができるのである。

ポジショニング学派の有効性について、もう一点挙げることができるのが、戦略策定の手法としての明快性である。ポーターにしてもコトラーにしても、自社の戦略パターンを決定するために必要な情報収集項目や分析事項を具体的に列挙する形で細かく示している。こうした具体的な情報収集項目や分析プロセスを提示することによって、〝データを分析することによってあたかも方程式で答えを出すかのように〟戦略を策定することができるようになったというのも、ポジショニング学派の一つの大きな貢献である。外に目を向けて経営戦略を決定するべしと提起したチャンドラーやアンゾフも、実際の戦略の決定プロセスに関しては定性的な方法論の提示に留まっていたし、具体的な指数や方程式を見出そうとしたＰＩＭＳは詳細で複雑すぎる分析に陥ってしまって、明快な成果に乏しかった。こうした前例に対し、ポーターやコトラーがデータ分析の具体的項目の列挙、ポジション決定の具体的プロセス、及び具体的戦略パターンの提示を行ったことは、彼らの戦略理論を〝現実に使えるもの〟とした。このこともポジショニング学派の貢献として高く評価できる点である。

❷「リソース　ベースド　ビュー学派」：経営資源や組織の強みが有効性の根拠

ポーターやコトラーの「ポジショニング学派」が、競争構造や市場環境など〝外〟の分析に基づいて戦略上のポジションを決めるべきだとするのが最大の特徴であったのに対して、「リソース ベースド ビュー（ＲＢＶ）学派」の主張は、自社のさまざまな経営資源に根ざした模倣困難な自社独自の強さを形成・活用する戦略が有効であるとするものである。そして、ポジショニング学派では主に外に向けられていた経営戦略のスコープが、ＲＢＶ学派では内に向けられたことになる。

ＲＢＶ学派が登場し有力視されるようになったのは、八〇年代の終盤から九〇年代の前半である。この時期はポジショニング学派が八〇年代の初めに登場してからほぼ一〇年が経った頃である。ポジショニング学派は自社のポジションに応じて最も有効な戦略パターンを決定することができるという明快さと、提示された戦略策定プロセスの再現性の高さによって世界中の企業の間に一気に広がっていったのであるが、八〇年代の終盤になるとポジショニング学派流の戦略の有効性に陰りが見えてくるという現象が起きてきた。

どのような現象が起きたのかについて簡単に説明しておこう。

ポーターの三つの基本戦略にしてもコトラーのマーケティング地位による四つの戦略パターンにしても、その戦略的狙いの本質は〝差別化〟である。そしてポーターやコトラーの戦略理論に則って市場／顧客や競合のことを詳細に分析し、自社にとって最も有利な差別化戦略を採るという方法論が多くの企業に広まったために、逆に差別化が難しくなってしまったのだ。どういうことかというと、市場／顧客や競合の客観的データの分析はどの企業にとっても同様の分析結果をもたらすことになり、その分析結果から導かれる意味合いは似たようなものになる。したがって市場／顧客分析に基づいたビジネスチャンスは、どの企業にとっても同じように映るため、多数の企業が同じビジネスチャンスに向けて同じような戦略を展開しようとすることになってしまい、その結果〝差別化〟が利かなくなってしまうというものである。皆が同じようにポジショニング学派の差別化戦略の方法論を採ることによって、差別化が成立しなくなったというこの逆説的現象を「戦略の黄昏（Strategic Decay）」と呼ぶが、ＲＢＶ学派が登場し脚光を浴びたのは、この「戦略の黄昏」現象が時代背景としてあったためである。

同じ事業環境の分析を踏まえた上で、それでも自社にとって最も有利な戦略を展開しようとするならば、定型的な三つの基本戦略や四つの戦略パターンの中から選ぶだけでは不十分で、自社独自の強みに立脚してこそ成立し得る戦略であることが必要である。こうして自社独自の経営資源に根ざした戦略こそが有効な競争戦略であるとするＲＢＶ学派が評価され、実際の企業経営において広く採用されるようになったのである。

ポジショニング学派の提唱する有効な戦略の核心が〝差別化（Differentiation）〟であったのに対して、ＲＢＶ学派の主張する有効な戦略の核心は〝模倣困難性（Inimitability）〟である。ポジショニング学派の戦略策定の手法と戦略パターンを多くの企業が採用した結果、差別化が利かない〟戦略の黄昏〃が生じてしまったわけであるが、ＲＢＶ学派の方法論による戦略策定では各企業の経営資源の多様性を戦略発想の母胎にしているために、そのような同質化のリスクは相対的に小さかった。自社独自の強みは、会社の数だけ存在するからである。

ちなみに八〇年代後半から九〇年代前半にかけて、デリバティブを駆使した金融技術や複雑なＭ＆Ａの手法が開発されたために、資金を調達することのハードルが下がり、カネを強みの根拠としたリソース ベースド ビューの戦略の有効性が低下するという状況が生じた。しかし、カネで買える経営資源を根拠にした模倣困難性は成立しにくくなったものの、その企業の従業員ならではの行動様式や全社的に共有化された価値観、風土といったカネでは買えない、しかも一朝一夕には作

図表Ⅱ－7　戦略の有効性の根拠による分類

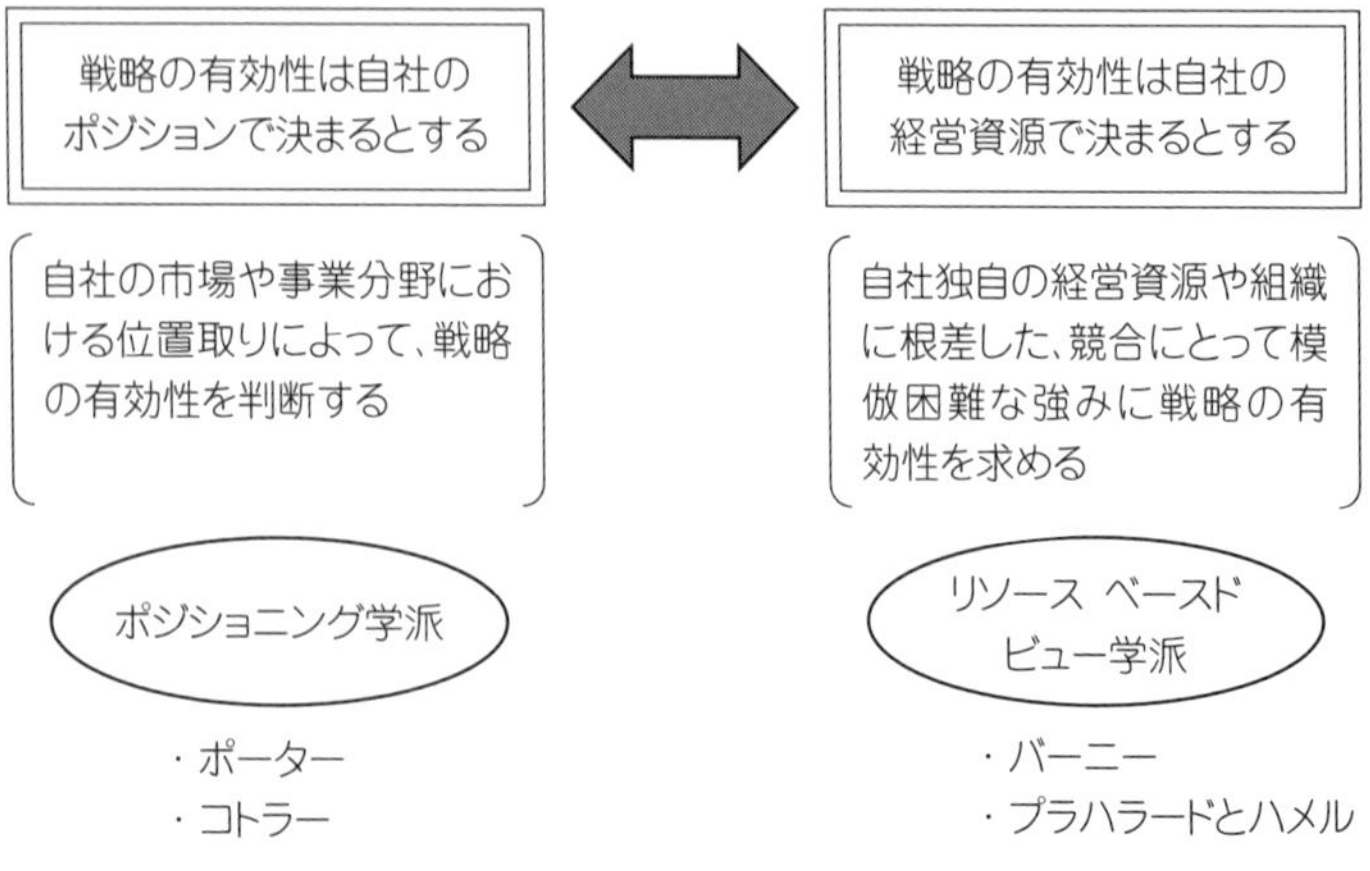
戦略の有効性は自社の
ポジションで決まるとする
戦略の有効性は自社の
経営資源で決まるとする
自社の市場や事業分野における位置取りによって、戦略の有効性を判断する
自社独自の経営資源や組織に根差した、競合にとって模倣困難な強みに戦略の有効性を求める
ポジショニング学派
リソース ベースド
ビュー学派
・ポーター
・コトラー
・バーニー
・プラハラードとハメル

り上げることができない無形の（インタンジブルな）企業資産は、他の企業には簡単に真似ができないので、〝Inimitability Decay（模倣困難性の黄昏）〟は起きなかったのである。

バーニー自身も当初は主に資金力や生産のキャパシティー、営業の拠点数、技術特許、ブランドの知名度といった有形（タンジブル）の経営資源を念頭において「リソース ベースド ビュー」を提唱していたのだが、九〇年代後半以降は企業の文化や風土、及び社員の行動様式といった、組織に根ざしたインタンジブルな強みこそが究極の模倣困難性の根拠となるという見解を持つようになっている。（図表Ⅱ－7）

3　二つの軸による体系化の総括

ここまでの説明で、さまざまな戦略理論は二つの分類軸によって大まかに体系化されることを理解して頂けたであろう。ここで体系化の総括的整理をしておこう。

一つ目の分類軸は、事前の分析によって合理的な戦略を立てることができるのか否かという、「戦略策定の方法論」に関する軸であり、この軸による分類では、「プランニング学派」と「エマージェンス（創発）学派」とに分けられる。

もう一つの分類軸は、戦略の有効性は何を根拠に成立するのかという「戦略の有効性の根拠」に関する軸であり、この軸による分類では、「ポジショニング学派」と「リソース ベースド ビュー（RBV）学派」に分けられる。

先に示した「戦略策定の方法論」の軸と比べると、「戦略の有効性の根拠」の軸は分類のディメンジョンが一つ下の次元にあるということに留意しておかなければならない。どういうことかというと、ポジショニング学派もRBV学派も、どちらも「戦略は合理的に策定できる」という前提で主張が構成されているということである。

ポジショニング学派は、市場環境や競争構造を的確に分析することによって、自社に最も有利なポジションが決まり、そのポジションに基づいて最も有利な戦略のパターンが必然的に決まるとする。一方RBV学派は、自社のさまざまな経営資源について競合との比較分析を行うことによって、競合にとってインイミタブル（模倣困難）な経営資源を見出し、その資源に立脚した戦略を採ることによって、持続的な有効性を発揮することができるとする。両者はこのように、戦略の有効性の根拠こそ〝市場における位置取り〟と〝自社独自の経営資源〟という異なったものであるが、情報収集と分析によって、つまり設計主義的に有効な戦略を立てられるとする点においては、どちらもプランニング学派の系統にある。

このようにどちらの考え方もプランニング学派の系統にあるからこそ、ポジショニング学派であれば5フォース分析や三つの基本戦略、クラスター分析といったフレームワークや、戦略策定のための具体的な手法を開発・提示することができたのであるし、RBV学派であれば、VRIOという分析のフレームワークを示すことができたのである。

一方エマージェンス（創発）学派は、有効な戦略を分析によって事前に計画しようとすること自体が無効であるという主張であるため、具体的な分析フレームワークや戦略発想のための方程式の類いの開発をしていない。この点でも両者は対称的である。ちなみに、一番目の分類軸である「戦略策定の方法論」の軸によって、エマージェンス学派と同じく有効な経営戦略は合理的にプラン（計画）することができない、とする立場にある学派は他にも存在するかというと多くはない。経営戦略論の研究に携わる者にとっての主たる問題意識は、「いかなる考え方と手法によれば、有効な戦略を策定できるのか」ということであり、当然ながら、有効な戦略のパターンやそのための分析手法を探索したり開発したりすることが目的となっている。したがって、普遍性と再現性の高い戦略策定の手法など存在し得ないという、エマージェンス学派のような主張はなかなか系統的に発展することが難しかったのである。

強いてエマージェンス学派に似た立場のグループを挙げるとするならば、それは「ゲーム理論学派」であろう。ゲーム理論学派の主張では、有効な戦略とは競合の動きや顧客の反応に対して自社が採る施策を適応させながら形成していくべきものであるとする。そして、ゲーム理論学派が明らかにしようとしたのは、有効な戦略のパターンや戦略の決定ファクターの特定化ではなく、そうした合理的な戦略策定のプロセスそのものである。有効な戦略が形成されるか否かは、一つ一つの判断や施策が生起するプロセスが重要であると考え、そのプロセスを科学的、数学的に解明しようとしたのがゲーム理論学派なのである。

このように、戦略の有効性の根拠や有効な戦略パターンそのものを追い求めてはいないという意味と、戦略が形成されるプロセスこそが重要だとする考えに立脚しているという意味において、ゲーム理論学派はエマージェンス学派と近い立場であると見なすことができるのである。

以上のような、二つの軸による戦略理論の分類を分かりやすく体系的に図示すれば、図表Ⅱ－8のようになる。そしてこの体系化こそが近代的経営戦略論の研究がスタートして以来、時代と共に次々に登場してきた数多くの戦略理論を、最も明快にかつ分かり易く分類・整理するためのフレームワークとして本書が提示するものである。

図表Ⅱ－8　２つの軸による戦略理論の分類

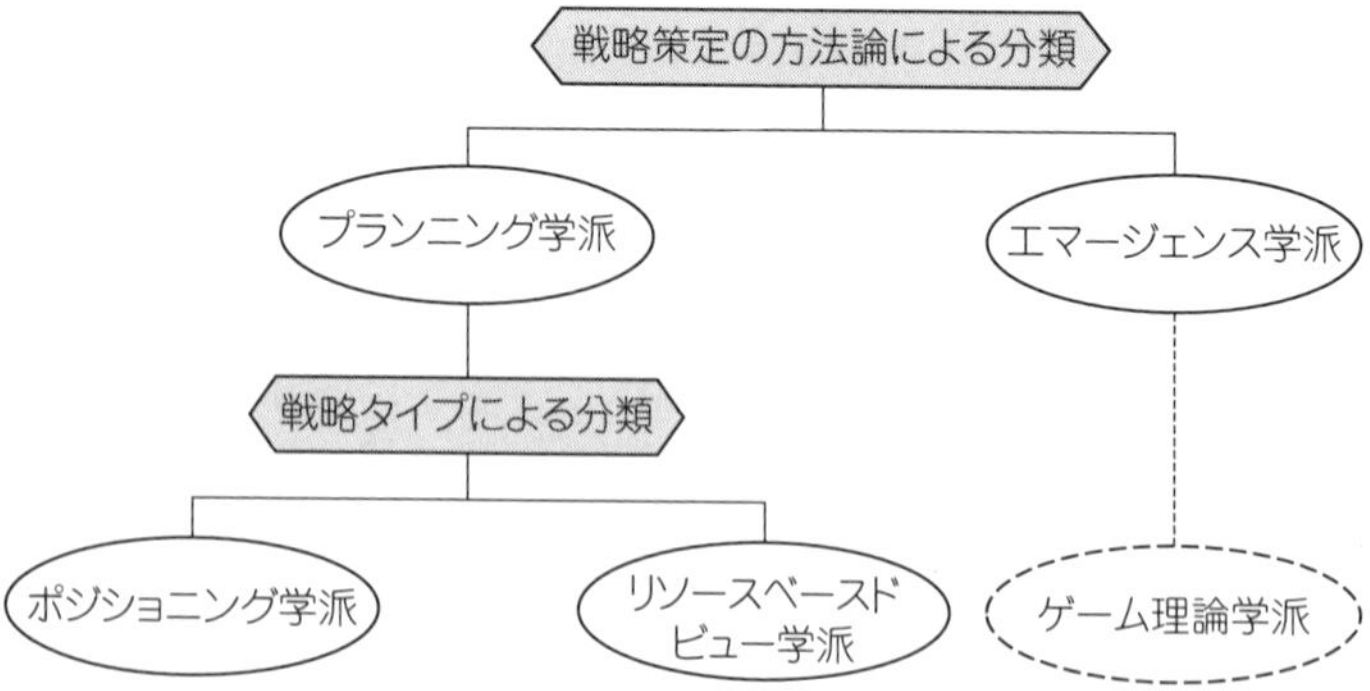

コラム

戦略理論の類型に関する研究

さまざまな戦略理論を何らかの形で分類・整理しようとする試みは、本書において示した分類軸と体系化以外にも存在する。コラムとしては多少長くなるが、ここではその主要なものを紹介し、簡単な解説を行っておこう。

・ミンツバーグによる5Pと10スクール

戦略理論の分類の最初の研究として知られているのは、ミンツバーグによる「5P」と「10スクール（学派）」である。

ミンツバーグは一九八七年に『戦略の5P』という論文を発表し、近代的経営戦略論が登場して以来発表されてきたさまざまな理論を、その理論

図表Ⅱ－9　戦略の 5P

	戦略の定義	代表的な研究者
Plan（計画）	将来にむけて採るべき行動の指針や方針	アンソフ、チャンドラー
Ploy（策略）	競争相手を出し抜く具体的な手段	ゲーム理論学派
Pattern（型）	事業展開の行動に現れるパターン	ミンツバーグ
Position（位置取り）	市場における自社製品の競合に対する位置づけ	ポーター
Perspective（経営理念）	企業の基本理念、全社で共有するビジョン	ドラッカー

において戦略がどのように定義されているのかという観点から五つに分類してみせた。この「5P」が戦略理論の分類としては最初の主要な研究である。

ちなみに「5P」とは、

① **Plan**：計画
② **Ploy**：策略
③ **Pattern**：型
④ **Position**：位置取り
⑤ **Perspective**：経営理念

で、それぞれの具体的な戦略の定義と代表的な研究者／理論は図表Ⅱ－9の通りである。

「5P」は、さまざまな戦略理論を整理・分類するという研究テーマとして最初に提示された主要な分類であったため広く知られるところとなったが、二つの点で問題があった。一つは、ある戦略理論が戦略をどのようなものとして定義しているのかという観点からのみの分類であり、分類軸という視点が欠如していたため、さまざまな理論を体系化していくためのフレームワークとしては脆弱であったという点である。もう一つの問題は、「5P」を発表したのが一九八七年というタイミングであったために致し方ないことではあるが、バーニーのリソース ベースド ビューやコッターの変革型リーダーシップ論といったその後に登場してきた重要な戦略理論を上手く整理することができなかったという点である。

ミンツバーグはこれらの問題点の指摘を受けて、今度は一九九八年に『戦略サファリ』によって一〇の分類を示した。これが「10スクール（学派）」と呼ばれる分類である。10スクールそれぞれの特徴と代表的な研究者／理論は図表Ⅱ－10の通りである。

図表Ⅱ－10　10スクール

	戦略の考え方	代表的な研究者
デザイン スクール	戦略とは、企業の内的能力と外的可能性を適合させることである	アンドリュース、チャンドラー
プランニング スクール	戦略は、さまざまな分析手法や定量データを活用し、システマティックに計画するものである	アンゾフ
ポジショニング スクール	戦略は、分析に基づいて、競争市場における位置取りの選択をするものである	ポーター
アントレプレナー スクール	1人のリーダーの企業家精神に基づいて構築されたビジョンを重視する	ベニス
コグニティブ スクール	リーダーやトップの思考や意思決定プロセスを重視する	サイモン
ラーニング スクール	事業展開のプロセスにおける、組織の創発的な形式（経験による学習）を重視する	パスカル、ハメル、バーゲルマン
パワースクール	交渉におけるパワー（権力、政治力学）の影響力を重視する	マクミラン、アリソン
カルチャー スクール	組織内で共有化されたカルチャー（文化・風土）を重視する	レンマン、ノーマン
エンバイロメント スクール	環境に適合することを重視する（環境が戦略を規定し、組織は環境に対して受動的に形成される）	ハナン、フリーマン
コンフィギュレーション スクール	上記9つを統合した立場で、企業組織の変革を重視する	ミラー、ミンツバーグ

10スクールは、5Pではカバーできていなかった戦略理論の多くを取り込んで整理したことで、分類の網羅性は向上している。しかし5Pと同様に、各戦略理論において経営戦略とはどのようなものとして見なされているのかという観点からの類型化であり、分類軸が明確に示されておらず、体系化のための理論的強度は依然十分とはいえなかった。また明確な分類軸を設定しない類型化を行ったために、提示された戦略理論の類型が一〇パターンにも及んでしまい、明快さに欠ける複雑な分類結果になってしまったことも、10スクールの問題点として指摘されるポイントである。更に、ミンツバーグはポーターの理論に対して痛烈な批判を長らく行ってきていたためか、『戦略サファリ』においてもポーターの業績に対する扱いが極めて批判的でかつ小さかった。この点も公平性、客観性という点で問題視され、結果的に10スクールに対する評価を損なう要因となった。

以上のように、ミンツバーグの5P、10スクールはそれぞれに問題が見受けられるものではあったのだが、六〇年代以降に登場してきたさまざまな戦略理論を分類しようとする研究分野を拓いたという意味においてミンツバーグの貢献は大きいとすべきであろう。

・青島・加藤による二つの分類軸と四分類

二〇〇〇年代に入った頃から、ミンツバーグの5Pと10スクールに対して指摘された問題を解消するために、多くの研究者の間でさまざまな戦略理論の分類・体系化の研究が進められていった。その中でここでは世界的にも評価の高い一橋スクール（一橋大学の研究者グループ）による二つの研究を紹介しておこう。青島矢一と加藤俊彦による『競争戦略論』（二〇〇三年）で示された分類と、沼上幹の『経営戦略の思考法』（二〇〇九年）での分類である。

　青島・加藤は『競争戦略論』の中で、ミンツバーグの分類（10スクール）を「過剰な類型化」と指摘した上で、彼ら独自の二つの分類軸、即ち利益の源泉が企業の内部にあるか外部にあるかという「利益源泉の軸」と、戦略を策定する際に重視するのは戦略の要因（戦略の狙いと勝つための根拠）かプロセスかという「戦略スタンスの軸」を示し、さまざまな戦略理論を四つに類型化した。

図表Ⅱ－11　青島・加藤による２つの軸と４つの分類

〈利益の源泉〉

〈戦略のスタンス〉	企業外部	企業内部
要因重視	ポジショニング アプローチ	リソース ベースド ビュー
プロセス重視	ゲーム理論アプローチ	学習アプローチ

四つの類型とは、

① ポジショニング アプローチ
② リソース ベースド ビュー
③ ゲーム理論アプローチ
④ 学習アプローチ

で、それぞれの特徴は図表Ⅱ-11の通りである。

青島と加藤による二つの軸の設定とそれに基づく四分類は、ミンツバーグの分類よりもロジカルかつ明快で説得力を持っていたために広く受け入れられることになった。

しかし、青島と加藤によるこの分類もいくつかの問題を孕んでいる。この分類だと、近代的経営戦略論を拓いたプランニング学派などの重要な研究を上手く分類できないこと。またこの分類では、本来であればエマージェンス学派が入るべきと考えられる企業内部×プロセス重視の項に、学習アプローチを入れてしまっているのも、不自然な感じがぬぐえないことである。

これは一橋スクールの重要な主張である日本的経営モデル（学習アプローチ）の有効性を前面に出そうという意図が強く働き過ぎてしまい、学習アプローチをエマージェンス学派以上に重要視してしまったためではないか、と忖度される。青島・加藤が示した二つの軸によってさまざまな戦略理論を整理し体系化するというアプローチは、方法論的にはミンツバーグの分類よりも完成度が高く論理性において大きな進歩が認められるものの、分類の結果においては無視し得ない問題が指摘されるのである。

・沼上による三つの分類軸と六分類

これらの問題を解決するために提示されたのが、青島・加藤と同じ一橋スクールの沼上幹による分類である。

沼上は『経営戦略の思考法』（二〇〇九年）の中で、

ⅰ．戦略は計画できるものか創発的なものか
ⅱ．強みの源泉はポジショニングかリソースか
ⅲ．スタティックな戦略かダイナミックな戦略か

という三つの分類軸を採用し、戦略理論を六つに分類した。

六つの分類とは、

① 戦略計画学派
② 創発戦略学派
③ ポジショニング ビュー

④　リソース ベースド ビュー
⑤　ゲーム理論的アプローチ
⑥　ダイナミックな経営資源観

である。

沼上の分類は明快な三つの分類軸を設定したこと、それによって青島・加藤の分類では体系の中にプロットできなかったプランニングとエマージェンス（創発）が扱えるようになったことにおいて、分類方法と分類結果の両面で完成度が向上したと評価できる。

しかし、この沼上の分類にも若干の問題が残る。まず、三つの軸によって分類すると論理的には八類型になるべきであるのに、沼上の分類では六類型に落とし込まれている。これは三つの分類軸が必ずしも十分な独立性と普遍性を備えていないことを意味する。また、そもそも三つの軸による体系化はロジカルには三次元空間の中での分類を意味することになり、複雑で分かりにくい。そして、これら二つの問題点のために分類結果としての六類型が体系としてではなく、ややもするとミンツバーグの5Pや10スクールと同じく、並列的な分類に見えてしまう嫌いが生じてしまっている。三つの分類軸のそれぞれは明快かつ論理的であるため、こうした問題は残念なところである。

それでもなお青島・加藤、及び沼上ら一橋スクールの研究者達の提示した明快かつ論理的な分類軸の設定とそれによる体系的類型化の研究成果は、ミンツバーグの分類と比べて方法論的に大きな進展があるのは確かである。その意味において、これら一橋スクールの研究者による業績は、経営戦略論研究に対する日本人研究者の大きな貢献であると高く評価されるべきであろう。

・本書での分類の位置づけ

戦略理論の分類と体系化に関する以上の説明を参考にして、本書で提示した分類の軸とそれによる体系化の内容を相対化しておこう。これらの分類と比べることによって、本書で示した分類と体系化の合理性をより的確に理解することができるであろう。

ちなみに、本書で提示した〝戦略は合理的に策定することができるのか、否か〟という「戦略策定の方法論の軸」は、沼上の「戦略策定スタンスの軸」と同様であり、〝何を強みの根拠とすべきか〟という「戦略の有効性の根拠の軸」は、青島・加藤の「利益の源泉」や沼上の「何を強みの源泉とするか」とほぼ同様である。

その意味では、本書で提示した分類の軸とそれによる体系化は、沼上の第三の分類軸である「スタティックかダイナミックか」という軸を省いたものに近い。本書においてこの軸を省いた理由は、一つには〝戦略は合理的に策定できるか、否か〟という「戦略策定の方法論」

の軸（沼上では「戦略策定スタンスの軸」）によって分類されるエマージェンス（創発）は必然的にダイナミックであり、「スタティックかダイナミックか」の軸と同義的になってしまうため、これら二つの軸の間の独立性が損なわれてしまうと考えるためである。またもう一つの理由は、三つの分類軸による三次元空間での体系化は、人間の認知パターンとして明快に腑に落ちる形での理解の範囲を超えていると判断したためである。

以上のような先達の研究をベースに論理性と明快さを重視して、本書では「戦略策定の方法論の軸」と、「戦略の有効性の根拠の軸」による分類・体系化を提示したのである。

【第3章】

戦略理論と企業経営

戦略理論は企業経営にいかに貢献し得るのか

ここまで本書では、第Ⅰ部において時代と共に次々に登場してきた主要な戦略理論について紹介・解説した上で、第Ⅱ部においてそれら数々の戦略理論の発展の流れの中に読み取ることができる三つの潮流を示し、次いで戦略策定の方法論と有効性の根拠という二つの分類軸によってさまざまな主張を持った戦略理論を体系化するという整理を行ってきた。本章では、これまでの検討とはまた別の次元の観点から戦略理論の考察を行うことによって、経営戦略論というものの本質を浮かび上がらせていく。具体的には、経営戦略論が研究の対象としている実際の企業経営と研究の成果であるさまざまな戦略理論との関係性についての考察である。

なぜ一見当たり前のように見える両者の関係性をあえてここで検討テーマとして取り上げたのかというと、経営戦略論の本質を理解するためには、経営戦略論研究の意義と有効性のレンジを明確にしておく必要があるからである。

そもそも経営戦略論は、企業が実際に経営戦略を策定し戦略的事業展開を行っていくことに対して、現実的に貢献することができ得るのかという素朴な疑問がある。例えばポーターらによるポジショニング学派の戦略理論が登場したのは八〇年代前半で、九〇年代にはポジショニング学派の戦略に対するアンチテーゼとしてのＲＢＶが主流になった。この事実の解釈として、ポジショニング学派の考え方に従って戦略を策定し、実際の事業展開において成功を収めることができた期間は一〇年間足らずというごく短期間に過ぎないのではないのか、という疑問が頭をよぎるのである。またこうした疑問の延長線上には、同様に八〇年代後半になって、多くの企業がポジショニング学派の考え方に基づいた戦略を採っているときに、ポジションにこだわらずに自社の経営資源の強みを活かした企業が成功しているケースが多かったからこそ、そうした事実を後追い的にＲＢＶと名づけて理論化したのではないかという見方も成立するのである。そしてこうした疑問は連鎖的に続いていく。ＲＢＶの有効性についても同様で、ＲＢＶが理論化されて確立する頃には、変革型リーダーシップ論や、チェンジ　マネジメント論が示すような施策によって（しかもそれらの施策が戦略理論として確立される前に）、経営を実行している企業が成功を収めていたのかもしれない。

つまり全ての戦略理論研究は実際の企業経営において成功を収めた事例の化石を拾い集めて標本作りをしているだけではないのか。いくつもの化石を拾ってきて、選り分けて、組み立て直して、標本ができ上がった頃には、標本として明らかになったマンモスのような巨体や長いキバは全く通用しない、新しい環境に移ってしまっているのではないかという問題意識である。

経営戦略論が実際の企業経営に対して、果たして現実的に貢献し得るものなのかという問題意識の根底には、更にもう一つ別の疑問もある。それは、数多くの戦略理論の中には明らかに相反的な主張を持つものが少なくないという事実から想起される疑問である。典型例は、プランニング学派とエマージェンス学派の相反である。戦略は合理的に計画できるという主張と、戦略は合理的に計画することはできないという主張とは明らかに相反するものであり、理屈の上では両立しない。実際の企業経営における戦略策定では、ある程度の部分までは計画することができるし、計画すべきであるが、ある程度以上の部分はやってみながら修正したり作り込んでいくべきである、というのが現実の姿であろう。実際の企業経営は極めて複雑でさまざまなファクターやメカニズムが内包されているので、単純な法則や方程式がそのまま当てはまるものではないのは当然とはいえ、完全に対立する主張を持った二つの理論がどちらも有力と認められて併存している状態であってもかまわないものであろうか、という問題意識である。

本章ではこうした問題意識を前提に、さまざまな主張を持った戦略理論と、実際の企業経営における戦略策定行為や戦略的事業展開との関係を検討することによって、経営戦略論の意義を確認し、良き経営戦略論研究のあり方を考えてみることにする。

1　経営戦略における四つの相反性

戦略理論と実際の企業経営との関係について考察するために、まず理解しておかなければならないのが実際の企業経営の多面性と複雑性についてである。第Ⅱ部の第1章で解説した経営戦略論のトレンドが示しているのは、実際の企業経営はシステマティックでもあり、ヒューリスティックでもあるということである。また、経営戦略において検討すべきテーマとしてはハードイシューもあれば、ソフトイシューもあるということである。そして、有効な経営戦略を策定するためのアプローチとしても、スタティックな手法もあれば、ダイナミックなスタイルもあるということである。時代の変遷と共に〝ヒューリスティックへ・ソフトへ・ダイナミックへ〟という潮流にあるものの、〝システマティック・ハード・スタティック〟という経営戦略の側面が完全に消失したわけではない。

このことに見て取れるように、企業の経営戦略にはさまざまな研究によって光が当てられて明らかにされた多様な面が確かに存在する。目まぐるしく変化する環境に適応しながらさまざまな経営資源を活用して、成長と収益を追求していくための計画と実行の総体が経営戦略なのであるから、実際の企業の経営戦略が複雑で多面性を持つのは当然のことであろう。そして実際の企業経営における経営戦略が満たさなければならないさまざまな要件の中には、いわば「あちらを立てればこちらが立たず」といった相反的な関係にあるものが現実として存在するのである。相反的な関係にある要件／ファクターに何とか折り合いをつけて環境に適応した事業展開の計画を立て、組織を動かして計画を実行していくのが実際の企業経営であり、企業の経営戦略のリアリティー（実態）なのである。こういう認識に立てば、さまざまな戦略理論の主張が極めて多様で、時として理屈の上では両立し得ないように感じることも、ある意味当然のこととして理解できるであろう。

ここでまずは、経営戦略論と実際の企業の経営戦略との関係についての検討に入る前に、さまざまな戦略理論の多様な主張の母胎となっているともいえる、実際の企業経営の複雑性について解説しておこう。実際の企業経営において有効な経営戦略のあり方と策定手法を複雑で難解なものにしているのは、あちらを立てればこちらが立たずの関係、即ちトレードオフの関係にある「四つの相反性」である。

四つの相反性（トレードオフ）とは、

①　現在と将来の相反
②　一貫性と柔軟性の相反
③　集権と分権の相反
④　資本と組織の相反

である。

以下、実際の企業経営に内在する四つの相反性について一つ一つ解説していく。

❶ 現在と将来の相反

企業は going concern（継続企業の前提）であるといわれるように、継続的、持続的に成長と収益を追求するために運営される。したがって、そのために必要な経営戦略としては、どのようにすれば現在の顧客のニーズにミートすることができ、競合に打ち勝って高収益を上げることができるのかを示す短期戦略と、どのようにすれば将来に向けて経営基盤を充実させることができ、競合優位性を向上させながら持続的成長を実現することができるのかを示す長期戦略の両方が求められる。そして一般的には同じ企業の戦略でも、有効な短期戦略と長期戦略とは大きく異なっているのが常である。

もちろん一つの戦略で現在と将来の両方を満たすことができるのであればそれにこしたことはないのだが、実はそれは極めて困難であることが多い。なぜならば短期戦略と長期戦略とでは、その戦略が重視すべき成果も、戦略内容を構成するファクターも、戦略策定のための判断材料も、大きく異なっているからである。具体的には、短期戦略においては収益性がより重視されるのに対して、長期戦略においては成長性や市場の支配が主たる目的とされることが多い。そして、そうした目的を達成するために重視すべき戦略ファクターとしては、短期戦略では顧客ニーズや競合に関するマターであるのに対して、長期戦略においてはさまざまな経営資源や組織のスキル・

行動様式といった自社のケイパビリティー（実行能力）にウエイトが置かれる。また短期戦略を策定するためには種々の定量的データを活用することができる上に簡単なテストマーケティングを試してみることも可能で、不確実性は比較的低い。一方、長期戦略を策定するためには、自社のケイパビリティーという主たる戦略ファクターがそもそも組織の風土や社員のモチベーションといったソフトファクターとしての性質を持っていることに加えて、顧客の好みやニーズの変化、競合の動き、更には技術動向や社会の政治・経済の動きまで読み込む必要があり、極めて不確実性が高い。このように、同じ企業にとっても、現在のための短期戦略と将来のための長期戦略とでは、目指すべき成果、主たる戦略ファクター、そして情報の不確実性と戦略確度に至るまで、全てが全く別物なのである。

しかもそれだけであれば、企業の経営戦略において現在（短期戦略）と将来（長期戦略）は必ずしも同一線上にあるわけではないので、独立的に策定すべきであるということになるだけなのだが（それだけでも十分に厄介ではあるが）、厄介なことに現実的には短期戦略と長期戦略とが相反的（トレードオフ）であることが珍しくないのだ。端的にいうと、今有効な戦略で高収益を上げると将来に向けた長期的発展性を阻害してしまうリスクがあり、逆に将来性を重視して自社のケイパビリティー強化に走ると足元の収益性を損なう可能性が高いということである。

今高収益を手にするためには現在の顧客ニーズや競合状況に対して最も有効な戦略施策を展開

することが必要であるが、今の事業環境に対して最適化された施策が、将来に向けての最適化モデルと同じである必然性はない。顧客ニーズの変化や競合の対抗策の高度化などが起きることを考えると、むしろ現在における最適化策は、将来の最適化モデルとは異なっている蓋然性が極めて高いのである。現在の状況に対して一度最適化モデルが構築されると、そのモデルは足下の成功とともにより洗練されて固定化されていく。そうなると中長期的な事業環境の変化に対する硬直性が発生し、長期的には大きなリスクとなってしまうのである。

一九七五年のマッキンゼーの調査では「企業の寿命は三〇年」という報告がなされたが、二〇〇三年の同様の調査では「企業の寿命は一五年」という調査結果であった。一五年というサイクルで一つの成功モデルが通用する期間が終焉を迎えてしまう近年の事業環境を考慮すると、経営戦略における「現在と将来の相反」は、ますます重い課題となってきていると認識すべきであろう。

ちなみに、実際の企業が包摂する現在の収益と将来に向けた成長という、経営戦略の二極性にそれぞれ対応した典型的な戦略理論は、ポジショニング学派と後期ＲＢＶのコアコンピタンス論だと見なすことができよう。ポジショニング学派としてのポーターやコトラーの戦略理論は、現状における市場構造と競争条件に関する明快な定量的分析によって、効果的に競合に打ち勝って収益を極大化するための、現状における最も合理的な戦略施策を与えてくれるものである。それに対してプラハラードとハメルによるコアコンピタンス論は、企業が中長期的に発展を続けていくために有効かつ必要な自社の強みを正しく認識し、継続的にその強みを維持、強化していくことの重要性を主張するものである。ポジショニング学派の提示する定量性、定型性と比べると、コアコンピタンス論の主張はそれほどの明快性、具体性は持たないものの、提示される戦略の有効性の期間は長期的である。こうした両者の違いは戦略理論としての完成度の違いではなく、両者が研究の対象としている経営戦略が、短期的なものなのか長期的なものなのかの違いからくるものだと理解しておく必要があるのである。（図表Ⅱ－12）

❷ 一貫性と柔軟性の相反

次いで、有効な経営戦略に求められる一貫性と柔軟性について検討してみよう。

実は、実際の企業が効果的に戦略目標を達成し、長期的に発

図表Ⅱ－12　現在と将来の相反

<短期戦略>	⇔	<長期戦略>
収益性	〈戦略目的〉	成長性、市場の支配
顧客ニーズ、競争条件	〈重要な戦略ファクター〉	自社のケイパビリティー
ex. ポジショニング学派		ex. コアコンピタンス論

展を遂げていくために必要な一貫性と柔軟性の相反問題は、先に検討した現在と将来の相反よりも更に厄介で難しい問題である。現在と将来の相反性の問題は、企業の持続的発展と継続的競争力強化のための長期戦略の方針に整合する形で短期戦略を策定するという調整を行うことが可能である。長期戦略の方針に従うことによって短期的な成果の最大化を狙うことはある程度諦めなければならないかもしれないが、中長期的な競争力強化をベースにした流れの中で、その流れに調和的な短期戦略を採ることによって累積的成果を時間の経過とともに極大化していくことができるという戦略シナリオは説得力を持つ。

一方、一貫性と柔軟性の相反は二つの意味で厄介である。まず、〝一貫性〟と〝柔軟性〟という言葉自体はどちらもポジティブな表現であるが、その実態は〝硬直性〟と〝一貫性の欠如〟という言葉で表される内容と何が違うのかを明確に説明することはかなり難しい。ある戦略を貫いたことが、あるいは逆にある戦略を途中で転換したことが、成功の要因となったのか、失敗の原因となってしまったのかは、事業展開が結果として上手くいったのか、いかなかったのかによって定まってしまうという側面があるからである。つまり、ある戦略を貫くことを「一貫性がある」と評するのか「硬直的である」と評するのかは結果論でしかないという問題である。

このことをもう少し具体的に説明してみよう。ある戦略を一貫性を持って貫くべきか柔軟に変更すべきかは、最初に戦略を計画したときに予想した状況と実際に戦略を実行してみて判明した現実との乖離が、どの程度であるのかによって左右される。予想とは大きく違った現実に直面しても頑として当初の戦略を変更しないのは〝硬直的〟であるが、また一方でほんの少しでも予期してなかったことが起きるたびに戦略方針を見直してしまうのでは、一貫性の欠如といわざるを得ない。即ち、事前の予想や目論見と実際の状況とのギャップがどの程度ならば一貫性をもって貫き、どの程度ならば柔軟に変更を施すべきなのかは、結果論的にしか判断することができないのである。

二つ目の厄介さは、ある戦略を一貫性をもって遂行するべきなのか状況に応じて柔軟に転換するべきなのかは、元々の戦略のでき具合いがどれくらい適切なものであったのかに大きく左右されるということである。結果論的に、多少の環境変化があったとしても右往左往することなく、当初の戦略方針を貫いたことが成功をもたらしてくれたとしても、それは一貫性を保ったからというよりも当初の戦略の的確性が高かったからだと見なすことも可能である。同じように、環境変化の兆候を機敏に読み取って、当初の戦略に固執することなく方針転換を行い、成功を手にすることができた場合でも、最初に立てた戦略が杜撰だっただけなのかもしれないとも考えられるのである。

実際の企業経営における成功事例を見てみても、一貫性を貫いたからこそ成功を手にすることができたケースも、柔軟な戦略転換を行ったことが成功の要因となったケースも、どちらも枚挙にいとまがない。

東レは一九六〇年代に着手した炭素繊維開発を、長期にわたる赤字の継続と物理的に不可能といわれるほどに難易度の高い技術への挑戦を一貫して五〇年間も継続することによってついに乗り越え、二〇〇〇年代になって夢の新素材として完成させた。その結果、今後数十年にわたって大きな収益を期待することができる新たな主力事業を確立することに成功した。

アマゾン ドットコムは、九五年にインターネットで書籍販売を行う事業を始めたのだが、単にインターネットで受注を行うだけの業態としてではなく、「クリック アンド モルタル」というビジネスモデルコンセプトを掲げて、現物の流通までを含めた総合的流通業態を目指した。インターネットと実業を統合したクリック アンド モルタルの実現のためには、保管倉庫や配送センター、物流ネットワーク等々に対する莫大な投資と時間が必要で、長年にわたって利益を圧迫し続けた。この間、資本市場の投資家からは一年でも早く可能な限り多額の利益を計上することを求められ、強いプレッシャーにさらされ続けたが、結局起業から二〇年で総売上高約八九〇億ドル（約一〇兆円）を達成し、世界の小売業のトップ10入りを果たした。この背景には赤字の連続の中でも、クリック アンド モルタルというビジネスモデルを追求し続けた一貫した経営戦略があったのである。

一方、柔軟に戦略を転換したことによって成功を手にした事例も少なくない。

本書で先に紹介したホンダのアメリカ進出の事例は世界的に有名なケーススタディーの材料になっているほどである。巨大市場であるアメリカに大型バイクでの参入を目論んだホンダは、戦略製品をスーパーカブという小型バイクに切り替えたことが成功の要因である。

近年の事例では、今や世界中で最も多く閲覧されている動画サイトであるユーチューブのケースが好例であろう。二〇〇五年にユーチューブはインターネット上での男女間の出会いのためのサイトとして事業を立ち上げたが上手くいかなかった。そこで、個人で動画をインターネット上に気軽にアップすることができ、誰でも簡単にそれを見ることができるという機能だけを残した形の動画投稿サイトに、たった半年間で戦略転換した。この転換が功を奏し、爆発的にユーザー数が伸びて、事業開始からたった一年後の二〇〇六年に一六億五千万ドルという巨額でグーグルに買収されるという形で、成功裡にエグジットを果たしたのである。

こうした事例からも分かるように、戦略は一貫して貫く方が良いのか、あるいは柔軟に方針転換をした方が良いのかについては極めて判断が難しい。しかし、この難しさこそが不完全情報と不確実性の下で事業展開を行っている現実の企業が直面させられている、最も困難な経営戦略テーマなのである。気まぐれに環境変化が起き、不確実性に満ちた条件の下で、一貫性と柔軟性について論じることは、経営戦略論の研究としても挑戦のしがいのあるテーマであることは間違いない。

このテーマに関して、現実的で説得力を持った戦略理論としては、「戦略は当初から的確に作り込むことは不可能であり、現場のミドルマネジャーによる判断と対応を積み重ねて形作っていくべきものである」との主張を持つミンツバーグらのエマージェンス（創発）学派の理論が挙げられよう。エマージェンス学派の主張は、戦略遂行のプロセスにおいて常態的に施策の修正を重ねていくという意味で柔軟性に重きを置いた理論と見なすことができる。

また近年では、環境条件の変化をどのように戦略に反映させ、どのような判断を重ねていくのが合理的なのかという、戦略判断の合理的プロセスを数学的に解明しようとするゲーム理論学派の研究も、柔軟な変更をテーマとした有力なチャレンジであろう。

こうして見ると、エマージェンス学派もゲーム理論学派も〝柔軟性〟の方に重きを置いた戦略理論だと評価できるが、だからといって経営戦略に〝一貫性〟は必要ないのかというと、もちろんそうではない。

大きな環境変化が次々に起こる不確実性の下で経営を行わなければならない現実の企業は、ややもするとそうした変化に対してその都度対応しようとして右往左往してしまいがちである。しかし、どのような戦略も、準備をして実行に移し、実行部隊がその戦略施策に習熟して成果が出るようになるまでには、ある一定の期間を要するものである。したがって、成果が出るようになるまでの一定期間を経るまでに安易に戦略方針を変更してしまうのは、柔軟な対応というよりも戦略を無駄にしてしまう行為だといわざるを得ない。その意味において、一貫性を持って戦略を遂行することは原則的に非常に重要である。多様な変化の起きる事業環境の中でさまざまな強み・弱みや個性的ともいえる行動様式を持った複雑な組織を動かして、継続的に収益と成長を追求していかなければならない現実の企業にとって、戦略の〝一貫性〟は企業経営が必要とする最も重要な要件であることも間違いない。（図表Ⅱ－13）

❸ 集権と分権の相反

経営戦略が抱える三つ目の相反性が、「集権と分権の相反」である。ここでいう〝集権〟とは企業のトップに経営戦略に関わる意思決定の権限を集中することであり、〝分権〟とは戦略の実行を担っている部門が自部門の戦略に関する意思決定の権限を持つ形態である。

企業が効果的に成長や収益を達成するための戦略目

図表Ⅱ－13　一貫性と柔軟性の相反

＜一貫性の重要性＞	⟷	＜柔軟性の重要性＞
ある施策の成果が出るまでには、一定の期間を要するものであるから、多少の環境変化があっても右往左往することなく一貫性のある戦略をとるべきである		現実の経営は不確実性を伴うため、当初立てた戦略に固執せずに、状況に応じて適宜変更していく柔軟性が重要である
…ただし、予想と大きく異なる現実に直面しても頑として当初の戦略を変更しないのは“硬直的”である。		…ただし、ほんの小さな想定外のことが起こっただけであっても戦略方針を変更してしまうのは“一貫性の欠如”である。

標を追求していくためには、全社的観点から経営戦略を決定し、全社的観点から最適な資源配分を行い、戦略の遂行に関しても各部門が統制のとれた動きを実現することが求められる。そのためには経営戦略の策定と経営資源配分に関する全権を、トップが掌握する中央集権型のマネジメントが合理的である。各部門が独自の利害と思惑によって戦略を策定・展開していたのでは、仮に各部門毎の個別最適化が図られたとしても、全体最適の姿からはかけ離れた経営戦略になってしまう可能性が高い。

戦略的経営の核心は〝選択と集中〟であるといわれるが、各部門がそれぞれ自部門の利害を優先していたのでは全社的最適化のための選択も集中も決して実現しない。多くの企業が七〇年代後半から八〇年代にかけて盛んに多角化を行い、挙句の果てにほとんどの多角化事業が失敗してしまった原因としては、集権的な事業の選別が行われずに〝だらしない多角化〟が蔓延してしまったことが大きい。戦略的経営のための要諦である選択と集中を実現するためには、集権的であることが求められるのである。

しかしその一方で、集権的に経営戦略を策定し、実行をコントロールしようとするスタイルに問題がないわけではない。トップが戦略に関する意思決定の権限を一手に握ってしまうことは、少なくとも二つの問題を引き起こす可能性がある。

一つは、現場で実際の事業をコントロールしているミドルマネジャー（事業部長クラス）のイニシアチブを阻害することになり、現場ならではの判断や経験を即時的かつ柔軟に戦略に反映することが困難になることである。全社最適の観点から全体最適のための戦略を策定し、それに合わせて合理的な資源配分を決定することができるのはトップであるが、個別の事業において顧客や競合の日々の動きや変化に接しているのは現場の担当者であり、現場で起きる顧客や競合の動きに対して最も有効な手立てを考え、実行すべきことを即座に判断できるのは、現場の担当者を束ねてマネジメントしているミドルマネジャー（事業部長クラス）である。エマージェンス学派は、現場で起きる日々の動きや変化を反映させた形で戦略を作り込んでいくことこそ、戦略を現実的に有効なものにするために最も有効な方法論であり、現場からのフィードバックによる戦略の修正と工夫を積み上げていくことが、本来の意味での戦略策定であると提唱しているほどである。集権型の経営戦略策定と実行では、こうした現場の気づきと経験による判断を即座に戦略に反映することが難しくなってしまうという弊害があるのである。

集権型マネジメントが持つもう一つの問題は、戦略の実行を担当する現場の当事者意識が損なわれてしまったり、モチベーションダウンが起きてしまったりすることである。現場の事情を十分に分かっているとはいえないトップが何をするのか、どのようにするのかを決め、現場の実行部隊はトップが決めたことをただやらされるだけというのでは現場の士気は高揚しない。また、不可避的な原因や事情があって施策の実行が計画通りに進まないのに低い評価を与えられたり、現場の気づきやアイデアを上申しても戦略にはなかなか反映されないというのでは、現場の実行部隊は当然ながらミッションと業務に対して高いモチベーションを維持することはできない。そのうち、指示された業務に懸命に取り組んでいるフリをしながら、気に入られそうな報告書ばかり書くようになってしまうリスクすら生じる。組織が一度こういう状態になってしまうと、新しい戦略を打ち出したとしてもその戦略が的確に実行されることはない。

こうした状況にならないためには、分権も不可欠である。そもそも組織が大規模化すればするほど、企業が歴史を重ねれば重ねるほど、担当者の当事者意識は希薄化し、事なかれ主義がはびこり、チャレンジではなく保身を優先する者が増えてくるものである。これを大企業病とか組織の硬直化とかと呼ぶが、こうした企業にとって致命的ともいえる深刻な症状に対する特効薬が、権限委譲、即ち分権化である。

集権と分権の問題に関して明確な主張を表明しているのは、プランニング学派とエマージェンス学派である。プランニング学派は顧客や競合に関するさまざまな情報をトップに集約し、的確な分析に基づいて全社的観点から最適化戦略と資源配分を行うことこそ、合理的な経営戦略のあり方だと提唱した。一方、先にも説明したように、エマージェンス学派は実際に事業を担当しているミドルに判断を任せ、工夫と修正を積み上げていくことが有効な戦略を形成していくための適切な方法であると主張した。

どちらの主張もがそれぞれに合理性を含んでいるが、どのマターに関しては集権で、どのマターについては分権でという線引きを実際に行うのは難しい。実証研究的に明らかにされているのは、分権が過ぎると〝だらしない多角化〟が起き易いこと、大企業が大きな戦略方針の転換を行う際には強力なトップによる主導が不可欠なことくらいである。この事実からすると、経営戦略における集権／分権のバランスを決定すること自体が重要な戦略的検討事項だといえるだろう。（図表Ⅱ－14）

❹ 資本と組織の相反

企業は社会から資金を集め、その資金で原材料を調達し、人々を雇用し、雇用した人々の労働で商品を作り出すことを通じて資本の増殖を図ることを目的にした存在である。このことが示すのは、企業の

図表Ⅱ－14　集権と分権の相反

＜集権型＞		＜分権型＞
・選択と集中が行いやすい ・大きな戦略転換にトップの主導は不可欠である	〈メリット・有効性〉	・モチベーションや当事者意識を高められる ・現場における気づきや経験による判断が戦略に活きる
・気づきや経験を即時的かつ柔軟に戦略に反映しづらい ・現場の当事者意識の希薄化やモチベーションダウンに繋がりやすい	〈デメリット〉	・自部門の利害を優先しがちである ・だらしない多角化が起きやすい
ex. プランニング学派		ex. エマージェンス学派

最も根源的な資源は資本（カネ）であり、それと同時に実際の活動を行う主体はヒトから成る組織であるという企業の現実である。こうした企業のそもそもの成り立ちに根ざして、企業の本能ともいえる二つの根源的指向性が発生する。〝資本の本能〟と〝組織の本能〟である。資本の本能は増殖を指向する。組織の本能は保守化と肥大化の傾向を持つ。そして二つの本能の根源的指向性の違いが、企業の経営戦略に重大かつ深刻な相反性をもたらすのである。これが実際の企業経営が孕む四つ目の相反性、資本と組織の相反である。（資本の本能と組織の本能の相反と呼ぶ方がより正確である。）

もう少し具体的に説明しよう。

資本の本能は増殖を指向するため、より多く売れるモノ、より儲かりそうなモノを作り出そうとし、より多く売れるような売り方を工夫しようとする。つまり顧客ニーズに対応しようとし、市場環境に適応しようとするのである。これは成長と収益を追求する企業としては極めて健全な指向性である。

一方で、組織は保守化の本能があるため変化を嫌い、前例主義や手続き至上主義に陥る傾向がある。しかも肥大化の本能も備えているために、無用な管理業務や屋上屋を架けるような職制などの非効率な仕事と組織を自己増殖的に生み出していく。その結果、環境変化に対応することは拒絶しながら、内向きの仕事だけを増やす形で組織の肥大化と生産性の低下が進行することになる。こうして組織の本能は市場からの乖離と底無しの非効率化という企業にとって致命的な状況を招いてしまう危険性を持っているのである。

こうした組織の本能の危険性は、資本の本能を伴わない官僚組織の例を考えてみれば明らかであろう。日本に限らず時代の古今、洋の東西を問わず、官僚組織といえば前例踏襲主義で、硬直的で例外を認めず、目的よりも手続きにこだわり、どんどん肥大化していくものと相場が決まっている。日本語に限らず、英語でも仏語でも独語でも中国語やロシア語でも、〝官僚的〟という言葉が表す意味合いは概ね似たようなものであるという事実が、このことを示している。

そして資本や市場と切り離されて、組織の本能だけで運営される組織体がどうなるのかは、二〇世紀後半に成された壮大なスケールの社会実験によって答えが出されている。東西冷戦という資本主義対社会主義の対立である。市場経済を否定し、自由選挙という政治に関する市場機能も持たなかった社会主義国は、ソ連も東欧諸国も崩壊した。中国だけは政治面には社会主義の看板を残したものの、経済面には市場経済を導入して〝社会主義的市場経済〟というハイブリット型の体制でサバイバルを図ったが、この中国の場合も国家を窮地に追い込んだのは市場からの乖離と、環境への対応を拒絶した組織の本能による官僚主義であり、あわやという所で国家の危機を救ったのは資本の論理が利く市場主義だったのである。

このように企業という組織体を経営していくためには、変化を拒絶し放っておくとどんどん肥大化・非効率化を進めてしまう組織の本能なるものは極めて厄介な存在である。ならば、資本の本能だけに従って企業経営を行えば良いではないかと思料する向きもあるかもしれないが、そうもいかない。なぜならば、企業の実体はヒトから成る組織だからである。人間が精神だけで生きていけばお腹も空かないし眠る必要もない、というわけにはいかないのと同様である。何もしなくても腹が減り、動くと疲れ、夜は眠らずにはいられなくなる身体を伴ってこそ現実の人間なのであるのと同様に、企業はヒトから成る組織によってモノを作って売るという活動を行っているのである。

また仮に、資本の論理だけで企業経営を行うことができるのであれば、理想的な経営戦略が可能なのかというと、これもまたそうではない。資本の本能も実に厄介な性癖を持っているのである。九〇年代のアメリカでは株主主権の傾向が強まり、徹底的に資本合理性を優先した経営戦略が採られた時期があった。各事業の財務的な価値を計算し、投資のNPV（Net Present Value：割引現在価値）を冷徹に算出しながらM&Aを中心とした〝資本合理的〟な戦略が盛んに実行された。事業単位、工場単位で大胆なリストラを行い、固定費としての正社員を変動費としての非正規雇用や外注に置き換えて、徹底的に効率的、合理的に利益を追求する経営戦略をとったのだ。その結果どうなったかというと、短期利益の極大化と引き換えに組織の活力は失われ、不確実でリスクの大きな投資は控えられて将来の発展の可能性が損なわれてしまい、多くの大企業が凋落してしまうこととなった。

資本の本能のみに従うと、現在の利益を可能な限り大きくするために従業員のモチベーションや組織のダイナミズムを犠牲にしてしまいがちであり、将来にチャレンジするための思い切った投資も切り捨ててしまう傾向を持っているのだ。利益を追求しようとする資本の本能も野放図に解放してしまうと、過剰な貪欲さによって自らの将来を喰い潰してしまうのである。

アメリカにおけるこの時期の資本の本能を最優先した経営戦略は、専ら株主の利益を極大化する観点からの合理性の追求であったのであるが、こうした貪欲な資本の本能に基づいた経営もまた持続的な成長と累積的な収益の極大化をもたらさない。利益に対する貪欲な資本の本能と変化を嫌い保守性や非効率性に堕してしまいがちな組織の本能の両者に適当な折り合いをつけて、継続的な成長と収益の実現を図ることこそが経営戦略の本分なのである。

ここで一点補足的説明をしておくと、ここで解説した「資本の本能と組織の本能の相反」は、先に紹介した「現在と将来」「一貫性と柔軟性」「集権と分権」という三つの相反性とは多少性質が異なっている。先に紹介した三つの相反は〝あちらを立てればこちらが立たず〟というトレードオフの関係にある相反性であったが、ここで解説した資本の本能と組織の本能の場合は、根源的に全く違った指向性を満たさなければならないという意味で相反的関係というよりも独立的関係であり、両者は純粋な意味でのトレードオフ関係にあるものではない。そして先の三つの相反性は、相反するファクターのトレードオフの関係を示す無差別曲線上のオプティマム ポイントを探究するのが経営上の選択の問題であるのに対して、資本の本能と組織の本能の相反はオプティマム ポイントの選択問題ではなく、指向性の全く異なる二つの独立的条件を共に満たさなければならないという意味でより難解であり、企業経営にとってより根源的な問題であるといえよう。

そしてこの問題への対応は、先の三つの相反性と比べて企業経営においてより重大である。先の三つの相反性に関して仮にオプティマム ポイントを多少外してしまうことがあっても、その企業の個性・独自性と見なし得る範囲に収まる場合もあるし、外し方が大きい場合でも一度や二度は経営戦略の転換という形で修正が利く。しかし企業が資本の本能と組織の本能の問題に関して経営の舵取りを間違えてしまうと、その企業は市場から乖離し、組織の硬直性と非効率は加速度的にかつ不可逆的に進んでいってしまい、致命的結末に至ることも珍しくないのである。かつては世界に君臨した大企業が倒産したり、八〇年代前半まではアメリカと拮抗していたソ連が八〇年代終盤には自滅してしまったのが象徴的事例であろう。

企業経営における資本の本能と組織の本能の相反に関する戦略理論研究は、主たる研究対象とされてきたテーマの変遷の中に見て取ることができる。

プランニング学派、ポジショニング学派が主流であった七〇年代から八〇年代にかけては、資本の論理に基づく合理性を優先した戦略施策によって企業の成長と収益に十分に貢献することができていた。しかしプランニング学派やポジショニング学派の戦略理論が普及してきた九〇年代以降になると、いかにして組織のケイパビリティーを向上させるのか、いかにして硬直化した組織を変革するのかという、主として組織マターを扱ったコアコンピタンス論やストラテジック インテント論、及び変革型リーダーシップ論やチェンジ マネジメント論に注目が移った。八〇年代までは資本の本能に合致した明確な戦略施策を導出するための戦略理論がまず盛んに開発され、その後九〇年代以降は大きな環境変化に対応したり、成熟化した既存事業と共に企業が衰退していく流れを転換することを目的として、組織の本能に対処するための戦略理論が主流になっていったのである。（図表Ⅱ－15）

図表Ⅱ－15　資本と組織の相反

＜資本の本能＞	＜組織の本能＞
・顧客ニーズへの対応、市場環境への適応を考慮し、成長と収益を志向する ・ただし、株主の利益に偏重した短期収益極大化主義に陥ってしまうと、将来の発展の可能性を犠牲にしてしまうリスクもある	・前例主義･手続き至上主義に陥り、保守化･肥大化を招いて生産性の低下を招く ・ただし、企業は分業の合理性を前提とした多数の人によって構成されるため、組織の本能はどうしても不可避的に発生する

2 戦略理論の重層性と相補性

さまざまな戦略理論はそれぞれ独自の主張を持ち、それらの主張はそれぞれに妥当性と有効性を有する。ただし、そうした多様な戦略理論の中には一見互いに相容れない主張を持つものがあり、それぞれに正しいがそれは相反的であるという問題がある。客観的に正しいはずの理論がこうした相反問題を抱えていることの要因として、戦略理論が研究の対象としている現実の企業経営が、そもそもにして四つの相反的な要素を孕んだ有機的な総体であるという事実を前節で示した。

本節では企業経営とはそもそも相反的要素を孕んだものであるという理解を前提に、相反する主張を持つ戦略理論がどのようにして現実の企業経営に適用されているのかを示し、さまざまな戦略理論の相補性について解説する。

❶ 三つの潮流の重層性

まず、近年の経営戦略論の発展の中に見られる三つの潮流を題材にして検討してみよう。

近年の経営戦略論の研究成果を見ると、「システマティックからヒューリスティックへ」「ハードからソフトへ」「スタティックからダイナミックへ」という三つの潮流が見られることは第Ⅱ部第1章で説明したが、こうした潮流の変化によってシステマティック、ハード、スタティックという従来のスコープや戦略ファクターが全く効力を失ってしまったのかというと、決してそうではないことに留意しておかなければならない。

例えば、「システマティックからヒューリスティックへ」という潮流が意味するのは、システマティックな見方に加えてヒューリスティックな認識も必要であり、近年の先端的研究においてはヒューリスティックの方にフォーカスが集まっているというのが本意である。したがって企業経営をシステマティックなものとして明快に把握することが十分に可能な対象は依然として大きいのだ。例えば戦略の主たる決定ファクターは3C（Company：自社、Customer：顧客、Competitor：競合）であるとか、組織を動かすための設計ファクターが3S（Structure：組織骨格、System：制度、Staffing：人材配置）であるといった、経営戦略に関する理解／分析の基本的なフレームワークは現在も十分に有効であるし、こうした経営戦略に対するシステマティックなスコープからの研究成果なくしては、現在の経営戦略論研究が全く成り立たないということに異論の余地はないだろう。つまり、「システマティックからヒューリスティックへ」という潮流が示すのは、正確には「企業経営をシステマティックなものであるとする認識だけでは捉え切れない動きや属性を捕捉するためには、ヒューリスティックなものであるとする立場から光を当ててみる必要がある」

ということなのである。

「ハードからソフトへ」という潮流に関しても同様である。近年は、定量的な把握が可能な、経営資源や市場・競合のデータといった戦略に関するハードファクターだけで策定した経営戦略では十分な成果を上げることが難しくなってきたために、組織の文化や従業員のモチベーションといったソフトファクターを視野に入れた経営戦略の有効性が高まってきているというのがこの潮流が示すメッセージである。言い換えるなら、いくらソフトファクターを重視しなければならない状況になったからとはいっても、セグメント別市場規模や製品別成長率といったハードファクターを無視して戦略を立案することが不可能であるのはいうまでもないだろう。ハードファクターだけで戦略を策定するよりも、ソフトファクターをも重く見て戦略を構想した方が、より有効で持続的な成果が期待できるというのが近年の傾向であり、これが「ハードからソフトへ」の正しい解釈なのである。

「スタティックからダイナミックへ」に関しても全く同様である。スタティックなスコープだけでは見通せない環境変化や企業発展のプロセスを視野に入れて戦略を策定することの必要性に対応して、ダイナミックなスコープによる研究が盛んになってきているということであって、当然ながらワンショット毎の分析に関するフレームワークや分析手法はスタティックなスコープによる研究成果の多くを踏襲している。つまり、ここでも〝スタティックに加えてダイナミックも〟

というのが正しい解釈なのである。

　このように、三つの潮流は全て従来の研究方法や研究成果に新しいスコープや分析手法を付加する形での発展の姿である。従来のスコープや分析手法だけでは捉え切れない企業の経営戦略の特性を捕捉し、更により有効な経営戦略を導くために、従来の研究成果に加えて新しい視座やファクターを追加してきている流れであると理解するべきなのである。

　こうした解釈によれば、近年の戦略理論の発展の中に見られる三つの潮流は、正確に言い表すならば〝変化〟や〝転換〟というよりも、〝重層化〟であることが理解できよう。前節で示したように現実の企業経営はさまざまな相反的ファクターを内包する複雑で奥深いものである。経営戦略研究はそうした複雑で奥深い経営戦略という対象をより深くより正確に理解するための方法論と分析手法を追求し、その成果として相反性を持ったスコープや

図表Ⅱ－16　3つの潮流の重層性

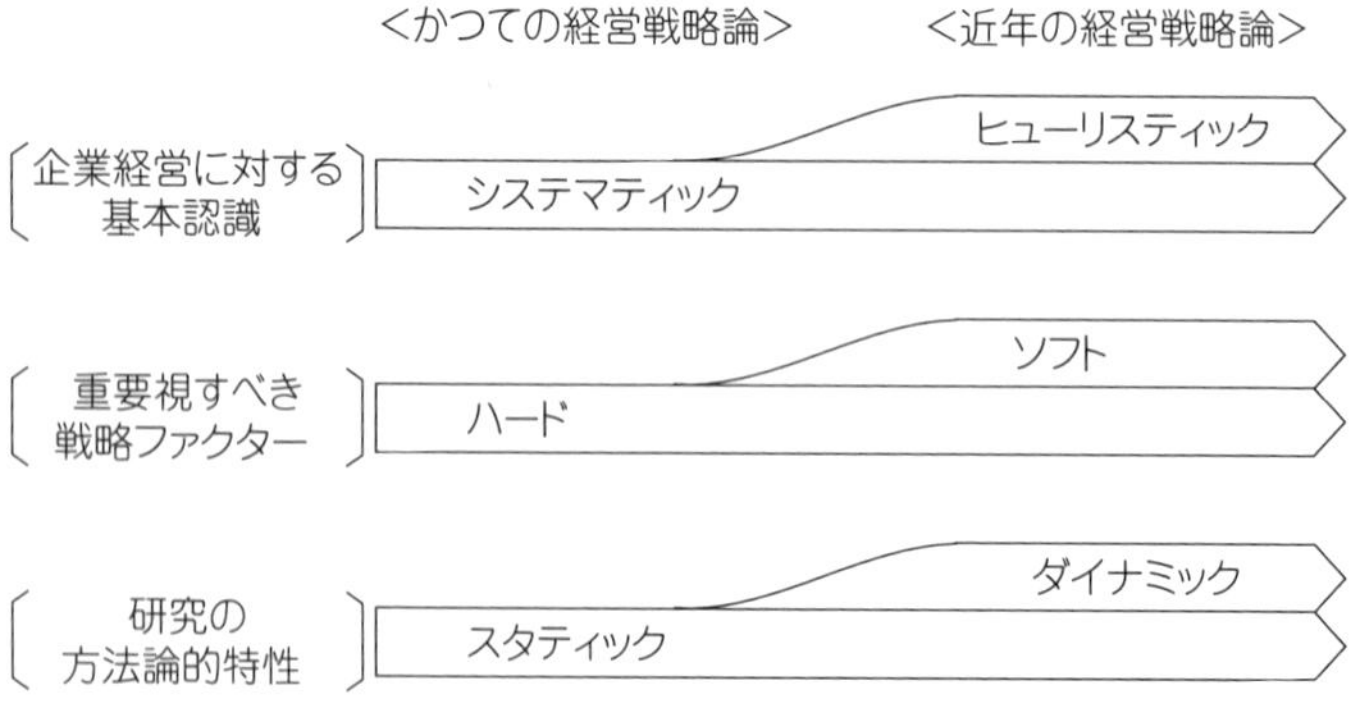

ファクターが重層的に包摂された形で現れる三つの潮流が生じているのである。（図表Ⅱ－16）

❷ 戦略理論の相補性

次に、「戦略策定の方法論」という分類軸と「戦略の有効性の根拠」という分類軸によって分けられる四つの戦略パターンに関する、さまざまな理論の相反性はどのように解釈すべきであるのかについて解説しよう。

「戦略策定の方法論」という切り口では、「戦略は合理的に計画することができる」とするプランニング学派と、「戦略を合理的に計画することはできない」とするエマージェンス学派に分けられるが、これら二つの主張は明らかに相反的である。また「戦略の有効性の根拠」という切り口では、「市場における位置取り」に基づいて戦略を策定すべきであるとするポジショニング学派と、「自社独自の経営資源」に基づいて戦略を策定すべきであるとするＲＢＶ学派に分けられるが、この両者の主張も全く異なるものである。ある一つの経営テーマに関して全く異なる主張を持ち、相反的な関係にある戦略理論が実際の企業経営に対してどのように貢献することができるのかについて考察してみよう。

まず「戦略は合理的に計画することができる」とするプランニング学派と、「戦略を合理的に計画することはできない」とするエマージェンス学派について検討してみよう。

プランニング学派の主張である事業環境や競争構造に関する情報を収集して分析を行い、自社にとって有利な事業チャンスを見つけた上で戦略施策を立案するという立場は、合理的経営の最も基本となるスタンスである。どんぶり勘定でオペレーションをやっても効率が上がらないし、事業環境について調査・分析することなしに思いつきや勘だけでモノを作ったり売ったりしても上手くいくはずもない。もし仮に上手くいったとすればそれは単なる偶然であり、経営戦略と呼ぶべきものではない。

とはいえ、情報を集めて綿密な分析を行えば現場の具体的アクションプランまで事前に作り込むことができるかというと、これもまた不可能であろう。当然のことながら、企業経営や事業展開にはやってみなければ分からないことが多々存在する。したがって、実際にやってみる前に細かい所まで計画を決めてしまおうとするのは合理的ではないし、一度決めた計画を何が何でも押し通そうとするのにも無理がある。その意味でエマージェンス（創発）学派が主張する、事業を展開していく途中で課題に直面したときに、やってみたからこそ得られた知見によって対応策を考えながら進んでいくのが有効であるという考え方も、確かに正しいのである。

実はプランニング学派の研究者もエマージェンス（創発）学派の研究者も、自分達の理論だけが正しいと決めつけているわけではない。戦略に創発的な要素は一切必要ないというプランニング学派の研究者はいないし、戦略に計画的な側面が全く必要ないというエマージェンス学派の研究者もいない。実際のところは、自分達の考え方はどちらにより重きを置いているのかという程度の問題なのである。

例えば「プランニング学派」の代表であるアンゾフは、人間が未来を見通す能力は限定されているため、事前の計画が役に立たなくなるような不確実な環境に対して、一度きりの戦略計画で対処することはできないということを認めている。思いもよらない技術が登場したり、新しい競争相手が世界のどこから現れるのか分からない状態、つまり不確実性が高い状態であれば、戦略は環境に合わせて書き替えられていく必要があるとしている。アンゾフも戦略が徹底的な情報収集と緻密な分析だけで成り立っているとは考えていないのである。

同様に、自らの研究を「エマージェンス学派」と名付けたミンツバーグも、戦略は計画すればそれで完成だと考えることは間違いであり、計画することが戦略の出発点に過ぎないと考えるべきだという発言をしている。ミンツバーグは、現実の戦略とは合理的に計画された戦略と、現場の中で創発してきた戦略の二種類から構成されると考えていた。合理的に計画された戦略に加えて、ミドルマネジャーの現場対応の中から生まれてきた工夫や判断が相まって、創発的な戦略が成立すると考えたのである。このようにミンツバーグの定義する戦略とは、完全に計画的なものだけでも完全に現場発生的なものだけでもないということなのである。この意味で、エマージェンス学派の方も戦略策定におけるプランニングを完全に否定しているわけではないのである。以上のように、プランニング学派とエマージェンス学派は両者とも他方の学派の考え方を意識しながら理論を発展させてきたのである。

したがって、実際の企業経営においては両者の主張の正しさと弱点を共に理解した上で、次に示すようなプロセスで戦略策定と戦略の実行を行うのが現実的で合理的なやり方であろう。

まず環境分析と自社競合分析に基づいて事業展開の方針を決定し、競争優位の必然性を見定めた上で基本戦略を立案する。その際、具体的な戦略施策のディテールにこだわり過ぎることなく、まずは大枠の方針を決定し、その方針に従って実際に戦略の実行に着手してみて、問題に行き当たったり予測とは違った事態が発生した場合には、現場の知見に基づいてプランを改定しながら戦略を前に進めていく、というのが現実的かつ合理的な戦略的事業展開の姿になるであろう。このように書くと当たり前のことのように思われるかもしれないが、現実の経営はかくも当たり前の姿であり、しかし当たり前でありながら、非常に難しいものでもあるのである。

次いで、もう一つの分類軸による二つの戦略タイプである「ポジショニング学派」と「リソース　ベースド　ビュー（RBV）学派」について検討してみよう。

「ポジショニング学派」の代表的理論であるポーターの戦略論においては、具体的な戦略パターンはコストリーダーシップ、差別化、集中化という有名な三類型から選択されるわけであるが、どの戦略パターンを選ぶのかを決めるための判断材料である市場における競争地位は、実際には

５フォース分析とクラスター分析という外部マターの分析だけで決定され得るものではない。自社組織の機能面の特徴を把握するための「バリューチェーン分析」によって自社の強み・弱みを明確化した上で、外部環境分析と併せて総合的に判断するのである。

ポーターは一九八〇年に『競争の戦略』を発表して、差別化戦略の有効性と戦略策定の手法を提起したが、戦略を決定する上でどうしても考慮しなければならない、自社の強み・弱みに関する説明が不十分だったとして、五年後の一九八五年には『競争の戦略』の続編ともいえる『競争優位の戦略』を上梓した。ポーターはこの『競争優位の戦略』の中で「バリューチェーン分析」というフレームワークを提示した。このバリューチェーンという概念は、自社の事業運営を構成している機能面の分析をするために提起されたのだが、実質的には戦略の実行力の把握に供されるものである。この意味において、バリューチェーンはポーター流の自社組織の機能面に関する特徴や強み弱みに関する分析のツールであり、当然ながらそのスコープには自社のリソース（経営資源）に関することも含まれているわけである。

このようにポジショニング学派の雄であるポーターも、外部環境だけで自社のポジションを決められるとしていたのではなく、自社の組織や経営資源の分析と統合してこそ、有利なポジションを合理的に決定することができると考えていたのである。

「ＲＢＶ学派」も同じく、経営資源上の強みだけで有効な戦略が策定できるとは考えていない。

そもそもバーニーやプラハラードとハメルらが何故リソースに着目したのかというと、自社独自のインイミタブル（模倣困難）な経営資源や自社独自のコアコンピタンスに立脚した戦略でなければ、差別化や競合優位性が持続的効果を持ち得ないという問題意識を持ったからである。

このことは即ち、ＲＢＶ学派の主張も、自社独自の経営資源に立脚することによって有効な差別化戦略や、市場支配の戦略を可能にしようとするものであることを示している。即ち、競合に対して差別化された有利なポジショニングを確保するという目的を実現するために、経営資源の独自性が必要かつ有効だという認識なのである。つまり、ＲＢＶ学派もリソースの分析と活用だけで戦略を策定しようとしているのではない。実際、このことはバーニーの代表的著作である『企業戦略論』の章立ての構成を見ても明らかである。バーニーは『企業戦略論』の第3章において5フォースを中心とした外部環境分析を紹介した上で、第4章においてそれだけでは説明できない高収益企業があることを示して、そうした企業の強さを支えるものとして自社独自の経営資源の重要性を指摘し、ＲＢＶを提唱したのである。

このように見てくると、ポジショニングを決めるためにもリソースの観点は不可欠であるし、リソースを活用して何を達成しようとしているのかというと、競合に対して差別化の利く有利なポジションを獲得しようとしているということが理解されよう。現実の経営戦略においては、ポジショニングもＲＢＶも、どちらか一方のスコープだけで有効な戦略が立案できるわけではない。

ポジショニングという競争市場における戦略的地位の観点と、ＲＢＶという自社の資源や組織の強みを有効活用する観点の両方が相まってこそ、現実的に有効な戦略策定が可能になるのである。

前章での戦略理論の体系化の説明においては、各理論の特徴と独自性を際立たせる形で分類・整理をしてきたため、それぞれの理論が全く異なる主張を持ち、全く異なった戦略ができ上がるかのように感じられたかもしれない。しかし実際の経営における戦略策定では、プランニング学派とエマージェンス学派のどちらか一方の考え方だけで戦略を扱うわけではないし、またアカデミアにおいても同様にポジショニング学派、ＲＢＶ学派ともにどちらか一方の観点から戦略を立案することができると主張しているわけではないのである。

二つの軸によって分類されたそれぞれの戦略理論は、依って立つスコープや方法論はそれぞれ相反的であるが、

図表Ⅱ－17　現実的に有効な経営戦略

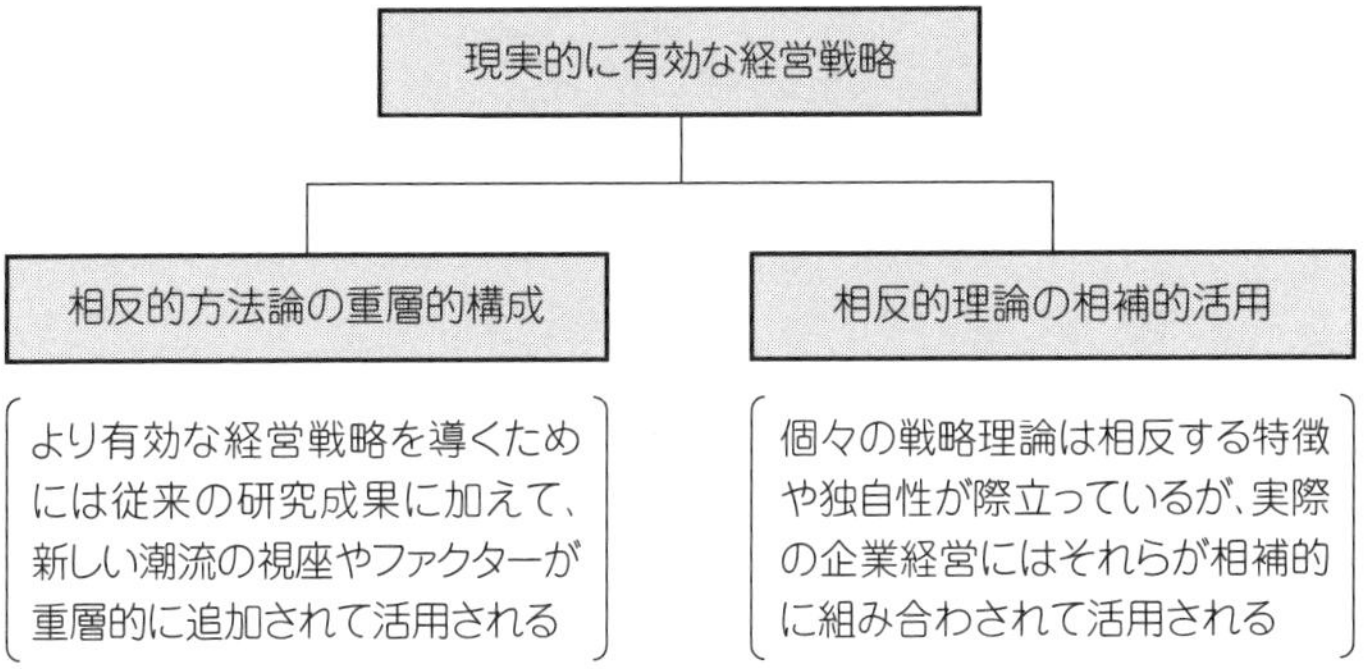
現実的に有効な経営戦略
相反的方法論の重層的構成
相反的理論の相補的活用
より有効な経営戦略を導くためには従来の研究成果に加えて、新しい潮流の視座やファクターが重層的に追加されて活用される
個々の戦略理論は相反する特徴や独自性が際立っているが、実際の企業経営にはそれらが相補的に組み合わされて活用される

現実の経営における戦略策定では、それぞれに相補的であることに留意しておかなければならない。戦略理論は端的であり、実際の企業経営は包括的、重層的なものだからである。（図表Ⅱ－17）

コラム

各学派の歩み寄り

本文では、相反的な主張を持った各学派の戦略理論を、現実の企業経営の実態と照らし合わせることによって各理論を相補的に活用する必要があるという結論を示したが、アカデミアの世界においても各学派は論争と批判・反批判を通して最終的には歩み寄りの結果に至っている。

例えば、プランニング学派の代表であるアンゾフとエマージェンス学派の代表であるミンツバーグは、一九九〇年の『ストラテジック マネジメント ジャーナル』と一九九六年の『カリフォルニア マネジメント レビュー』において、それぞれの理論に対する批判・反批判の論文と書簡を公開している。ミンツバーグはプランニング学派に対する批判として、事業がどのように変化するかまでプランニングすることができるという前提の誤りや、実際には切り離すことができない戦略（計画）とオペレーション（実行）を切り離して（デタッチメント）議論することの無効さを指摘している。一方アンゾフは、計画を伴わない場当たり的な対応では、大勢の人間を束ねて一定の方向に向けて事業運営を推進していくことは不可能であるとし、またそうした事業運営のやり方では外部の取引先や投資家を説得することができないと、エマージェンス学派に対して反批判を展開している。

そしてこうした相互批判を通して、アンゾフとミンツバーグの理論は徐々に歩み寄っていったのである。

アンゾフは当初プランニング一辺倒だった考え方を一部修正し、「不確実性の高い環境下においては完全な戦略策定は一回で行うことはできない」という主張をするようになった。つまり、実際に事業を行いながら戦略を修正していくという創発の考え方を受け入れたのである。アンゾフはまた、計画を作り込むことに時間と手間をかけ過ぎて戦略の実行までに環境が変わってしまい、再び計画を作り直さなければならなくなるという問題を「分析麻痺症候群」として計画偏重主義を批判するようにもなっている。

一方のミンツバーグも『戦略サファリ』において、「戦略計画は戦略策定において必要不可欠な要素ではあるが、それは戦略策定の終着点ではなく出発点であるべきである」と主張するようになっている。つまりこのメッセージは、プランニングが戦略策定の起点をなす重要なファクターであると認めることであり、「戦略は事前にプランニングすることはできない」としたエマージェンス学派の方法論的基本スタンスの修正を意味するのである。

次にポジショニング学派とRBV学派の歩み寄りについても紹介しておこう。

ポジショニング学派の代表であるポーターは『競争の戦略』（一九八〇年）の五年後に『競争優位の戦略』（一九八五年）において、バリューチェーンという新しい分析フレームワークを提示して、自社の事業運営の機能上の特徴と強み弱みについて把握する必要性を示した。この点は本文でも紹介したが、このことが意味するのは戦略内容の決定ファクターとして、自社の実行力のケイパビリティーを重視することであり、明らかにRBV学派的な考え方を取り入れたことになる。またポーターはRBV学派の代表的研究者であるバーニーやハメルとのやり取りを通じて、『戦略とは何か』（一九九六年）という論文において、「戦略的フィット（Strategic Fit）」という概念を提示している。戦略的フィットとは、戦略の狙いや基本方針と活動施策や行動スタイルが調和していることの重要性を示したコンセプトであり、RBV学派の考え方に近いものである。

一方バーニーの方もポーターとのやり取りを通じて、『ニューエコノミー化で持続的競争優位は可能か』（二〇〇一年）という論文において、持続的な競争優位の源泉となるリソースとして〝サプライヤーや顧客との特別な関係を構築する能力〟を挙げている。それまでのバーニーの論文においてこうした外部プレイヤーとの関係が重要ファクターとして提示されたことはなかったのであるが、外部プレイヤーとの関係を重要な戦略ファクターとして扱った、ポーターの5フォースを意識して新しく追加したことは明らかである。

以上のようにプランニング学派とエマージェンス学派も、ポジショニング学派とRBV学派も、オリジナルの主張はそれぞれ相反的なものであったが、アカデミアの世界における批判・反批判のやり取りを経て互いに歩み寄りが起き、最終的にはそれぞれの理論は相反的でありながらも同時に相補的でもあるという結着に至ったと理解することができるのである。

3 戦略理論の結晶性と企業経営の統合性

二〇世紀の初頭にテイラーが科学的管理法を開発して以来、現在までの約一世紀にわたって次々に登場してきたさまざまな戦略理論を第Ⅰ部で紹介した上で、第Ⅱ部ではそうした戦略理論の発展の歴史の中に見られる三つの潮流と戦略理論の体系的分類について解説してきた。こうして進んできた〝経営戦略論のパースペクティブ（見通し図）〟を描き出す行程は、いよいよ最終のフェーズに入った。

本章ではここまで、学問的研究の成果であるさまざまな戦略理論が実際の企業経営に対してどのように貢献することができるのかについて明らかにするために、更にいうと、アカデミアの戦略理論は企業家のクリエイティビティーとチャレンジ精神によって生み出された成功パターンを事後的に記述しただけのものに過ぎないのではないか、という問題提起に応えるために二つの検討を行ってきた。一つは、主張する内容が互いに相反的である戦略理論が併存しているという事実の原因として、経営戦略論研究の対象である企業経営自体がいくつもの相反的属性を有しているという事実について。もう一つは、一つ一つの戦略理論が依って立つ研究の方法論や重要視する戦略ファクターはそれぞれ全く異なっており、一見相反的に見えるものの、実際の企業経営においてはそれらが重層的に束ねられたり相補的に組み合わされて活用されていたりするものであるという、現実の経営戦略策定の実態についてである。

こうした理解を前提にして、戦略理論と現実の企業経営の関係性を更に明確化していこう。

・アナリシスとシンセシス

そもそもアカデミズムの研究は企業経営に関するあるファクターやあるメカニズムに注目して、普遍性と再現性の高い理論を抽出しようとするものである。なるべく多くの企業となるべく多様な状況において共通に見て取ることができるファクターやメカニズムを追求し、普遍性の高い共通項を探る活動である。その意味において戦略理論の研究とは、対象とする状況や局面、要素やファクター、因果関係や相関関係について共通項を見つけ出すために、共通項以外の要素をふるい落としていくという、さまざまな切り口からの分析（アナリシス）の行為である。したがって、そうした分析行為のアウトプットである戦略理論は、現実の事象が結晶化されたものとしての方程式やフレームワークとなる。

こうして提起される戦略理論は徹底的な分析を行った末の結晶であるが故に明快で明確ではあるものの、一方で純化・結晶化のプロセスでふるい落とされた事象や因子が存在するのも事実である。経済学でいうならば、金利を下げれば預金を引き出してお金を使う人が増えるというのが一般的に成立する法則であるが、金利が下がっても貯金を引き出さない人もいれば、金利の上下に関係なく預金をする人も少なからず存在するというのと同様である。このように社会科学における法則、方程式は、少なからぬ例外的事象の存在から免れ得ない。特に企業経営は、先に示したようにそもそもにして相反的な属性を有しており、何らかの法則や方程式を抽出するとき、その法則や方程式にくっついて結晶化しない成分（要素）が少なくないのである。

つまり現実の企業経営は相反する意図や相反する利益や相反する法則を重ね合わせ、組み合わせて統合化（シンセシス）する行為なのである。短期の利益も大事であるし、長期の発展も重要であり、一貫性を持って戦略方針を貫くことが肝要でありながら、状況に応じて柔軟に戦略を修正する必要もある。そうした複雑な目的を達成するためには集権的な目標と方針の設定が不可欠ではあるが、分権によって各部署の自主性も尊重しなければならない、というのが企業経営の現実（リアリティー）なのである。そして、現実の企業経営が満たさなければならないこれらの相反的な要件を明確化するために、相反的な主張を持ったさまざまな理論（セオリー）が存在するのだ。

このように検討を進めてくると、さまざまなファクターやメカニズムによって複雑に構成される現実の企業経営に対して、明確な主張を持ったさまざまな戦略理論が貢献し得るのかどうかという問題意識に対する解答が見えてくるであろう。さまざまな戦略理論のうち、あるものとあるものが相反的な関係にある主張を持っていたとしても、複雑な企業経営においてそれらを重層化したり相補的に組み合わせて活用しながら、持続的に収益と成長を追求していくのが経営者の仕事なのである。むしろ、一元的、整合的、同義的な理論ばかりでは、そもそもにおいて相反的な指向を持つ企業経営の要件を満たすための選択肢の多様性を確保することができなくなってしまうであろう。全く異なる法則や相反的な主張を持った理論が存在する方が、経営者にとっては戦略策定の自由度は広がるのである。つまり、環境変化に柔軟に対応したりクリエイティブな戦略を立案したりするためには、さまざまな主張を持った法則や方程式が存在している方が望ましいのである。（このメッセージは、ダイバーシティ　マネジメントと全く同様である）

以上のように、ある限定的な正しさしか持たない結晶化された戦略理論が、複雑な企業経営に対して実際に貢献し得るのかどうかという問題提起に対する答えは、明らかにYESなのである。それでは、アカデミズムの研究成果としての戦略理論は、現実の企業経営の成功パターンの事後的記述に過ぎないのではないのか。つまり、ある成功パターンの理論的検証が確認されて確かな理論として承認される頃には、そうしたパターンはコモディティ化していたり、事業環境や競争条件が変化してしまっていて、既に有効ではなくなってしまっているのではないのか、という問題提起についてはどうか。

この問題に対しては、実際の企業の経営戦略の策定行動を見てみることが解答を示してくれよう。例えば、五〇年以上も前に開発されたＰＰＭという分析手法を使わないで経営戦略を検討している企業があるだろうか。多角化をしたほとんどの企業で中長期戦略を立案する場合に最も基本的な分析フォーマットとして利用されているのがＰＰＭであり、〝キャッシュカウ（金のなる木）〟とか〝問題児〟といったＰＰＭの用語はビジネスの世界では今や一般用語として多くの人が日常的に使っている。またポーターが提示した差別化戦略やニッチ戦略も同様に、経営戦略の常套手段としてどの企業の戦略策定においても活用されており、有力なヒット商品や新規事業の発想のための基本フォーマットとしての効力は全く失われていない。組織マターに関する戦略理論に関しても、コアコンピタンスの概念やチェンジ　マネジメントの８ステップなど、企業が持続的競争力を構築したり、組織改革に取り組んだりする際に今でも活用されているものは決して少なくない。

こうした事実を顧るならば、優れた戦略理論は現実の企業の成功パターンの単なる事後的記述などではなく、精力的な分析（アナリシス）と結晶化によって高い普遍性と再現性を備えたものであり、長きにわたって実際の企業の経営戦略に大きな貢献をしていることが理解できよう。

一点留意しておくべきとするならば、現実の企業の経営戦略は総合化（シンセシス）が重要な鍵であり、そのためには一つだけの戦略理論をテンプレートを当てはめるように適用するのではなく、状況に応じて、自社の事情に応じて、幾つかの理論を重層化したり相補的に組み合わせたりすることが重要であるということである。例えば、ポーターの5フォースや三つの基本戦略パターンが、それだけでは有効な戦略を立案するためには十分ではなく、バリューチェーン分析やRBVによる支援を伴ってこそ優れた戦略を導くことができるとか、コアコンピタンスのコンセプトに基づいて組織のケイパビリティーの増強を目論む場合に、変革型リーダーシップの理論に基づいて有能・有力なビジネスリーダーの育成にも注力することが必要といった具合である。

このように、企業経営に対する徹底的な分析（アナリシス）によって抽出されるさまざまな戦略理論は、結晶化されたある一つの法則、方程式であり、極めて複雑な実際の企業経営においては、状況と事情に合わせて幾つかの理論や手法を上手く組み合わせて統合化（シンセシス）することが不可欠だということなのである。そして幾つかの戦略理論や手法を組み合わせて経営戦略を策定することが経営者の主たる役割であり、その能力の多寡が経営者の力量ということになるのだ。

ちなみに、経営者が実際の経営戦略を策定するための戦略理論は、その戦略理論が提起する法則・方程式が複雑な経営戦略ファクターのうちの限定的なものであったとしても、明確かつ端的なものであることが望ましい。実際の企業経営が極めて複雑だからといって、複雑な理論や手法は使いづらいからである。したがって、一つ一つの理論や手法をとってみると相反的であるように見えたとしても、それぞれの理論が経営戦略の本質を捉えた端的な主張と明確な手法を提示しているのであれば、経営者が実際に経営戦略を策定しようとする際に、重層化や相補的活用の手段として確かな有用性を持つことになるのである。（図表Ⅱ－18）

事業環境の変化は時代と共にますます激しく速

図表Ⅱ－18　経営理論と実際の企業経営

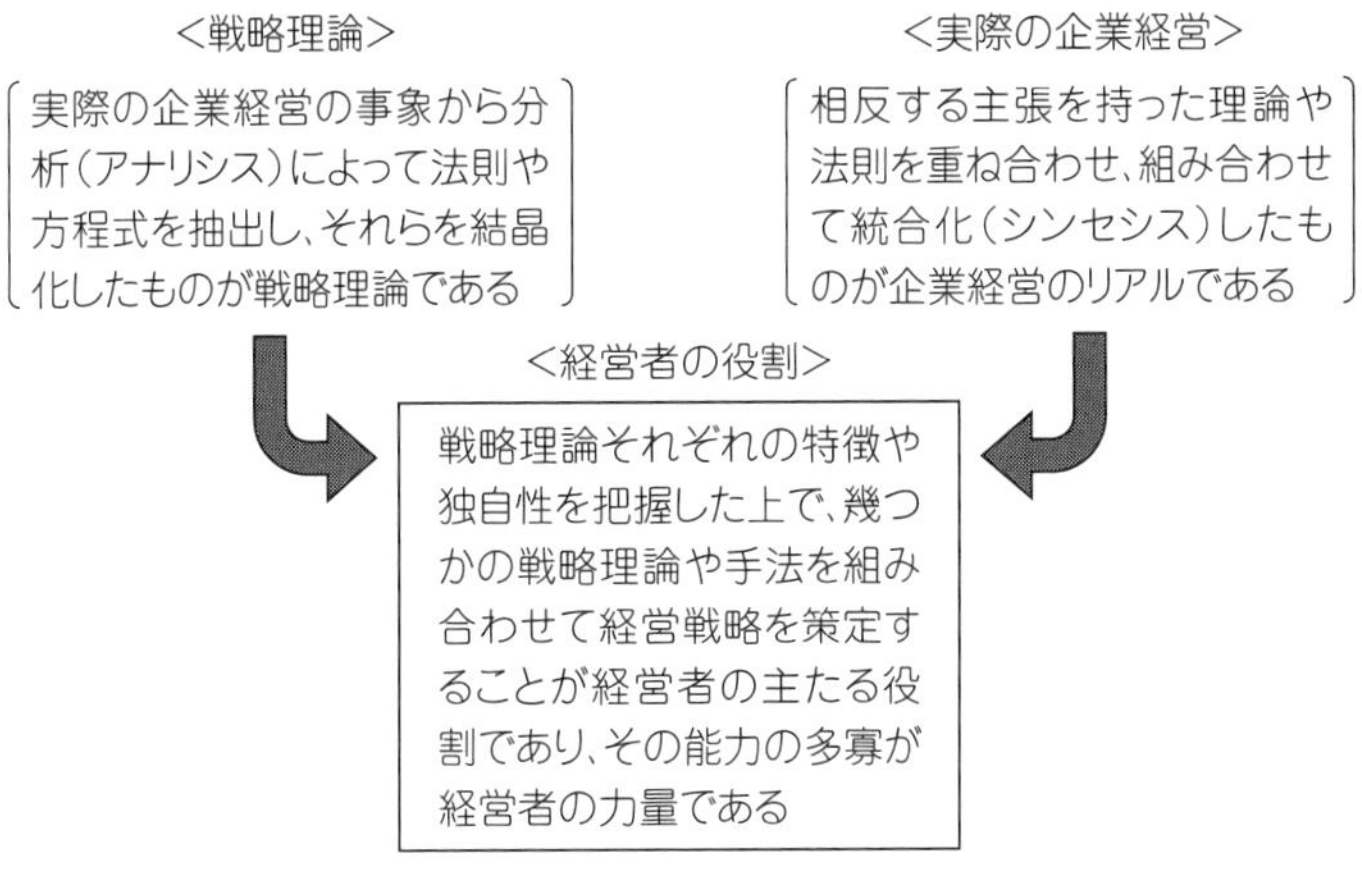

<戦略理論>
実際の企業経営の事象から分析（アナリシス）によって法則や方程式を抽出し、それらを結晶化したものが戦略理論である
<実際の企業経営>
相反する主張を持った理論や法則を重ね合わせ、組み合わせて統合化（シンセシス）したものが企業経営のリアルである
<経営者の役割>
戦略理論それぞれの特徴や独自性を把握した上で、幾つかの戦略理論や手法を組み合わせて経営戦略を策定することが経営者の主たる役割であり、その能力の多寡が経営者の力量である

くなり、企業経営の複雑さは増していくばかりである。こうした事情を背景に経営戦略論の研究は貪欲にさまざまな分野の研究成果を取り込んでいっている。経営戦略論の世界に定量的分析と定型的戦略パターンの策定手法を確立したポーターは、経済学の産業構造論の手法と概念を持ち込んで新しい地平を拓いた。変革型リーダーシップ論を提唱したコッターは、企業の経営戦略におけるリーダーシップの重要性を指摘し新しい組織コントロールの方法論を提唱したが、コッターのこの貢献は経営戦略論に組織心理学を持ち込んだことになる。また九〇年代後半以降、ジョン・マクミランらによって経営戦略策定における合理的意思決定プロセスの研究に応用されたゲーム理論は、もともとは政治学の研究成果である。

こうして見ると、時代と共に企業経営が複雑さの度合いを増していくスピードに遜色ない勢いで、経営戦略論は貪欲にさまざまな分野の研究成果を吸収していっていることが分かる。経営戦略論は他の分野のさまざまな理論や手法を取り込むことによって、次々に新しい理論を生み出し続けているのだ。そして今日の経営戦略論はそれらを統合しながら発展し続け、極めて多様な理論と手法を包摂した、まさに社会科学総合（ソーシャル　サイエンス　シンセシス）ともいうべき体系になってきているのである。

これからも実際の企業経営の複雑性と難しさは増していくであろうし、それに対応して経営戦略論シンセシスは更に厚く豊かなものになっていくであろう。その流れは本書で解説してきた戦略理論の発展の系譜の延長に現れるものであり、三つの潮流と二つの軸による体系化と照らし合わせて解釈することによって、その本質を十分に理解することが可能であると考える。

本書は多様な理論から成る経営戦略論のパースペクティブを明らかにすることによって、経営戦略論の全体像を構造的に理解することができるようにするだけでなく、これから登場してくるであろう新しい戦略理論をも正しく理解するための解釈力を提供しようとするものである。その意味で本書は、戦略理論のパースペクティブを示した概論であると同時に、企業経営の基本原理を集約整理した経営戦略論の原論でもあり得ると考えている。

あとがき

筆者が経営コンサルティングの仕事に就いて三〇余年になる。この間、重厚長大からITやソフト関連までさまざまな業界の、巨大企業からベンチャーまで、さまざまなスケールとステージの企業に対して経営戦略立案の支援に携わってきた。

筆者が経営コンサルタントになった八〇年代は、新製品開発やマーケティング戦略などのいわゆる事業戦略系の仕事が大半であったが、九〇年代になると戦略的事業展開を強力に推進するための組織改革や人事制度設計のプロジェクトが多くなり、その後九〇年代終盤から二〇〇〇年代になると、組織の風土改革や企業ヴィジョンの再構築といった企業経営に関するソフトマターの案件が主流になった。また二〇〇〇年代にはビジネスリーダーや経営者型人材の育成プログラムの設計と運営を依頼されることも増えた。

本書の第I部で解説した通りに、八〇年代は戦略の時代、九〇年代は組織とリソースの時代、二〇〇〇年代はリーダーシップの時代という経営戦略の重要テーマの変遷について、企業経営の現場で経営者の方々と共に身をもって経験してきたわけである。

この約三〇年の間には本書で紹介したようなさまざまな戦略理論が登場し、筆者はその都度テキストや論文に目を通した上で、企業経営の実態に当てはめて解釈し、数多くの戦略理論の理解と手法の習得を重ねてきた。実際の企業経営に上手く適用できた理論や手法もあれば、理屈倒れに感じられるものも無きにしも非ずであったというのが経営コンサルタントとしての正直な感想である。

このようにして、筆者が積み重ねてきた戦略理論の学習と、コンサルティング経験の両者を総括してまとめ上げたのが本書である。

振り返ってみればポーターが登場したばかりの八〇年代の戦略策定は明快であった。差別化とかセグメンテーションといった用語や手法がまだ広く知られるまでにはなっておらず、そうした概念や手法を知っているのか、いないのかという、いわゆる情報の非対称性によってコンサルティングのヴァリューを生み出すことができた。しかし九〇年代に入るとポーターやコトラー流の戦略理論が広く浸透して、〝戦略の黄昏〟現象が起きてきた。その後の経営戦略は本書の解説の通り、定型的な分析手法と明確な戦略パターンの活用だけでは現実的に有効な戦略を提起することが難しくなり、組織運営体制と差別化戦略とを融合させたビジネスモデルの構築や、組織スキルの高度化によるエグゼキューション・エクセレンス（卓越した執行力）の開発といった高度な案件が主流になっていった。そしてこの間も次々に有力な戦略理論が登場し続け、企業が実際に経営戦略を立案しようとすると、多くの理論が存在するものの、どの理論に依拠すれば現実的に最も有効な戦略を得られるのかを判断するのが難しくなってきたのである。つまり、システマティックな理論からヒューリスティックな理論まで、ハードなテーマからソフトなテーマまで、スタティックな手法からダイナミックな手法まで、数多くの理論がある中で、それらの理論の中から状況に合ったものを上手く選んで、組み合わせて、使いこなすことが実際の企業経営において求められる最も重要な経営能力となってきたのだ。

筆者が、こうした要請に応えるために必要だと考えたのが、主要な戦略理論を網羅しており、かつ各理論を体系的に整理してある経営戦略論の全体像を見通すことのできる戦略理論のパースペクティブである。単なる戦略理論の学説史や個別理論の解説書ではなく、経営の現場と経営者の意思決定の側でコンサルティングの経験を積み重ねてきたからこそ得ることができた知見を盛り込んで経営戦略論の全体像をパースペクティブとしてまとめることができれば、実際の企業経営に携わる方や経営コンサルタントの方、及び経営戦略論を学ぼうとしている方にとって必ず役に立つであろうという思いがあった。

こうしてまとめた本書は、筆者がこれまでに著してきた経営戦略に関する理論とノウハウをテーマにした三冊の総括を成す一冊となった。これまで『戦略策定概論』『組織設計概論』『リーダーシップ構造論』と、経営戦略論を構成する重要なテーマに対して、理論とノウハウの両面を統合してテキストとしてまとめてきたが、本書『経営戦略概論』はこれら三冊を更に総括するものである。つまり、この『経営戦略概論』の下に戦略と組織とリーダーという企業経営の三つの主要な要素が揃ったことになり、近代的経営戦略論の体系的整理が整うことになる。

本書はこれら一連の経営戦略論研究のテキストの体系的完結となるものであり、その意味で筆者にとっても感慨深い一冊である。

本書の出版に当たって、産業能率大学出版部の榊淳一氏には本当にお世話になりました。筆者の原稿執筆を温かく見守って下さり、適切な頃合いを見て励まして下さったおかげで、何とか書き上げることができました。テイラーの紹介から始まる本書が、テイラーの『科学的管理法』を翻訳し日本に紹介された上野陽一氏が創設された産業能率大学の出版部から出版して頂けるのもご縁と必然を感じています。

また筆者事務所の森泰一郎氏、小倉みち子女史、山本佳奈女史にも大いに助けられました。森氏には、本書の企画段階からディスカッションのパートナーを務めて頂き、アカデミアの観点からの示唆と論文や学説に関する多くの知見を頂きました。森氏とのディスカッションのおかげで本書に独自の視点と論理的妥当性の基盤が整ったと深く感謝しています。小倉女史と山本女史にも、資料の収集やデータ分析、文章の編集と校正、図表の作成といった本書のコンテンツ作成に多大な貢献を果たして頂きました。心より感謝しています。

経営コンサルタントとして三〇余年、『戦略策定概論』を書いてから二〇年で、これまでの経験と研究の総括としてまとめた『経営戦略概論』。著者としても明快で充実した経営戦略論のパースペクティブになったのではないかと自負しています。

多くの方々に読んで頂ければ幸いです。

二〇一六年一月

波頭　亮

参考文献

- 青島矢一／加藤俊彦（２００３）『競争戦略論』東洋経済新報社.
- アベグレン、ジェームズ（２００４）『日本の経営』（山岡洋一訳）日本経済新聞社.
- アンゾフ、イゴール（１９６９）『企業戦略論』（広田寿亮訳）産業能率短期大学出版部.
- アンゾフ、イゴール（１９８０）『戦略経営論』（中村元一訳）産業能率短期大学出版部.
- アンドルーズ、ケネス（１９９１）『経営幹部の全社戦略：全社最適像の構築・実現を求めて』（中村元一／黒田哲彦訳）産能大学出版部.
- ウィギンズ、ロバート／ルエフリ、ティモシー "Sustained competitive advantage: Temporal dynamics and the incidence and persistence of superior economic performance" Organization Science, 13.
- コッター、ジョン（１９９９）『リーダーシップ論：いま何をすべきか』（黒田由貴子監訳）ダイヤモンド社.
- コトラー、フィリップ（１９８３）『マーケティング・マネジメント：競争的戦略時代の発想と展開』（小坂恕ほか訳）プレジデント社.

●コリンズ、ジム／ポラス、ジェリー（1995）『ビジョナリー・カンパニー：時代を超える生存の原則』（山岡洋一訳）日経BP社．

●コリンズ、ジム（2001）『ビジョナリー・カンパニー2：飛躍の法則』（山岡洋一訳）日経BP社．

●サイモン、ハーバート（1999）『システムの科学』（稲葉元吉／吉原英樹訳）パーソナルメディア社．

●サイモン、ハーバート（1965）『経営行動』（松田武彦ほか訳）ダイヤモンド社．

●シェフラー、シドニー／バゼル、ロバート／ヘンリー、ドナルド "Impact of Strategic Planning on Profit Performance" Harvard Business Review, March-April.

●チャンドラー、アルフレッド（2004）『組織は戦略に従う』（有賀裕子訳）ダイヤモンド社．

●テイラー、フレデリック（2009）『新訳 科学的管理法：マネジメントの原点』（有賀裕子訳）ダイヤモンド社．

●ドラッカー、ピーター（1974）『マネジメント』（上田惇生訳）ダイヤモンド社．

●ドラッカー、ピーター（2006）『現代の経営』（上田惇生訳）ダイヤモンド社．

●沼上幹（2009）『経営戦略の思考法：時間展開・相互作用・ダイナミクス』日本経済新聞出版社．

●野中郁次郎／竹内弘高（1996）『知識創造企業』（梅本勝弘訳）東洋経済新報社．

- ハーズバーグ、フレデリック（１９６８）『仕事と人間性：動機づけ―衛生理論の新展開』（北野利信訳）東洋経済新報社.
- バーゲルマン、ロバート "Fading Memories: A Process Theory of Strategic Business Exit in Dynamic Environments" Administrative Science Quarterly, 39, 1.
- バーナード、チェスター（１９８１）『経営者の役割』（山本安次郎ほか訳）ダイヤモンド社.
- バーニー、ジェイ（２００３）『企業戦略論：競争優位の構築と持続』（岡田正大訳）ダイヤモンド社.
- ハウス、ロバート "Culture, leadership, and organizations: The GLOBE study of 62 societies" SAGE Publishing.
- パスカル、リチャード／エイソス、アンソニー（１９８１）『ジャパニーズ・マネジメント：日本的経営に学ぶ』（深田祐介訳）講談社.
- ピーターズ、トム／ウォーターマン、ロバート（１９８３）『エクセレント・カンパニー：超優良企業の条件』（大前研一訳）講談社.
- ファィヨール、アンリ（１９８５）『産業ならびに一般の管理』（山本安次郎訳）ダイヤモンド社.
- フォスター、リチャード（１９８７）『イノベーション：限界突破の経営戦略』（大前研一訳）ＴＢＳブリタニカ.

●ブレイク、ロバート／ムートン、ジェーン "The Managerial Grid: The Key to Leadership Excellence" Gulf Publishing.
●プラハード、C.K.／ハメル、ゲイリー（1994）『コア・コンピタンス経営：大競争時代を勝ち抜く戦略』（一條和生訳）日本経済新聞社.
●ペンローズ、エディス（2010）『企業成長の理論』（日高千景訳）ダイヤモンド社.
●ポーター、マイケル（1982）『競争の戦略』（土岐坤ほか訳）ダイヤモンド社.
●ポーター、マイケル（1985）『競争優位の戦略：いかに高業績を持続させるか』（土岐坤ほか訳）ダイヤモンド社.
●ポーター、マイケル "What is Strategy?" Harvard Business Review, November-December.
●ホーフステッド、ギァート（1984）『経営文化の国際比較―多国籍企業の中の国民性』（万成博／安藤文四郎訳）産業能率大学出版部.
●マーチ、ジェームズ／サイモン、ハーバート（1982）『オーガニゼーションズ』（土屋守章訳）ダイヤモンド社.
●三隅二不二（1985）『（新しい）リーダーシップ：集団指導の行動科学』ダイヤモンド社.

●ミンツバーグ、ヘンリー（2007）『H.ミンツバーグ経営論』（DIAMOND ハーバード・ビジネスレビュー編集部編訳）ダイヤモンド社.
●ミンツバーグ、ヘンリーほか（1999）『戦略サファリ：戦略マネジメント・ガイドブック』（齊藤嘉則監訳）東洋経済新報社.
●メイヨー、エルトン（1977）『産業文明における人間問題』（村本栄一訳）日本能率協会.
●ルメルト、リチャード"Strategy, Structure, and Economic Performance" Harvard University Press.

■ 著者紹介 ■

波頭　亮

(RYO HATOH)

経営コンサルタント

■プロフィール

1957 年、愛媛県生まれ。

東京大学経済学部（マクロ経済理論及び経営戦略論専攻）卒業。

マッキンゼーを経て1988年独立、経営コンサルティング会社(株)XEEDを設立。

幅広い分野における戦略系コンサルティングの第一人者として活躍を続ける一方、経営戦略論や論理的思考に関するテキストの著者としても注目されている。

■著書

「戦略策定概論」（産業能率大学出版部）
「組織設計概論」（産業能率大学出版部）
「リーダーシップ構造論」（産業能率大学出版部）
「思考・論理・分析」（産業能率大学出版部）
「経営戦略論入門」（ＰＨＰビジネス新書）
「プロフェッショナル原論」（ちくま新書）
「成熟日本への進路」（ちくま新書）
「知識人の裏切り」（ちくま文庫）
「プロフェッショナル　コンサルティング」（東洋経済新報社）

他多数

『経営戦略概論』―戦略理論の潮流と体系―　〈検印廃止〉

著　者　波頭　亮
発行者　坂本　清隆
発行所　産業能率大学出版部
東京都世田谷区等々力 6-39-15　〒158-8630
（電 話）03（6432）2536
（FAX）03（6432）2537
（URL）https://www.sannopub.co.jp/
（振替口座）00100-2-112912

2016年3月12日　初版1刷発行
2022年10月1日　3刷発行

印刷所／渡辺印刷　製本所／協栄製本

（落丁・乱丁はお取り替えいたします）　ISBN 978-4-382-05730-2